ŒUVRES COMPLÈTES

de Théodore

Agrippa d'Aubigné

OEUVRES COMPLÈTES

de Théodore

Agrippa d'Aubigné

publiées pour la première fois
D'APRÈS LES MANUSCRITS ORIGINAUX

Accompagnées
de Notices biographique, littéraire & bibliographique,
de Variantes, d'un Commentaire, d'une Table
des noms propres & d'un Glossaire

Par
MM. Eug. RÉAUME & de CAUSSADE

Tome troisième

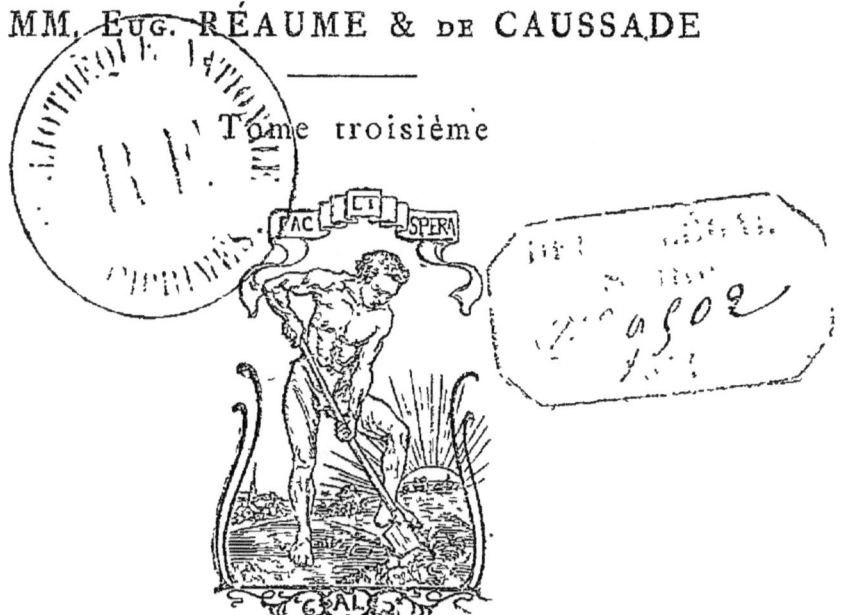

PARIS

ALPHONSE LEMERRE, ÉDITEUR

27-29, PASSAGE CHOISEUL, 27-29

M DCCC. LXXIV

LE PRIMTEMS

DU

SIEUR D'AUBIGNÉ

POESIES INÉDITES

[Publiées d'après les mss. originaux de la collection Tronchin.]

PREFACE.

Prens ton vol, mon petit livre,
Mon filz qui fera revivre
En tes vers & en tes jeuz,
En tes amours, tes feintifes,
Tes tourments, tes mignardifes,
Ton pere comme je veulx.

Atan' je te veux aprendre
Quel chemin il te fault prendre,
Premier que de defloger;
Je te veux compter tes peines,
Tes rencontres & tes haines,
Ta fortune & ton danger.

C'eſt ainſi qu'un pere ſage
Donne à ſon enfant courage,
Luy prediſant l'advenir,
Et le mal à l'improviſte
L'euſt rendu beaucoup plus triſte
Que quant il l'a veu venir.

Je ne te donne, mon livre,
Un nom pour te faire vivre,
Je t'envoie seulement
A ceulx là, mon cher ouvrage,
Qui, aux tretz de ton visage,
Te congnoistront aisement.

Je ne metz pour ta deffence
La vaine & brave aparence,
Ny le secours mandié
Du nom d'un Prince propice
Qui monstre en ton frontispice
A qui tu es dedié.

Livre, celuy qui te donne
N'est esclave de personne;
Tu seras donc libre ainsi
Et dedié de ton pere
A ceux à qui tu veux plaire
Et qui te plairont aussi.

Si on trouve que ta face
N'ait les beaux traitz & la grace,
Ny l'air de tes compagnons
Qui sentent le temps & l'aise,
La faveur, la feinte braize,
L'heur de leurs peres mignons,

Tu es du fons des orages,
Des guerres & des voiages
Avorté, avant les jours,
D'une ame plaine d'angoisse,
Né desoubz neuf ans de presse
Ny de la patte de l'ours.

Or je veux que tu endures
Les blafmes & les injures
Du fot & du bien apris,
Que bien fouvent le paffage
Qui fera loué du fage
Du vulgaire foit repris.

S'il t'eft force de defplaire
Au plus rude populaire
Pour n'eftre d'eux entendu,
Di leur qu'ilz aillent aprendre
La raifon à le reprendre
Aux ignorans deffendu.

Garde que les chambrieres
De tes rimes familieres
Ne chantent par les marchez ;
Soubz couleur d'eftre facile,
Ne fais pas riche ton ftille
De proverbes emmanchez.

La nourrice qui devife,
Et la garce qui tamife,
Et l'yvrogne en fon repas
Chantent bien des chofes belles,
Mais quant ilz les trouvent telles,
Elles ne me plaifent pas.

Je fuis aux mains en furie
Quant j'entre en l'outellerie
Et j'oy' chanter les valetz
De bons vers ; une tempefte
De fourches volle à la tefte
Et de manches de balais.

*Une vieille maquerelle
Me dreſſa une querelle
Paſſant en poſte à Chalon,
Soutenant ſa chambriere
Qui parloit d'une courriere
Et de la ſeur d'Apollon.*

*J'enrage que ma Diane
Paſſe en la bouche prophane
Du vulgaire ſans renom,
Car je n'eſcris autre choſe
Et le plus ſouvent je n'oſe
Par reſpect nommer ſon nom.*

*Pour facille ne te faire,
Mon filz, ne prens le contraire,
Car tu dois plus deſirer
De contenter que deſplaire,
Et vault beaucoup mieux ſe faire
Bien entendre qu'admirer.*

*Ces perifraſes obſcures
Sont ſubjectes aux injures,
Et on leur peut repliquer
En les reduiſant en cendre :
« Tu ne veux te faire entendre,
Je ne veux pas t'expliquer. »*

*Avecq' plus de patience
Repren' la rude ignorance
D'un mal apris artiſan
Qu'une morgue trop ponpeuſe
Et la dent anbitieuſe
D'un eſventé courtiſan*

*Qui en sa main feneante
Traine une parolle lente,
Quant je prononce le vers
Qui vient d'une humeur gaillarde,
Il se sourit, il se regarde
Et n'entend que de travers.*

*Tantost il branle la teste
Et puis long-temps il s'arreste
Sur le mot le plus aisé,
Il coule le difficile,
Il remarque & fait l'abille,
Le dous, le bien avisé.*

*Mon filz, je te feray preuve
De pere, si je te treuve
Captif d'un de ces vilains,
Et, fust il suivy de quatre,
A la charge de me battre,
Je t'hosteray de leurs mains.*

*Que je souffre qu'on te lise
Comme une prose d'Eglise,
Sans me jetter à travers!
Non, j'aime mieux qu'on m'assomme:
Puis je croy qu'un vaillant homme
Ne sauroit mal lire un vers.*

*Ces sotz bronchent à toute heure
Sur la rime la meilleure
Et le vers le mieux polly;
En fin toute leur sentence
Ce sera que Monsieur pence
Que cela est bien jolly.*

Tandis le moqueur admire
Le vers qu'il ne ſauroit lire
Sans à part ſoy l'eſtimer,
Ce beau liʒeur qui efface
Autant comme il peut la grace
Du vers qu'il ne peut aymer,

Prens ton renvoy, ton refuge
A Ronſard ou un tel juge;
Pour faire ton proces court,
Ta cauſe eſt aſſeʒ obſcure,
Et pour juge elle n'endure
Tous les ſinges de la court.

Ceſte Epitette ne bleſſe
Ceux là deſquels la ſageſſe
Fait les autres ſingiſer,
Les courtiſans que le reſte
Seullement imite en geſte,
Et non point à meſpriſer.

Tu verras l'outrecuidance
Des ſoldatʒ de l'ignorance ·
Qui ſuperbes, bien veſtuʒ,
Qui ne ſervent que Princeſſes,
Parent leurs cors de richeſſes,
Non leur eſprit de vertuʒ.

Je voy' l'ignorant bravache
Qui refriſant ſa mouſtache
Et fronçant un hault ſourcy
Dit aux Dames qui le fraiſent
Que les poetes luy deſplaiſent,
Mais il leur deſplaiſt auſſi.

On voit aujourduy qu'en France
Ceste peste d'ignorence
A l'air & le peuple espris ;
Elle est faite Epidemie,
Elle est des Princes l'amie,
Rarement de leurs espris.

Si plus heureux tu te monstres
En sentences, en rencontres,
Tu es boufon ou badin,
Et celui qui danse agile
De grace, est par la vile
Recongneu pour baladin.

Celui qui en Italye
Usa le tiers de sa vie
Aux armes est escrimeur ;
L'hystorien venerable
N'est qu'un raconteur de fable,
Et le poete un rimeur.

Le vulgaire fasche & pique
Ceux qui aiment la musique
Et poussent le lut divin ;
La philosophique vie
N'est que souffler l'alquemie,
Et l'astronome est devin.

L'Escuyer n'est qu'une fable
A celuy qui n'est semblable,
Et a nom piqueur si bien
Que tous ceulx là que l'on nomme
Digne, honneste ou gallant homme,
Sont ceux qui ne savent rien.

Si quelqu'un trop militaire
En fait plus que le vulgaire,
Ce n'est pour tout qu'un soldart,
Si hazardeux & habille
Il surprend chasteau ou ville,
C'est un joueur de petard.

Le vice ha en ceste sorte
Ruiné la vertu morte,
La blasmant de cent façons ;
Ce sont loix de l'ignorance
Que les hommes de science
Ne sont pas mauvais garsons.

Ce point demeure à debatre,
On a veu assez combatre
En ceste horrible saison ;
Là, l'ignorant a fait preuve
Quel cueur au docte se treuve
Par effect, non par raison.

A l'ignorant est ravie
Mourant l'une & l'autre vie,
Le docte prend sur le port
D'Acheron l'ame seconde,
Et toute valleur se fonde
Sur le mespris de la mort.

Les chefz de la vieille Eglise,
David apres un Moyse,
Furent poetes & rimeurs
Et nous ont laissé leur gloire
Par les vers & par l'istoire
Et du grand Dieu les faveurs.

*Nos braves & leurs bravades
Imitent leur Eſtacades.
Mais helas ! ilz n'ont pouvoir
D'acoſter leur renommee
De la main docte ou armee
De valeur ny de ſavoir.*

*J'amais n'a ſlory empire
Qui n'ait choiſi au bien dire
Les Peres & Senateurs :
De ceux là les Capitaines,
Ceux là en Romme, en Athenes
Ont eſté les Dictateurs.*

*Le Conquerant Alexandre
J'amais ne fut las d'aprendre,
Non plus que de conquerir ;
Son chevet fut d'un Homere :
Auſſi le temps n'a ſeu faire
Par la mort ſon nom mourir.*

*Les Grecques antiques vies
Qui nous cauſent tant d'envies
Et la pluſpart des Ceſars
Sont les ſubgetz de noz larmes :
Des ars ilz armoient leurs armes,
Paroient les armes des ars.*

*Nous meſpriſons la ſcience,
C'eſt pourquoy en ceſte France
Pourriſt notre nom preſſé.
On nous trouve gallans hommes,
Mais on ne ſait qui nous ſommes
Quant le Danube eſt paſſé.*

*Du lion l'outrecuidance
Eſt la valleur ſans ſcience;
L'ours & le tigre eſtranger
Sont bien plus vaillans que l'homme
Qui court là où on l'aſſomme,
Sans cognoiſtre le danger.*

*Mon filz, laiſſe en l'ignorence
L'ignorente outrecuidence,
Ces brutaux entendemens,
Pour faire abaiſſer leurs mynes,
Je les fais croire par ſignes,
Et non pas par arguments.*

*De là tu viens aux Zoilles,
Plus ruzés & plus habilles
A eſpier en tes vers
S'il ſera en leur puiſſance,
De ta droite intelligence
Tourner le ſens de travers.*

*Je veux que tu tiennes teſte
Par chaſque reſponce preſte
A ceſt afamé troupeau,
Si bien que leur dent chenine
Ne pince, ronge & ne myne
Pour un double, de ta peau.*

*Les Dieux t'ont eſleu, mon livre,
Pour un aſtre qui fait vivre
Le nom de ton pere aux Cieux:
Ta force n'eſt pas ſubgecte
A ceſte envieuſe ſecte,
Car tu es eſlu des Dieux.*

*Ce n'eſt la troupe premiere
Des aſtres qui la lumiere
Ofuſque des ſurvenans,
Mais oui bien les vaines rages
Des inutilles nuages
Que les vens vont premenans.*

*Ce feront obſcurs poetaſtres,
Non pas les clairs feuz des aſtres
Qui voudront te faire ennuy ;
Ceux qui desja ont acquiſe
La gloire & louange exquiſe
N'en cherchent plus ſur autruy.*

*Donc plumes envenimees,
Nuages plains de fumees,
Le vent vous vient emporter ;
C'eſt grand honneur à mon livre
Que ceux que l'envie enivre
Peuvent ſes faultes compter.*

LE PRIMTEMS
DU
SIEUR D'AUBIGNÉ

PREMIER LIVRE

HECATOMBE A DIANE.

I.

Accourez au secours à ma mort violente,
 Amans, nochers experts en la peine où je suis,
 Vous qui avez suivi la route que je suis
 Et d'amour esprouvé les flots & la tourmente.
Le pilote qui voit une nef perissante,
 En l'amoureuse mer remarquant les ennuis
 Qu'autrefois il risqua, tremble & luy est advis
 Que d'une telle fin il ne pert que l'attente.
Ne venez point ici en espoir de pillage;
 Vous ne pouvez tirer profit de mon naufrage:
 Je n'ay que des souspirs, de l'espoir, & des pleurs.
Pour avoir mes souspirs les vents levent les armes,
 Pour l'air sont mes espoirs volagers & menteurs,
 La mer me fait perir pour s'enfler de mes larmes.

II.

En un petit esquif esperdu, malheureux,
Exposé à l'horreur de la mer enragee,
Je disputoy' le sort de ma vie engagee
Avecq' les tourbillons des bises outrageux.
Tout accourt à ma mort : Orion pluvieux
Creve un deluge espais, & ma barque chargee
De flotz avecq' ma vie estoit my submergee,
N'ayant autre secours que mon cry vers les Cieux.
Aussitost mon vaisseau de peur & d'ondes vuide
Reçeut à mon secours le couple Tindaride,
Secours en desespoir, oportun en destresse ;
En la Mer de mes pleurs porté d'un fraile corps,
Au vent de mes souspirs pressé de mille morts,
J'ay veu l'astre beçon des yeux de ma Deesse.

III.

Misericorde, ô Cieux, ô Dieux impitoyables,
Espouvantables flots, ô vous palles frayeurs
Qui mesme avant la mort faites mourir les cœurs.
En horreur, en pitié voyez ces miserables !
Ce navire se perd, desgarny de ses cables,
Ces cables ses moyens, de ses espoirs menteurs :
La voile est mise à bas, les plus fermes rigueurs
D'une fiere beauté sont les rocs imployables ;
Les mortels changements sont les sables mouvantz,
Les sanglots sont esclairs, les souspirs sont les vents,
Les attentes sans fruict sont escumeuses rives
Où aux bords de la mer les esplorés Amours
Vogans de petits bras, las & foible secours,
Aspirent en nageant à faces demivives.

IV.

Combattu des vents & des flots,
　Voyant tous les jours ma mort prefte
　Et abayé d'une tempefte
　D'ennemis, d'aguetz, de complotz,
Me refveillant à tous propos,
　Mes piftolles deffoubz ma tefte,
　L'amour me fait faire le poete,
　Et les vers cerchent le repos.
Pardonne moy, chere Maiftreffe,
　Si mes vers fentent la deftreffe,
　Le foldat, la peine & l'efmoy :
Car depuis qu'en aimant je fouffre,
　Il faut qu'ils fentent comme moy
　La poudre, la mefche, & le fouffre.

V.

Ronfard, fi tu as fçeu par tout le monde efpandre
　L'amitié, la douceur, les graces, la fierté,
　Les faveurs, les ennuys, l'aife & la cruauté,
　Et les chaftes amours de toy & ta Caffandre :
Je ne veux à l'envy, pour fa niepce entreprendre
　D'en rechanter autant comme tu as chanté,
　Mais je veux comparer à beauté la beauté,
　Et mes feux à tes feux, & ma cendre à ta cendre.
Je fçay que je ne puis dire fi doctement,
　Je quitte le fçavoir, je brave l'argument
　Qui de l'efcript augmente ou affoiblit la grace.
Je fers l'aube qui nait, toi le foir mutiné,
　Lorfque de l'Ocean l'adultere obftiné
　Jamais ne veut tourner à l'Orient fa face.

VI.

J'entreprens hardiment de te rendre eternelle,
 Targuant de mes escripts ton nom contre la Mort,
 Mais en t'eternisant je ne travaille fort ;
 Ta perfection n'est en aucun poinct mortelle,
Rien n'est mortel en toy, ta chasteté est telle
 Que le temps envieux ne luy peut faire tort.
 Tes dons, thresors du Ciel, ton nom exempt; du port
 Et du fleuve d'oubly ont la vie immortelle.
Mesmes ce livre heureux vivra infiniment
 Pour ce que l'infiny sera son argument.
 Or je rend grace aux Dieux de ce que j'ay servie
Toute perfection de grace & de beauté,
 Mais je me plein' à eux que ta severité,
 Comme sont tes vertus, aussi est infinie.

VII.

D'un outrageux combat la Fortune & l'Amour
 Me veulent ruiner & me veulent bien faire :
 L'Amour me veut aider, & Fortune contraire
 Le brouille en le trompant de quelque nouveau tour.
L'un fit dedans les yeux de Diane sejour,
 Luy embrasa le cœur & l'ame debonnaire,
 L'autre lui opposa une troupe adversaire
 De malheurs pour sa mort & pour mon dernier jour.
Diane assiste moy, notre perte est commune,
 Faisons rompre le col à l'injuste Fortune
 Inconstante, fascheuse, & qui nous a trahis.
Combattans pour l'Amour, c'est pour nous, ma Maistresse,
 Loge le dans mon cœur & au tien, ma Deesse,
 Qu'il ait passages forts, la langue & le païs.

VIII.

Ouy, mais ainſi qu'on voit en la guerre civile
   Les debats les plus grands du foible & du vainqueur
   De leur doubteux combat laiſſer tout le malheur
   Au corps mort du pais, aux cendres d'une ville,
Je ſuis le champ ſanglant où la fureur hoſtile
   Vomit le meurtre rouge, & la ſcytique horreur
   Qui ſaccage le ſang, richeſſe de mon cœur,
   Et en ſe debattant font leur terre ſterile.
Amour, Fortune, helas! appaiſez tant de traicts,
   Et touchez dans la main d'une amiable paix :
   Je ſuis celuy pour qui vous faictes tant la guerre.
Aſſiſte, Amour, tousjours à mon cruel tourment!
   Fortune, appaiſe toy d'un heureux changement,
   Ou vous n'aurez bientoſt ny diſpute, ny terre.

IX.

Ce qui a eſgalé aux cheveulx de la terre
   Les tours & les chaſteaux qui tranſpercent les cieux,
   Ce qui a renverſé les palais orgueilleux,
   Les ſceptres indomptez eſlevez par la guerre,
Ce n'eſt pas l'ennemy qui un gros camp aſſerre,
   Menace & vient de loin redouté, furieux :
   Ce ſont les citoyens, eſmeuz, armés contr'eux,
   Le bourgeois mutiné qui ſoy meſme s'enferre.
Tous mes autres haineux m'attaquans n'avoyent peu
   Conſommer mon eſpoir, comme font peu à peu
   Le debat de mes ſens, mon courage inutile,
Mes ſouſpirs eſchauffez, mes deſirs inſolents,
   Mes regrets impuiſſants, mes ſanglots violents,
   Qui font de ma raiſon une guerre civile.

X.

Bien que la guerre foit afpre, fiere & cruelle
  Et qu'un doubteux combat defrobbe la douceur,
  Que de deux camps meflez l'une & l'autre fureur
  Perde fon efperance, & puis la renouvelle,
En fin lorfque le champ par les plombs d'une grelle
  Fume d'ames en haut, enfanglanté d'horreur,
  Le foldat defconfit s'humilie au vainqueur,
  Forçant à joinctes mains une rage mortelle.
Je fuis porté par terre, & ta douce beauté
  Ne me peut faire croire en toy la cruauté
  Que je fen' au frapper de ta force ennemie :
Quand je te cri' mercy, je me metz à raifon,
  Tu ne veux [me] tuer, ne m'ofter de prifon,
  Ny prendre ma rançon, ny me donner la vie.

XI.

L'Amour pour me combattre a de vous emprunté
  Voftre grace celefte & voftre teint d'yvoire,
  Vos yeux ardentz & doux & leur prunelle noire,
  Vainqueur par voftre force & par voftre beauté
Des traicts que vous avez à ce voleur prefté.
  Non à vous, mais à luy il apprefte une gloire,
  Si tres douce au vaincu qu'il aime la victoire
  Et mourir par le fer dont il eft furmonté :
Madame, j'ayme mieux qu'Amour vainqueur me tue,
  Me raviffant par vous, le fens, l'ame & la veue
  Que fi vous luy oftiez les armes & le cœur;
Mais fi vous me donnez un jour par la poignee
  La beauté ennemie, & la grace efloignee,
  Lors vous triompheriez par moy d'un Dieu vainqueur.

XII.

Souhaitte qui voudra la mort inopinee
   D'un plomb meurtrier & prompt au haʒard envoyé,
   D'un coutelas bouchier, d'un boulet foudroyé,
   Crever poudreux, fanglant, au champ d'une journee;
Souhaitte qui voudra une mort entournee
   De medecins, de pleurs, & un lict coutoyé
   D'heritiers, de criards, puis eftre convoyé
   De cent torches en feu à la foffe ordonnee;
Je ne veux pour la folde eftre au champ terraffé,
   On eft aujourd'huy trop mal recompenfé :
   Je trouve l'autre mort longue, bigotte & folle ;
Quoy donc ? bruflé d'amour que Diane en douleurs
   Serre ma trifte cendre infufe dans fes pleurs,
   Puis au fein d'Artemife un tombeau de Maufole.

XIII.

Diane, aucunes fois la raifon me vifite
   Et veut venir loger en fa place, au cerveau,
   Mais elle eft eftrangere, & un hôfte nouveau
   Qui ne la cognoift point, la chaffe & met en fuitte.
Il gaigne mes defirs, les agace & defpite,
   Encontre ma raifon, & bravant de plus beau
   Mes penfers fubornez, il arme d'un monceau
   De fleches & de feux qu'ilʒ portent à fa fuitte.
Ha defirʒ efgarez ! ah efclaves d'amour !
   Ha ! mes traiftres penfers ! vous maudirez le jour
   Que l'amour vous arma pour combattre le droict.
La Royne naturelle eft tousjours la plus forte :
   « Point, ce dirent ces fols, le plus fort nous emporte,
   L'amour furmonte tout, qui luy refifteroit ? »

XIV.

Je vis un jour un foldat terraffé,
  Bleffé à mort de la main ennemie;
  Avecq' le fang l'ame rouge ravie
  Se debattoit dans le fein tranfpercé.
De mille mortz ce periffant preffé
  Grinçoit les dents en l'extreme agonie,
  Nous prioit tous de luy hafter la vie :
  Mort & non mort, vif non vif fut laiffé.
« *Ha, di-je allors, pareille eft ma bleffeure;*
  Ainfi qu'à luy ma mort eft toute feure,
  Et la beauté quy me contraint mourir
Voit bien comment je languy' à fa veue,
  Ne voulant pas tuer ceux qu'elle tue,
  Ny par la mort un mourant fecourir. »

XV.

Lorfque nous affaillons un fort bien defendu
  Muny de gentz de bien, d'affiette difficile,
  Le coeur, l'envye en croift, tant plus inacceffible
  Et dur à furmonter eft le bien pretendu.
Le butin n'eft plaifant qui eft fi toft rendu,
  L'amitié qui nous eft trop prompte & trop facile
  Rend l'or à bon marché & un grand threfor vile,
  Et le fort bien toft pris auffi toft eft perdu.
Il faut gaigner, garder une place tenable :
  La gentille malice en la dame eft loüable,
  Par l'opiniaftreté l'amant eft embrafé.
Douce victoire, à peine ay-je fait preuve en fomme
  Que c'eft le naturel de l'amitié de l'homme
  D'affecter l'impoffible & mefprifer l'aifé.

XVI.

Quand je voy' ce chafteau dedans lequel abonde
  Le plaifir, le repos, & le contentement,
  Si fuperbe, fi fort, commandé fierement
  D'un marbre cannelé, & de mainte tour ronde,
Je vironne à l'entour, & en faifant la ronde
  J'oppofe à mon plaifir, le dangier, le torment,
  Et contre tout cela l'Amour fait vaillamment
  Vaincre par les defirs toutes les peurs du monde:
L'Amour commande là, qui d'un traict rigoureux
  Perce les conquerans, meurtrit les amoureux.
  Le fier me refufa, quand de fa garnifon
Je demandoy' un jour la paye vive ou morte,
  Je veux à coup perdu me jetter dans la porte
  Pour y avoir logis, pour le moins, en prifon.

XVII.

Somme c'eft un chafteau bafti de diamans,
  Couvert de lames d'or richement azurees
  Où les trois Graces font fierement emmurees,
  Se fervantz des hauts Cieux & des quatre elementz.
Nature y mit fon tout, fa richeffe & fon fens,
  Pour prouver fes grandeurs eftre demefurees,
  Elle enferma dehors les ames enferrees,
  L'ardeur & les defirs des malheureux amantz.
Que me fert donc ceft or & ceft azur tant riche,
  Cefte grandeur qui n'eft plus royale que chiche
  De donner à fes coups le beaume de ma vie?
Threfor inacceffible, helas, j'aimeroy' mieux
  Que moins foible, moins beau, & moins proche des Cieux
  Tu fuffes beaucoup moindre, & moins mon ennemye!

XVIII.

Qui pourroit esperer en ayant affronté
  Cest oeil imperieux, ceste celeste face?
  Mais qui n'espereroit voyant sa douce grace,
  Affriandé du miel d'une telle beauté?
Qui pourroit esperer rien que severité
  De ce visage armé d'une agreable audace,
  Et qui n'esperera de pouvoir trouver place
  En un lieu que merite un labeur indompté?
Je ne puis esperer sachant mon impuissance.
  J'espere & say chemin d'une folle esperance;
  Si mon courage haut ne reussit à point,
Ny les fureurs du feu, ny les fers d'une fleche
  Ne m'empescheront pas de voler à la breche,
  Car l'espoir des vaincus est de n'esperer point.

XIX.

Je sen bannir ma peur & le mal que j'endure,
  Couché au doux abry d'un mirthe & d'un cypres,
  Qui de leurs verds rameaux s'accolans prés à prés
  Encourtinent la fleur qui mon chevet azure,
Oyant virer au fil d'un muzisien murmure
  Milles Nymphes d'argent, qui de leurs flotz secrets
  Bebrouillent en riant les perles dans les prets,
  Et font les diamans rouller à l'adventure
Ce bosquet de verbrun qui cest' onde obscurcist,
  D'Eschos armonieux, & de chantz retentist.
  O sejour amiable! ô repos pretieux!
O giron, doux support au chef qui se tourmente!
  O mes yeux bien heureux esclairez de ses yeux,
  Heureux qui meurt icy & mourant ne lamente!

XX.

Nous ferons, ma Diane, un jardin fructueux :
J'en seray laboureur, vous dame & gardienne.
Vous donnerez le champ, je fourniray de peine,
Afin que son honneur soit commun à nous deux.
Les fleurs dont ce parterre esjouira nos yeux
Seront verds florissants, leurs subjects sont la graine,
Mes yeux l'arroseront & seront sa fontaine,
Il aura pour zephirs mes souspirs amoureux;
Vous y verrez mellés mille beautez escloses,
Soucis, œillets & lys, sans espines les roses,
Encolie & pensee, & pourrez y choisir
Fruictz succrez de duree, aprés des fleurs d'attente,
Et puis nous partirons à vostre choix la rente :
A moy toute la peine, & à vous le plaisir.

XXI.

Vous qui avez escrit qu'il n'y a plus en terre
De Nymphe porte-fleche errante par les bois,
De Diane chassante ainsi comme autres fois
Elle avoit fait aux cerfs une ordinaire guerre,
Voyez qui tient l'espieu ou eschauffe l'enferre,
Mon aveugle fureur, voyez qui sont ces doigtz
D'albastre ensanglantés, marquez bien le carquois,
L'arc & le dard meurtrier, & le coup qui m'aterre,
Ce maintien chaste & brave un cheminer accord :
Vous diriez à son pas, à sa suitte, à son port,
A la face, à l'habit, au croissant qu'elle porte,
A son œil qui domptant est toujours indompté,
A sa beauté severe, à sa douce beauté
Que Diane me tuë, & qu'elle n'est pas morte.

XXII.

Le peinctre qui voudroit animer un tableau
  D'un Printemps bien fleuri ou y feindre une glace
  De cristal reluisant, ou l'azur & la face
  Du Ciel, alors qu'il est plus serein & plus beau,
S'il vouloit faire naistre au bout de son pinceau
  Le front de la Ciprine, ou retirer sa grace,
  Ou l'astre qui des Cieux tient la premiere place,
  Alors que son plein rond il refait de nouveau,
Qu'il imite, s'il peut, le front de ma Deesse,
  Mais qu'il se garde bien que son arc ne le blesse.
  S'il fait, Pycmalion, la mere de Cynire,
Qu'il voye prendre vie à ce qu'il aura peint,
  Il fera par les maulx qu'il en aura contrainct
  Le tableau parricide & le pinceau maudire.

XXIII.

Si je pouvoy' porter dedans le sein, Madame,
  Avec mon amitié celle que j'ayme aussi,
  Je ne me plongeroy' au curieux soucy
  Qui devore mes sens d'une amoureuse flamme.
Doncques pour arrester l'aiguillon qui m'entame,
  Donnez moy ce pourtraict, où je puisse transy
  Effacer vostre teint d'un desir endurci,
  Devorant vos beautez de la faim de mon ame,
Mourir comme mourut Laodamie, allors
  Que de son ami mort elle embrassa le corps,
  De ses ardentz regretz rechauffant cette glace,
Mourir, vous contemplant, de joye & de langueur.
  J'ay bien dessus mon cœur portraicte vostre face
  De la main de l'amour, mais vous avez mon cœur.

XXIV.

Poure peinctre aveuglé, qu'eſt-ce que tu tracaſſe
  A ce petit pourtraict où tu perds ton latin,
  Eſſayant d'eſgaler de ton blanc argentin
  Ou du vermeil, le lys & l'œillet de ſa face?
Ce fat eſt amoureux, & veut gaigner ma place :
  Il ny peint pour le front, la bouche & le tetin;
  Sors de là, mon amy, je ſuis un peu mutin :
  Madame, excuſez moy, car j'y ay bonne grace,
Ces coquins n'ont crayon à vos couleurs pareil,
  Ny blanc ſi blanc que vous, ny vermeil ſi vermeil.
  Tout ce qui eſt mortel s'imite, mais au reſte
Les peinctres n'ont de quoy repreſenter les Dieux,
  Mais j'ay desja choiſi dans le threſor des Cieux
  Un celeſte crayon pour peindre le celeſte.

XXV.

Que je ſoy' donc le peinctre, il m'a quitté la place,
  Rengainé ſon pinceau : je veux bien faire mieux
  Qu'en un tableau mortel, qui bien toſt ſera vieux
  Et qui en peu de temps ſe pourrit & s'efface ;
Je pein' ce brave front, Empereur de ta face,
  Tes levres de rubis, l'or de tes blonds cheveux,
  L'incarnat de ta jouë & le feu de tes yeux,
  Puis le ſuccre du tout, le luſtre de ta grace,
Je peins l'orgueil mignard qui pouſſe de ton ſein
  Les ſouſpirs enfermez, l'yvoire de ta main.
  Un peinctre ne peut plus : j'en ſçay bien plus que luy,
Je fay' ouir ta voix, & ſentir ton haleine
  Et ta douceur, & ſi on ſçaura par ma peine
  Que la lame, ou bien l'ame, eſt digne de l'eſtuy.

XXVI.

Autant de fois que vostre esprit de grace
  Fera mouvoir un esclat de vos yeux
  Sur ce pourtraict, en cela plus heureux
  Que n'est l'absent duquel il peint la face,
Autant de fois il faudra que j'efface
  Par ce tableau vos mespris oublieux.
  Vous me verrez & ne verrez mes feux
  Qui n'ont laissé exempte aucune place :
Autant de fois vous reverrez celuy
  Qui se hayant, vous aime & son ennuy.
  Mais on ne peut en ce tableau voir comme
De toutes parts je brusle peu à peu,
  Ou autrement ce ne seroit qu'un feu
  Qui n'auroit rien que la forme d'un homme.

XXVII.

Qui void le Dieu aux blonds cheveux
  En quittant la mer son hostesse
  Friser en l'air l'or de sa tresse,
  Voilé de son chef pretieux,
Qui void l'æther proche des Cieux
  Ou bien la forme mentercsse,
  La pluie d'or & la finesse
  Du plus adultere des Dieux,
Cestuy là verra la peinture
  De l'or & de la cheveleure
  Qui efface, passe & surmonte
Le soleil & abbaisse encor
  En mesprisant la pluie d'or,
  L'æther qui se cache de honte.

XXVIII.

Non, ce ne sont point deux couraux,
  OEillets cramoisis, ny encore
  Une bouche : ce que j'adore
  Merite bien des noms plus hautz.
C'est Iris treve de mes maux.
  L'arc que le Ciel nous recolore
  Fait la paix, celuy que j'honore
  Fend l'orage de mes travaux.
Sois propice à mes vœuz; ma veue
  Ne sois de ton arc despourveuë,
  Des Dieux la messagere & fille
Par qui le nuage est chassé,
  Quand l'humeur de mes yeux distille
  Du ciel de son front courroucé.

XXIX.

Vertomne estant bruslé d'un tel feu que le mien,
  Pipé qu'il fust des yeux de la nymphe Pomone,
  Pour amolir le sein de sa dame felonne
  Changea comme il voulut de forme & de maintien.
Mais helas mon pouvoir n'est tel que fust le sien!
  Il s'habilla en vieille à la teste grisonne,
  Et puis en Adonis, & lors jouit Vertomne
  De ce qu'il adoroit pour son souverain bien.
Je suis bien seur du poinct, vous n'aimez pas, Deesse.
  Le front ensillonné d'une froide vieillesse,
  Un marcher tremblottant, deux yeux pasles, ternis;
Si j'etois en ma forme inconstant & muable,
  Je formeroy' mon corps pour le faire amiable.
  Comme mon ame est belle, il seroit Adonis.

XXX.

Si tost que vostre coche a peu ensemble avoir
  Un amour si tres ferme, & si tres precieuse.
  Indigne de porter charge si gratieuse,
  Un desplaisir esgal il nous fit recevoir.
Il est versé par terre, en cela je puis voir
  Que fortune ne veut m'estre si rigoureuse
  Que si elle n'estoit que pour vous malheureuse;
  Si j'interprete mal, je me veux decevoir :
Doux bien, douce douleur qui nous sera commune,
  Je me desdi' du mal que j'ay dit de fortune
  Si mon mal & mon bien sont unis avecq'vous;
Je ne vous cerche pas compagne en ma tristesse,
  Mais j'aimeroy fortune, & ses coups seront doux
  Si la playe d'amour nous unist, & nous blesse.

XXXI.

Dans le parc de Thaly j'ay dressé deux plansons
  Sur qui le temps faucheur ny l'ennuyeuse estorse
  Des filles de la Nuict jamais n'aura de force,
  Et non plus que mes vers n'esteindra leurs renoms.
J'ay engravé dessus deux chiffres nourrissons
  D'une ferme union qui avec leur ecorce
  Prend croissance & vigueur, & avecqu'eux s'efforce
  D'acroistre l'amitié comme croissent les noms;
Croissez, arbres heureux, arbres en qui j'ay mis
  Ces noms & mon serment, & mon amour promis.
  Aupres de mon serment je metz ceste priere :
« Vous Nymphes qui mouillez leurs pieds si doucement,
  Accroissez ses rameaux comme croist ma misere,
  Faites croistre ses noms ainsi que mon tourment. »

XXXII.

Je dispute pour vous contre ceste lignee,
  Tige de tant de Ducs, de Princes & Seigneurs,
  Puis je debas l'honneur de vos predecesseurs
  Contre vous qu'un tel sang a la terre donnee.
Je suis en tel combat que mon ame estonnee
  Balance inconstamment à vos divins honneurs,
  Ores pour vos vertus, ores pour vos grandeurs,
  Pour l'honneur & pour l'heur auquel vous estes nee.
Ce nom Salviati s'esleve jusqu'aux cieux,
  Vostre perfection n'imite que les Dieux.
  J'estime la grandeur une celeste grace,
Ce don n'est rien, s'il n'est d'autres dons decoré :
  C'est beaucoup d'estre ainsi de sa race honoré,
  Mais c'est encores plus d'estre honneur de sa race.

XXXIII.

Je veux te louer, te chanter,
  Dire ta beauté nonpareille,
  Benigne & gratieuze oreille
  Qui prens plaisir à m'escouter;
Mes cris ne t'ont peu desgoutter :
  Si je suis prest, tu t'appareille,
  Ta douceur à mon mal pareille
  Lamente en m'oyant lamenter,
Honneste, douce & debonnaire
  Tu escoutes bien ma priere :
  C'est pourquoy ainsi je t'appelle,
Mais si tu fais contre raison
  De la sourde à mon oraison,
  Tu seras mal faite & moins belle.

XXXIV.

Guerre ouverte, & non point tant de subtilitez :
  C'est aux foibles de cœur qu'il faut un advantage.
  Pourquoy me caches-tu le Ciel de ton visage
  De ce traistre satin, larron de tes beautez ?
Tu caches tout horsmis les deux vives clartez
  Qui m'ont percé le cœur, esblouy le courage,
  Tu caches tout horsmis ce qui me fait dommage,
  Ces deux brigands, tyrans de tant de libertez :
Belle, cache les rais de ta divine veuë.
  Du reste si tu veux, chemine toute nuë,
  Que je voye ton front, & ta bouche & ta main.
Amour ! que de beautez, que de lys, que de rozes.
  Mais pourquoy retiens-tu tes pommettes encloses !
  Je t'ay monstré mon cœur, au moins monstre ton sein.

XXXV.

Je ne sçay s'il te souviendroit
  Qu'en ta main blanche & grasselette
  Mesloit de liaison bien faicte
  Ton doigt mescogneu de mon doigt ;
En ce las d'amour se perdoit
  Comme au cep mon ame subjecte,
  Nous chantions d'une main muette
  Le feu qui au sein se fondoit ;
Si tu es fine assez, devine
  Ce que sur nos doigts j'imagine
  Qui sont entrelassez ainsi,
Si tu devines nos pensees
  Qui s'accorderont en ceci
  Comme nos doigts sont enlassez.

XXXVI.

Tu m'avois demandé, mignonne,
    De Paris quelque nouveauté :
    Le nouveau plaist à ta beauté,
    C'est la nouveauté qui m'estonne.
Je n'ay veu depuis ta personne
    Rien qui doive estre souhaité,
    Ainsi je n'ay rien apporté
    Que ce cristal que je te donne.
Que di-je, je ne pouvoy' mieux
    Pour monstrer ensemble à tes yeux,
    Mon feu, ta beauté merveilleuse.
C'est nouveauté ! tu n'en crois rien,
    J'espere que par ce moyen
    De toy tu seras amoureuse.

XXXVII.

Yeux enchanteurs, les pipeurs de ma veue,
    Veuë engeolleuze, haineuze de mes yeux,
    Face riante à ma mort, à mon mieux,
    Ceste beauté cache l'ame incogneuë ;
Tu as surpris ma vie à l'impourveuë,
    Mais surpren' moy, comme du haut des Cieux
    Diane fit qui surprit otieux
    Endymion, couverte d'une nuë,
Car je suis tien aussi bien comme luy.
    Son heur me fuit, j'empoigne son ennuy,
    A luy & moy ta puissance est commune,
Mais las ! je veille & il fust endormy,
    Il fust aimé, & je ne suis qu'amy
    Qui sans baiser me morfonds à la lune !

XXXVIII.

N'a doncques peu l'amour d'une mignarde rage,
   D'un malheur bien heureux, d'un malheureux bonheur
   Combatre voſtre ennuy, & meſler la couleur
   D'un oeillet ſur le lys de voſtre blanc viſage.
C'eſt à ceſte blancheur que l'amour fait hommage,
   C'eſt l'honneur de vos yeux, c'eſt encor l'autre honneur
   Qui rid en voſtre front, mais c'eſt plus toſt malheur
   Qu'un bon heur, car un bien ne peut faire dommage;
Diane, je ſçay bien : vous eſtes de bon or,
   Mais il eſt blemiſſant, pour ce qu'il n'a encor
   Prins couleur aux chaleurs d'une ardente fournaiẓe;
Ayeẓ pitié de vous, & comme peu à peu
   La flamme rouſſiſt l'or, l'amour ſoit voſtre feu
   Et que je ſoy' l'orphevre, & l'hymen ſoit la braiẓe.

XXXIX.

   Va-t-'en dans le ſein de ma mye,
      Sonnet plus mignon, plus heureux
      Que ton maiſtre, & que l'amoureux
      Qui aimant, bruſlant, ne s'ennuye.
   Tu vas, je ne t'en porte envie,
      Eſtre devoré de ſes yeux,
      Avoir un accueil gracieux
      Et je ne la voy' qu'ennemie :
   Elle t'ayme & elle eſt ſi belle!
      Ne devien' pas amoureux d'elle,
      Ce papier ne peut faire ennuy,
   Mais pour le lieu où on le porte,
      Je voudroy' faire en quelque ſorte
      Un change de moy & de luy.

XL.

Vos yeux ont honoré d'une celeste veuë
  Mon labeur guerdonné des peines de vos yeux;
  Vous avez coloré d'un clin d'oeil gracieux
  Mon papier blemissant du jour de vostre nuë.
Le laboureux trainant le soc de la charrue,
  Importuné des ventz & d'un temps pluvieux
  Est ainsi soulagé, quand le soleil des cieux
  Luy rayonne le chef, saillant à l'impourveuë.
J'ay plus vostre renom que mes peines chanté,
  Et quoyque repoussé, affligé, maltraicté,
  Si est-ce que pourtant mon stile ne se change.
Ne mesprisez les vers qui vous ont en tel prix,
  Et lisez de bon coeur mes cris & mes escripts,
  Et vous lirez mes maux avec vostre louange.

XLI.

  L'Hyver à la teste grisonne
    Gâgea que le ciel luy donnoit
    Une blancheur qu'il oseroit
    Monstrer pour braver ma mignonne :
  Le ciel force neige luy donne;
    Le vieillard qui par là pensoit
    Avoir gaigné, me demandoit
    Le prix que sa victoire ordonne :
  « *Nous allons guetter au matin*
    Ma belle qui, au blanc satin,
    Faisoit honte aux lys, & aux fleurs. »
  Le vieillard se dedit & tremble
    Voyant le lustre, & les couleurs
    De ma mie & la neige ensemble.

XLII.

Auprés de ce beau teinct le lys en noir se change,
  Le laict est bazané auprés de ce beau teinct,
  Du cygne la blancheur auprés de vous s'esteinct,
  Et celle du papier où est vostre louange.
Le succre est blanc, & lorsqu'en la bouche on le range
  Le goust plaist, comme faict le lustre qui le peinct,
  Plus blanc est l'arcenic, mais c'est un lustre feinct,
  Car c'est mort, c'est poison à celuy qui le mange.
Vostre blanc en plaisir taint ma rouge douleur.
  Soyez douce du goust, comme belle en couleur,
  Que mon espoir ne soit desmenty par l'espreuve,
Vostre blanc ne soit point d'aconite noircy,
  Car ce sera ma mort, belle, si je vous trouve
  Aussi blanche que neige & froide tout ainsi.

XLIII.

Il te doit souvenir, Diane, en mon absence
  Des marques que ta gorge, & ton bras, & ta main
  Portent pour tesmoigner que le sort inhumain
  A grand tort me priva du jour de ta presence,
Car Nature avoit mis fort peu de difference
  En ce que nous avons d'apparent & d'humain,
  En cinq marques encor que tu sçais, mais en vain
  Eust elle de nous deux si chere souvenance ;
Mon bras gauche est marqué de mesme que le tien,
  Ma main est differente à la tiene de rien,
  Si que, hors la blancheur, quand elles sont ensemble
Nous les mescognoissons : nous avons, toy & moy,
  Encor trois seings pareilz : Mais quel malheur pourquoy
  A mon vouloir bruslant ton vouloir ne ressemble !

XLIV.

Que voy-je? une blancheur à qui la neige est noire,
　Des yeux ravis en soy, de soy mesme esblouis,
　Des oilletz à l'envy des lys espanouis,
　Des doigts qui prennent lustre à ces marches d'hyvoire,
Mais qu'est-ce qu'en oyant encor ne puis-je croire,
　Un cœleste concert, les orbes esjouis,
　Qui me vole à moy mesme & pille esvanouis
　L'ame, le coeur, l'esprit, les sens, & la memoire.
Qui pourroit vous ouir, si belle vous voyant?
　Et qui vous pourroit voir si douce vous oyant?
　O difficile choix de si hautes merveilles!
Mon coeur s'envole à vous, tout flame & tout desir,
　Certain de me quitter, incertain de choisir,
　Le passage des yeux, ou celuy des oreilles!

XLV.

Veux-tu plaider, Amour? ou s'il faut que j'endure
　Les maux que tu me fais? non, j'ayme mieux plaider.
　Je t'adjourne, j'informe, & veux te demander
　La somme & l'interest de tout ce que j'endure,
Tu me repareras l'injustice & l'injure
　Dont tu use envers moy; la Raison veut m'aider,
　Comptons, Amour, tous deux, commence à regarder
　Mes services passez, & m'en paye l'usure;
Ma Maistresse sera pour moy à ce besoin :
　Je la veux pour arbitre, ou juge, ou pour tesmoin,
　Ouy, je veux qu'elle soit arbitre de ma vie,
Et ne puis recuser, combien que je cognoys
　Qu'elle n'a droict escript, ne coustume, ne loix,
　Et que, pour m'achever, elle est juge & partie.

XLVI.

Tremblant d'une fiebvre bourrelle
 Je paſſoy' la glace en froideur,
 Puis une fournaiſe d'ardeur
 Bruſloit mon ſang & ma moëlle.
L'amour premierement me gelle,
 M'oſte l'eſperance de peur,
 Puis ſa violente chaleur
 D'eſpoir m'eſchauffe la cervelle.
Je me pleignoy' amerement
 Des longueurs qui ſi longuement
 Faiſoyent me deſplaire ma vie :
L'amour & mon mal'heur fatal
 De ma fiebvre quarte guerie
 Me firent entrer en chaud mal.

XLVII.

En fendant l'eſtomac de la Saulne argentine
 Des avirons trenchantz, qui en mille morceaux
 Faiſoyent jaillir en l'air mille bluettes d'eaux,
 Je tuoy' dedans l'eau une flamme divine,
Mais j'eſtoy' bien deçeu : je ſen' en ma poiɔtrine
 Doubler mes feux eſmeus, mes playes & mes maulx,
 Vivre, parmi les flots, les eternels flambeaux
 Qui du ciel en mon ſein eſprirent leur racine.
Mille Nymphes des bois ſortent leur chef d'argent
 Sur les ſaulles feuïlliez & ſuivent en nageant
 De l'oeil & de la voix, & mes cris, & mes rames.
Où fuis-tu, malheureux, où cerches-tu repos?
 Penſes-tu bien que l'eau noye amour & les flammes?
 Venus fuſt nee en mer, & vit parmy les flotz.

XLVIII.

J'avoy' juré ma mort & de mes triftes jours
  La defirable fin, lorfque de ta prefence
  Je me verroy' banny. Sus donc, Aubigné, penfe
  A te priver du jour, banny de tes amours!
Mais mourir c'eft trop peu, je veux languir tousjours,
  Boire & fuccer le fiel, vivre d'impatience,
  M'endormir fur les pleurs de ta meurtriere abfence,
  M'eftranger du remede & fuïr mon fecours.
N'eft-ce pas bien mourir, me priver de ma vie?
  Je ne vy' que de toy, je n'ay donc pas envie
  De vivre en te laiffant, encores je me vouë
A la plus rude mort qui fe puiffe efprouver ;
  C'eft ainfi qu'on refuze un coup pour achever
  Au condamné qui doibt languir fur une rouë.

XLIX.

Si toft que l'amour euft emprifonné mon ame
  Soubz les eftroittes loix d'une grande beauté,
  Le malheur qui jamais ne peut eftre dompté
  Acheva de tout point mon torment, & fa flamme :
L'un retint mon efprit à jamais prés ma dame,
  L'autre arrache le corps, çà & là tormenté.
  Iniquité cruelle, inique cruauté
  Qui deux poinctz tant unis en deux moitiez entame!
Voila comment je fay' d'un exil envieux
  Mes fens nuds de vigueur, fans leur regard mes yeux,
  Et chafque part de moy eft à part inutile.
Si le fang & le coeur ne vivent plus dehors,
  Si l'efprit feparé ne fert de rien au corps,
  Qui dira que l'exil n'eft une mort civile?

L.

Quand du fort inhumain les tenailles flambantes
  Du milieu de mon corps tirent cruellement
  Mon coeur qui bat encor & pouſſe obſtinement.
  Abandonnant le corps, ſes pleintes impuiſſantes.
Que je ſen' de douleurs, de peines violentes !
  Mon corps demeure ſec, abbatu de torment
  Et le coeur qu'on m'arrache eſt de mon ſentiment.
  Ces partz meurent en moy, l'une de l'autre abſentes.
Tous mes ſens eſperduz ſouffrent de ſes rigueurs,
  Et tous eſgalement portent de ſes malheurs
  L'infiny qu'on ne peut pour departir eſteindre,
Car l'amour eſt un feu & le feu diviſé
  En mille & mille corps ne peut eſtre eſpuiſé,
  Et pour eſtre party, chaſque part n'en eſt moindre.

LI.

Pourquoy, ſi vous vouliez à jamais me chaſſer
  Du ſoleil de ma vie & hors de voſtre grace,
  N'avez-vous fait mon coeur changer auſſi de place,
  Puis quand il vous euſt pleu fuir & deſplacer;
Au moins avecq' l'eſpoir vous deviez effacer
  Le ſouvenir de vous : ſi je perdoy' la trace
  De mes regretz trenchantz, comme de voſtre face,
  Je feroy' par un mal un autre mal ceſſer.
Vous n'eſtes pitoyable & avez peur de l'eſtre,
  Vous fuyez ma raiſon de peur de la cognoiſtre.
  Le juge eſt impiteux qui bien loin de ſa veue
Fait mourir le captif, pour n'en avoir pitié,
  Et la playe que m'a faicte voſtre amitié
  Eſt plus forte que l'oeil de celle qui me tuë.

LII.

Le sot qui espiant mal à propos un astre
D'une fauce astralabe & d'un faux instrument
Dit que je vous perdray dedans six mois, il ment.
Fortune ne m'est pas si cruelle marastre :
Je veux sçavoir qui est ce mignon, ce folastre,
Estropié des yeux & de l'entendement,
Luy arracher la barbe, & demander comment
Il est si liberal de prescher mon desastre.
Ouy, mais, ce dira il, je le voy par le sort.
Regarde donc plus prés, tu y verras ma mort.
Voila un coup de pied, astrologue parjure.
Par ton sort, maistre sot, voyois-tu ce malheur ?
Desdy' toy, ou je veux, monsieur le devineur,
Voir si tu as preveu ta derniere adventure.

LIII.

Si cest oeil foudroyant qui m'a tant desdaigné
N'a peu voir en mon front la poltronne inconstance,
N'ay-je point merité en juste recompense
D'estre aussi prés admis que je suis esloigné ?
Pense, injuste beauté, si tu m'avois donné
Seulement par essay un traict de bienveillance,
A quel effort d'amour croistroit ma patience !
De quel brasier mon coeur seroit environné,
Voyant luire aux beaux jours d'une face nouvelle
Un favorable ris pour un despit rebelle ;
Juge quelles seroyent mes ardentes fureurs,
Si la main qui me pousse apprenoit à m'attraire,
Si tes amers refus estoyent douces faveurs,
Comme on juge le bien à l'esgard du contraire !

LIV.

Ceux qui n'ont à compter que leurs feinctes douleurs,
  L'emmielle, le venin du quel ilz empoizonnent,
  Que le mal contrefaict qu'eux mesmes ilz se donnent,
  Pour chatoüiller leurs sens de mignardes rigueurs,
Si ces adeloizis eussent fondé leurs pleurs
  Sur les justes courroux qui mon ame environnent,
  Les souspirs inconstans qui de leur sein frissonnent
  Ne seroyent feinctz, non plus que feinctes leurs douleurs.
Mais quoy! de mesmes pleurs leur triste face est teincte
  Et mesmes signes ont l'amour vray, & la feincte.
  Que ne puis-je arracher, monstrer mon coeur au jour?
Que ne fit Jupiter au sein une ouverture?
  Las! faut-il que le temps prouve ce que j'endure,
  Et que le pis d'aimer soit la preuve d'amour?

LV.

J'estoy' au grand chemin qui meine les amantz
  Au jardin de Cipris cueillir la jouissance
  Des fruictz à demi meurs, d'aigreur, d'impatience,
  Et usoy' en ce trac mon espoir & mes ans.
Ce chemin est fascheux, plein de sables mouvantz,
  D'espines, de rochers, & la tendrette enfance,
  D'un million de fleurs qu'un pré mignard ageance
  Montre à gauche un sentier qui pippe les passantz.
Je laisse pour l'aisé, le fascheux & l'utile,
  Je pren' le mal trompeur pour le bien difficile,
  Mais plus je vay' avant, je m'engage tousjours
Emprisonné des eaux, des fossez & des hayes,
  Là j'apprins pour l'espoir à devorer les playes
  Et qu'en beuvant l'amer on merite le doux.

LVI.

Celuy qui voit comment je me pais de regretz,
 De desseins mal assis, d'une esperance vaine,
  D'un trop tard repentir, d'une peur trop soudaine,
  Les sanglotz estouffez qui se suivent de prés,
Celuy qui voit comment j'essaye tout expres
  A me noyer de pleurs au gré d'une inhumaine,
  Des souspirs de mon flanc revomissant ma peine,
  N'ayant tant de cheveux dessus moy que de trebz,
Celuy là qui me voit, ennemy de mon aise,
  Brusler opiniastre en cette mesme braise
  Qu'un amour trop constant a voulu atizer,
Me dit qu'il n'y a point de maistresse si belle
  Qui puisse meriter qu'on pleure tant pour elle,
  Ou bien qu'il n'y a point de vers pour la priser.

LVII.

Chacun souffre son mal : tu ne sens pas ma peine,
  Mon cœur second, helas! tu ne sens pas mes maux,
  Je me veux mal d'autant que j'ayme mes travaux,
  Ainsi de mon amour je conçoy une haine.
Tu touches bien mon poulx hasté de mon haleine,
  Tu sens bien ma chaleur, ma fiebvre, mes travaux,
  Tu vois mon oeil tourné, tu vois bien les assaulx
  Qui font plus que ma vie estre ma mort certaine;
Mais las! si tu pouvois souffrir, comme je fays,
  Ce de quoy je me plein', je te lairrois le fais
  De porter seulement le frizon d'une oeillade :
Encor' t'est-il advis que pour rien je me deus?
  Mon mal est assez grand pour en empescher deux,
  Mais le sain oublieux est inique au malade.

LVIII.

Mille baisers perdus, mille & mille faveurs,
  Sont autant de bourreaux de ma triste pensee.
  Rien ne la rend malade & ne l'a offensee
  Que le succre, le rys, le miel, & les douceurs :
Mon coeur est donc contraire à tous les autres coeurs,
  Mon penser est bizarre, & mon ame insensee
  Qui fait presente encor' une choze passee,
  Crevant de desespoir le fiel de mes douleurs.
Rien n'est le destructeur de ma pauvre esperance
  Que le passé present : ó dure souvenance
  Qui me fait de moy mesme ennemy devenir!
Vivez, amans heureux, d'une douce memoire,
  Faites ma douce mort, que tost je puisse boire
  En l'oubly dont j'ay soif, & non du souvenir.

LIX.

Pour faire les tesmoins de ma perte les bois
  Et les lieux esgarez, pour contraindre les pleines
  Et les rocz endurcis & les claires fontaines
  A donner les accentz d'une seconde voix,
Pour faire les eschos respondre par sept fois
  A ses cris esclatans qui sortent de mes gennes,
  En redoublant mes cris je redouble mes peines,
  Je ralume le mal qu'amorty je pensoys.
Mon malheur n'est pas tel que je le puisse feindre,
  Il se monstre soy mesme, & il sçait bien se pleindre
  Quand je le veux cacher soubz la clef d'un bon cœur.
J'appelle lascheté trop longue patience :
  Vrayment taire son mal est signe de constance,
  Mais c'est la marque aussi d'une foible douleur.

LX.

Je defpite à ce coup ton inique puiffance,
   O nature cruelle à tes propres enfantz;
   Terre yvre de mon fang, ô aftres rougiffantz,
   Bourreaux du ciel injufte, avecq' leur influence
Je n'ay peur d'efchauffer fur mon outrecuidance
   Voftre aveugle fureur, vos courroux impuiffantz.
   Ils font fourds, je le fçay, car mes foufpirs cuifantz
   N'ont peu impetrer d'eux une povre audience;
Si en les diffamant je les puis faire ouyr,
   J'auray en les fafchant de quoy me resjouir :
   Ils entendront de moy tant d'eftranges defaftres
Contraires au deftin, contraires à leurs cours,
   Qu'au lieu d'eftre ennemis, j'auray à mon fecours
   La nature, la terre, & le ciel & les aftres.

LXI.

Si ceux là font damnez qui, privez d'efperance,
   Sur leur acier fanglant vaincus fe laiffent choir;
   Si c'eft damnation tomber en defefpoir,
   Si s'enferrer foy mefme eft une impatience,
N'eft-ce pas fe damner contre fa confcience,
   Avoir foif de poifon, fonder tout fon efpoir
   Sur un fable mouvant? hé ! où peut il avoir
   Pire damnation, ny plus aigre fentence ?
Un mefprifé peut il craindre fon dernier jour ?
   Qui craint Minos pour juge aprés l'injufte amour ?
   Defdaigné que je fuis, comment pourroy-je craindre
Une roche, un Caucafe, un autour outrageux,
   Au prix de mes tormentz? Je meurs pour avoir mieux,
   Puifque de deux malheurs il faut choifir le moindre.

LXII.

Est-il donc vray qu'il faut que ma veuë enchantee
   Allume dans mon sein l'homicide desir
   Qui fait hair ma vie, & pour elle choisir
   L'aisé saccagement de ma force dompiee ?
Puis-je voir sans pleurer ma raison surmontee
   Laisser mon sens captif par la flamme perir ?
   Puis-je voir la beauté qui me constraint mourir
   Se rire en sa blancheur de moy ensanglantee ?
Je maudy' les fiertez, les beautez & les cieux,
   Je maudy' mon vouloir, mon desir, & mes yeux.
   Je loueroy' les beautez, cieux & perseverance,
Si la beauté vouloit animer sa pitié,
   Si les cieux inclinoyent sur moy son amitié,
   La dure fermeté, si elle estoit constance.

LXIII.

Comment veux-je que l'ame, & foible & desolee,
   Commande à mon desir & corrige mes yeux
   Eschauffez du divin & des forces des cieux
   Contre qui toute force en vain est esbranlee ?
Comment peut l'ame humaine eschapper asolee
   De la mesme rigueur qui fait cent fois les Dieux
   Perdre leurs dignitez & mourir amoureux ?
   O ame pour jamais destruicte, ensorcelee !
Je veux benir les cieux, ma dame, & sa beauté,
   Je beny' mon desir, mes yeux, ma volonté,
   Car ma perte me plaist, je me plais à ma flamme.
Les Cieux m'ont fait heureux d'aimer en si haut lieu :
   Ma dame & sa beauté, d'homme me font un Dieu,
   Bruslent le corps pour mettre au ciel d'amour son ame.

LXIV.

Je ne sçay˜ si je doy' estimer par raison
  Le jour ou la saison ou contraire, ou heureux
  Que je vy' de ses yeux la flamme gracieuse
  Empoisonner mes sens d'une douce poison.
Ses deux Souleilz me font heureux en la prison
  Où loge la douceur & la peine engoisseuse;
  Mais telle qu'elle soit, ou douce, ou ennuyeuse,
  De la source du mal j'espere guerison.
Je n'en veux qu'à ces yeux, non aux siens, mais aux miens,
  Et quand tout est bien dict, & aux miens & aux siens,
  Car les traistres ont eu entr'eux intelligence :
Les siens plus cauteleux me prindrent endormy
  Et les miens ne veilloyent que veillantz à demy,
  Ou bien ils veilloyent trop, volantz ma patience.

LXV.

Fortune n'eust jamais tant d'inconstance,
  Tant de malheur, de prompt evenement
  Que j'ay de peur, de peine, de tourment,
  En apprenant que c'est qu'obeissance ;
Je suis fascheux aimant vostre presence,
  Trop grand Seigneur la fuyant sagement,
  Je ne sçeus oncq'une fois seulement
  En vous servant me donner patience.
Estant hardy, je suis fol, hazardeux,
  Si je suis sage, on m'appelle paoureux,
  Voyez comment il seroit difficile
De donner loy à la fureur des ventz :
  J'ay fait naufrage aux rages d'une Scylle,
  Fuyant Caribde & les scyrthes mouvantz.

LXVI.

O combien le repos devroit estre plaisant
 Aprés un long chemin, fascheux & difficile !
O combien la santé qui tire le debile
 Hors du lict par la main, le va favorisant,
Combien, aprés la nuict, le soleil reluisant
 Fait paroistre au matin son jour doux & utile,
 Combien aprés l'hyver vault un printemps fertile,
 Et le zephir douillet aprés le froid cuisant !
Combien aprés la peur est douce l'asseurance,
 Aprés le desespoir est chere l'esperance,
 Aprés le sens perdu recouvrer la raison !
O combien à souhait, combien delicieuse
 Seroit ma liberté aprés ceste prison,
 Combien au condamné seroit la vie heureuse !

LXVII.

Docteurs, qui annoncez que nos Espritz ont eu
 Entrant dedans leur corps, de la main de leur pere,
 Le choix du bon, pour voir & fuir le contraire,
 Et que l'arbitre franc du Ciel ilz ont reçeu,
Si vous aviez, cagotz, fait preuve de ce feu
 Qui sçait de mon plaisir ma volonté distraire,
 Qui fait haïr mon bien & mon malheur me plaire,
 Et ne pouvoir vouloir, vouloir ce que je suis,
Vous sçauriez que l'esprit se sent de son organe.
 J'en fis la preuve allors que les yeux de Diane
 Changerent mon vouloir à ne vouloir qu'amour ;
Ma volonté n'est plus volonté qu'à faux tiltre,
 Je voudroy' n'aimer point, & j'ayme de ce jour
 Ce qui m'oste le choix, l'ame & le franc arbitre.

LXVIII.

Cest esthomac de marbre est-il pas suffiçant
   Pour monstrer que le cœur qui là dedans s'emmure
   Comme luy est de marbre & d'estoffe plus dure
   Qu'un roc invariable, endurcy & pesant!
J'ayme bien la beauté du marbre reluisant,
   Mais je n'y puis graver ny terme, ny peincture;
   Tableau sainct où mon nom servira de figure,
   Sois dur à l'effacer ainsi qu'en l'incisant,
Car si les diamantz se gravent par les eaux,
   Et si l'on voit les rochz fenduz par les ruisseaux,
   Si du borgne Affricain le soin, les feux aussi
Parmy les rochz brisés firent chemin aux armes,
   Je graveray mon nom sur ce cœur endurcy,
   Le bruslant de mes feux, le mynant de mes larmes.

LXIX.

Un povre serf bruslant d'un tel feu que le mien,
   Longtemps humilié, discourant à sa dame
   Son amour, sa constance & sa volante flamme
   Eut pour responce enfin qu'elle n'en croyoit rien.
Un' autrefois louant sa grace, son maintien,
   Ses vertus, sa beauté qui le tue & l'enflamme,
   Son corps digne des Cieux, la prison de son ame,
   Elle dit : « Taisez-vous, car je le cognoy bien. »
Ha! dame, qui n'es moins stupide qu'orgueilleuze,
   Deceuë que trompant, fiere que desdaigneuze,
   Il faloit, pour respondre au vray & sagement,
Mettre au premier discours ta response derniere,
   Garder à tes bautez l'ignorance premiere,
   Et tu eusses cogneu ta faute & mon torment.

LXX.

Diane, des le jour que l'esclair de ta face
  Affrianda mes yeux d'un appas enchanteur,
  Je n'ay peu adviser si je doy' plus d'honneur
  A ta douce beauté, ta sagesse, ou ta grace :
L'une me brusle, & l'autre a fait transir de glace
  Mon espoir, la troisieme a mis dedans mon cœur
  Un vif pourtraict non feinct d'une feinte douceur,
  Fondement sablonneux où j'assieds mon audace;
Ta beauté fit voler mon ardeur jusqu'aux Cieux,
  Ta sagesse l'asseure & fait esperer mieux,
  Tes gracieux accueils eslevent mon envie;
Ta beauté me fera supporter ta rigueur,
  Ta sagesse pourra excuser mon erreur,
  Ta grace interinant la grace de ma vie.

LXXI.

Les lys me semblent noirs, le miel aigre à outrance,
  Les roses sentir mal, les œillets sans couleur,
  Les mirthes, les lauriers ont perdu leur verdeur,
  Le dormir m'est fascheux & long en votre absence.
Mais les lys fussent blancs, le miel doux, & je pense
  Que la rose & l'œillet ne fussent sans honneur,
  Les mirthes, les lauriers fussent verds du labeur,
  J'eusse aymé le dormir avecq' vostre presence.
Que si loin de vos yeux à regret m'absentant,
  Le corps enduroit seul, estant l'esprit content :
  Laissons le lys, le miel, roses, œilletz desplaire,
Les myrthes, les lauriers des le printemps fletrir,
  Me nuire le repos, me nuire le dormir,
  Et que tout, horsmis vous, me puisse estre contraire.

LXXII.

Aprés avoir loué vos beautez ravissantes,
  Et ce que vos beaux yeux, & ce que le miroir
  Pour vous enorgueillir vous ont peu faire voir,
  De nos afflictions les causes si puissantes,
N'abatardissez pas ses immortelles plantes :
  Tant de belles couleurs ne soyent pour decevoir,
  Ne trompez pas les yeux, prenez plaisir d'avoir
  Et le sucre & le miel soubz les fleurs jaunissantes.
L'aigreur & l'amertumē & suc empoisonneur
  Sont aux herbes des champs, aux plantes sans honeur
  Qui parent des deserts les solitaires plaines;
Les arts, la nourriture, & l'origine en vous
  Ne vous permettent pas autre fruict que le doux,
  Ny de franches couleurs cacher de sauces graines.

LXXIII.

Nos desirs sont d'Amour la devorante braise,
  Sa boutique nos corps, ses flammes nos douleurs,
  Ses tenailles nos yeux, & la trempe nos pleurs,
  Noz souspirs ses souffletz, & nos seins sa fournaize;
De courroux, ses marteaux, il tourmente nostre aize
  Et sur la dureté il rabbat nos malheurs,
  Elle luy sert d'enclume & d'estoffe nos cœurs
  Qu'au feu trop violent de nos cœurs il appaise,
Afin que l'appaisant & moüillant peu à peu
  Il brusle d'avantage & rengrege son feu.
  Mais l'abondance d'eau peut amortir la flamme :
Je tromperay l'enfant, car pensant m'embraser,
  Tant de pleurs sortiront sur le feu qui m'enflame
  Qu'il noyera sa fournaise au lieu de l'arroser.

LXXIV.

Ceux qui font à leur dos un innocent outrage,
   Enhardis à leur perte & fur foy courageux,
   Bourrelez des pechez & des tours vicieux,
   Qui reviennent au rouge en leur aspre courage,
Ont un' humeur pareille à l'amoureuse rage.
   Je suis cruel sur moy, ils sont cruelz sur eux,
   Ilz pensent meriter, & je me sen' heureux,
   Comme ilz font de leurs coups, de mon propre dommage;
D'un zele hypocritique ils perdent la pitié,
   Je suis impitoyable en ma folle amitié,
   Ils pleignent fort leurs maux, moy je ne puis me taire,
Mais ils sont repentans d'un enorme forfait,
   En ce poinct seulement nostre mal est contraire,
   Car si je suis martyr, c'est pour n'avoir rien fait.

LXXV.

Que peut une galere ayant perdu la rame,
   Le poisson hors de l'eau, la terre sans humeur,
   Un Roy sans son conseil, un peuple sans Seigneur,
   La salamandre froide ayant perdu la flamme?
Que pourra faire un corps destitué de l'ame,
   Et le fan orphelin par le coup d'un chasseur?
   Beaucoup moins peut encor le triste serviteur
   Esgaré de son cœur, & des yeux de sa dame.
Helas! que puis-je donc? je ne puis que souffrir
   Et ma force me nuit m'empeschant de mourir.
   Je n'imagine rien qu'un desespoir d'absence,
Je puis cercher le fonds de ma fiere douleur,
   L'essence de tout mal, je puis tout pour malheur.
   Mais c'est à me guerir qu'on voit mon impuissance.

LXXVI.

Le jardinier curieux de ſes fleurs,
 De jour en jour beant leur accroiſſance,
 Ardent les voit, & les eſpie, & penſe
 Qu'elles ont trop encoffré leurs couleurs;
Mais lorſqu'au lict il endort ſes labeurs,
 Son jardin fait, ce ſemble, en ſon abſence
 Plus de profit que quand par ſa preſence
 Il amuſoit des herbes les rigueurs;
J'en ſuis ainſi m'eſloignant de mon feu :
 Je l'ai trouvé en mon repos accreu.
 Comme il eſt né s'accroiſſant de pareſſe
Sans moy, ſur moy il monſtre ſes effortz,
 Il me pourſuit lors que je le delaiſſe,
 C'eſt un malheur qui veille quand je dors.

LXXVII.

Je deploroy' le fort d'une branche orpheline
 D'un ſaulle my-mangé que la ruſtique main
 Faiſoit ſervir d'appuy à un ſep inhumain
 Ingrat de cē qui l'ha preſervé de ruyne.
La mort proche l'aſſeche, & du ſep la racine
 Luy oſte la ſubſtance encor, il pouſſe en vain
 Les cyons malheureux qu'un trop chaud lendemain
 Ou un biʒe trenchant en un coup extermine.
Las! je t'immortaliʒe, & te deffends du port
 De l'oubly tenebreux, tu me donnes la mort,
 Faiſant fener, mourir ma tendrette eſperance :
Quand ſans eſpoir j'eſpere une fin à mes pleurs,
 Tu me meurtris, ingratte, au jour de ma naiſſance,
 Des ventʒ de mes ſouſpirs, des feux de mes douleurs.

LXXVIII.

Soubz un oeil languiſſant & pleurant à demy,
　Soubz un humble maintien, ſoubz une douce face,
　Tu cache un faux regard, un eſclair de menace,
　Un port enorgueilly, un viſage ennemi ;
Tu as de la douceur, mais il y a parmy,
　Les ſix parts de poiſon, deſſoubz ta bonne grace
　Un deſdain outrageux à tous coups trouve place ;
　Tu aymes l'adverſaire & tu hais ton amy,
Tu fais de l'aſſeuree & tu vis d'inconſtance ;
　Ton ris ſent le deſpit : ſomme ta contenance
　Eſt ſemblable à la mer qui cache tout ainſi
Soubz un marbre riant les eſcueils, le deſaſtre,
　Les ventz, les flotz, les mortz : ainſi fait la maraſtre
　Qui deſguiſe de miel l'aconite noircy.

LXXIX.

Je ne m'eſtonne pas ſi du ciel adultere
　L'impudique Venus conçeut furtivement
　Le bourreau, des humains l'ingenieux tourment,
　Et des eſpritz bien nez le venimeux cautere.
Amour, je croys qu'allors que ton malheureux pere
　Fuſt au lict de Vulcan, c'eſtoit ſignallement
　Au jour que du deluge il fit cruellement
　Eſtrangler par Thetis Cybelle noſtre mere ;
Le Saturne ennemy qui dominoit le jour
　De ton enfantement tel aſcendant amour
　Fuſt le ſigne des pleurs, dont la terre regorge ;
Mais pourquoy juſtement ne permit le deſtin
　Que le deluge ait peu, de ce filz de putain
　Coupper les coups, les jours, la naiſſance & la gorge ?

LXXX.

On dit que la vapeur des mynes sulphurees
　　Repousse contre mont une secrette humeur
　　Des veines de la terre, & de ceste liqueur
　　Sont comme en l'alembicq' les sources engendrees.
Qui voudra voir en moy ces choses comparees,
　　Qu'il regarde comment la secrette chaleur
　　Qui m'eschauffe le sang fait monter de mon cœur
　　Aux sources de mes yeux les larmes desserees.
Ceste source fumante est de souffre & d'alun
　　Par qui mes pleurs ne sont d'un usage commun ;
　　Les Bains de Bar-le-Duc nous portent medecine
Par ces deux mineraulx dont ils sont estoffez,
　　Mes pleurs sont medecins des maux de ma poictrine,
　　Plus amers que l'alun, plus que souffre eschauffez.

LXXXI.

Beau soleil qui exhale & chasse les vapeurs,
　　Qui metz la terre en poudre, & l'enyvres de l'onde,
　　Cause des changements & bel ame du monde,
　　A quoy les changements & maux, desquels je meurs,
Cette belle inconstance est mere des faveurs,
　　Du ciel ce beau changer pare la terre ronde :
　　Qu'il change aussi ma dame, en sorte qu'elle fonde
　　En amours, en plaisirs, en peines & en pleurs.
C'est astre qui me luit des rayons de son oeil
　　Fait en moy ce que fait au monde le soleil,
　　Exhale mes humeurs, & puis les fait dissoudre.
Tousjours reduict en cendre, ou noyé de ruisseaux,
　　Aujourd'huy asseché, par le chault mis en poudre,
　　Le lendemain ma vie est un deluge d'eaux.

LXXXII.

Je voyoy' que le ciel aprés tant de chaleurs
   Prodigeoit mille fleurs fur la terre endurcye :
   Puis je voyoy' comment fa rigueur amollie
   Faifoit naiftre de là le printemps & les fleurs.
J'arrofe bien ainfi & trempe de mes pleurs
   Le fein de ma Deeffe, & ma force affoiblie,
   Mes yeux fonduz en eau, ces breches de ma vie,
   N'ont attendry ma dame & noyé mes ardeurs.
Des neiges, des frimatz, & mefmes des orages
   La terre efcloft fon fruict, & fes riches ouvrages
   Qu'un doux air puis aprés flatte de fes foufpirs :
Helas ! je fouffre bien les ennuieufes guerres
   Des cieux, des ventz, les froids, les pluyes & les tonnerres,
   Mais je ne voy' ni fleurs, ni printemps, ny zephirs !

LXXXIII.

Ce doux hyver qui efgale fes jours
   A un printemps, tant il eft amiable,
   Bien qu'il foit beau, ne m'eft pas agreable,
   J'en crain' la queüe, & le fuccez tousjours ;
J'ay bien apprins que les chaudes amours
   Qui au premier vous fervent une table
   Pleine de fuccre & de metz delectable
   Gardent au fruict leur amer & leurs tours :
Je voy' desja les arbres qui boutonnent
   En mille neuz, & ces beautez m'eftonnent :
   En une nuict ce printemps eft glacé ;
Ainfi l'amour qui trop ferein s'advance
   Nous rit, nous ouvre une belle apparence,
   Eft né bien toft & bien toft effacé.

LXXXIV.

Ores qu'on voit le ciel en cent milles bouchons
  Cracheter sur la terre une blanche dragee,
  Et que du gris hyver la perruque chargee
  Enfarine les champs de neige & de glaçons,
Je veux garder la chambre, & en mille façons
  Meurtrir de coups plombez ma poictrine outragee,
  Rendre de moy sans tort ma Diane vengee,
  Crier mercy sans faute en ses tristes chansons.
La nuë face effort de se crever, si ay-je
  Beaucoup plus de tormentz qu'elle de brins de neige,
  Combien que quelquefois ma peine continuë
Des yeux de ma beauté sente l'embrassement,
  La neige aux chauds rayons du soleil diminuë,
  Aux feux de mes soleils j'empire mon torment.

LXXXV.

Desja la terre avoit avorté la verdure
  Par les sillons courbez, lorsqu'un fascheux hyver
  Dissipe les beautez, & à son arriver
  S'accorde en s'opposant au vouloir de nature,
Car le froid envieux que le bled verd endure,
  Et la neige qui veut en son sein le couver
  S'oppose à son plaisir afin de le sauver,
  Et pour, en le sauvant, luy donner nourriture.
Les espoirs de l'amour sont les bleds verdissantz,
  Le desdain, les courroux sont frimatz blanchissantz :
  Comme du temps fascheux s'esclot un plus beau jour,
Soubz l'ombre du refus la grace se reserve,
  La beauté du printemps soubz le froid se conserve,
  L'ire des amoureux est reprise d'amour.

LXXXVI.

Par ses yeux conquerans fust tristement ravie
   Ma serve liberté, en la propre saison
   Que le soleil plus chault reprend sur l'orison
   Sa course d'autre part qu'il ne l'a poursuivie;
Et au poinct proprement du soltice, ma vie
   S'engageant par les yeux, enchaina sa raison;
   Et garda des ce jour la chaine, la prison,
   Les martyrs, les feux, les geenes & l'envie.
Je me sen' en tout temps que c'estoit au plus haut
   Des flambeaux de l'esté, puis que ce jour si chaud
   Mille feux inhumains dans le sein m'a planté:
Sur qui l'hyver glacé n'a point eu de puissance :
   Ma vie n'est ainsi qu'un eternel esté,
   Mais je ne cueille fruictz, espics, ne recompense.

LXXXVII.

On ne voit rien au ciel, en la terre pezante,
   Au feu, en l'eau, à l'air, qu'en le considerant
   Mon esprit affligé n'aille se martirant,
   Et mon ame sur soy cruellyze insolente,
Quand une ame celeste, une paresse lente
   A me donner la vie, un brandon devorant,
   Une mer d'inconstance, & un esprit courant
   Possedent la beauté qui seule me tourmente.
Elle a reçeu des cieux sa celeste grandeur,
   Sa durté de la terre, & du feu la chaleur,
   L'inconstance de l'eau, & de l'air la colerre,
Si que, belle endurcye, elle peut s'esgaller
   D'ardeur, sans se brusler, d'inconstance legere
   Au ciel & à la terre, à l'onde, à l'eau, à l'air.

LXXXVIII.

Diane, en adorant tant de divinitez
   Dont le rond monstre en toy la parfaicte figure,
   Je recherche la cause au malheur que j'endure
   Dessus ton naturel, & tes proprietez :
Tu es l'astre du froid & des humiditez
   Et les eaux de la mer te suivent de nature,
   De là sort ton desdain, ta glace, ta froidure,
   Et les flotz de mes pleurs suivent tes volontez
Dont je suis esbahi, qui fait que ceste flamme
   Qui n'a autre vigueur que des feux de mon ame
   N'a peu estre amortie au milieu de tant d'eaux :
Noye, gresle, Deesse, une braise mortelle,
   Ou je blaphameray frenetiq' de mes maux,
   T'appellant en courroux trop foible, trop cruelle.

LXXXIX.

Diane, ta coustume est de tout deschirer,
   Enflammer, desbriser, ruiner, mettre en pieces,
   Entreprinses, desseins, esperances, finesses,
   Changeant en desespoir ce qui fait esperer.
Tu vois fuir mon heur, mon ardeur empirer,
   Tu m'asseure du laict, du miel de tes caresses,
   Tu resondes les coups dont le cœur tu me blesses
   Et n'as autre plaisir qu'à me faire endurer,
Tu fais brusler mes vers lorsque je t'idolastre,
   Tu leur fais avoir part à mon plus grand desastre :
   « *Va au feu, mon mignon, & non pas à la mort,*
Tu es esgal à moy, & seras tel par elle. »
   Diane repen' toy, pense que tu as tort
   Donner la mort à ceux qui te font immortelle.

XC.

Un clair voyant faucon en volant pour riviere
   Planoit dedans le ciel, à se fondre apprefté
   Sur son gibier bloty, mais voyant à cofté
   Une corneille, il quitte une poincte premiere.
Ainfi de fes attraictz une maitreffe fiere
   S'eflevant jufqu'au ciel m'abbat foubz fa beauté,
   Mais fon vouloir volage eft foudain transporté
   En l'amour d'un corbeau pour me laiffer arriere.
Ha! beaux yeux obfcurcis qui avez pris le pire,
   Plus propres à bleffer que difcrets à eflire,
   Je vous crain', abbatu ainfi que fait l'oifeau
Qui n'attend que la mort de la ferre ennemie,
   Fors que le changement lui redonne la vie,
   Et c'eft le changement qui me traine au tombeau.

XCI.

Celle là qui abecha
   De froid venin fon enfance,
   Et longtemps d'autre fubftance
   Ne cogneut & ne machal
Mourut lors qu'elle tafcha
   De prendre la cognoiffance
   Du doux, & par l'inconftance
   Doucement la mort cercha.
Ainfi moy qui jufqu'icy
   N'ay goufte que le foucy,
   L'amer, les pleurs & la braife,
Si je n'empruntoy' un cœur
   Qui euft efté nourri d'aife,
   Je mourroy' de la douçeur.

XCII.

Si mes vers innocentz ont fait à leur deçeu
    Couroucer voſtre front d'une faute imprudente,
    C'eſt l'amour qui par eux voſtre louange chante,
    Amour a fait le mal, ſi du mal y a eu :
Lichas l'infortuné porta ainſi deçeu
    Au filz d'Amphitrion la chemiſe ſanglante.
    Telle fut la priere, & folle & ignorante,
    De la mere du Dieu par le ſouldre conçeu :
Vous avez à l'amour bandé l'ame & la veuë,
    L'amour ha de raiſon la mienne deſpourveuë,
    Si nous avons failly, d'où viendra le deffaut ?
Excuſez les effectz de l'amour aveuglee,
    Excuſez la fureur ardente & deſreglee,
    Puiſque ce n'eſt point crime, où l'innocence faut.

XCIII.

Je confeſſe, j'eu tort, quand d'un accent amer,
    Sans feindre, j'eſclatay mes paſſions ſans feinte :
    Je devoys retenir ceſte douleur eſteinte
    Sans prodiguer ainſi les nymphes dans la mer.
Mais quoy ! ma paſſion eſt trop forte à charmer
    Pour deffendre à mes vers de l'avoir tant depeinte,
    Si non que pour nourrir l'eſperance ſans crainte
    Vous me donnez de quoy bien rire, & bien aymer,
Vous verriez mignarder une Venus pudique,
    Mille Cupidonneaux, & ma fureur tragique,
    Et mon luct & ma muſe auront un autre but :
Diane, eſſayez donc ſi je ſçauroy' eſcrire,
    Folaſtre fredonner de la muſe & du lut
    Un plaiſir de l'amour auſſi bien qu'un martire.

XCIV.

Si vous voyiez mon coeur ainsi que mon visage,
  Vous le verriez sanglant, transpercé mille fois.
  Tout bruslé, crevassé, vous seriez sans ma voix
  Forcee à me pleurer, & briser vostre rage.
Si ces maux n'appaisoyent encor' vostre courage,
  Vous seriez, ma Diane, ainsi comme nos Rois.
  Voyant vostre pourtraict souffrir les mesmes loix
  Que fait vostre subject qui porte vostre image :
Vous ne jettez brandon, ne dard, ne coup, ne traict,
  Qui n'ait avant mon cœur percé vostre pourtraict.
  C'est ainsi qu'on a veu en la guerre civile
Le Prince foudroyant d'un outrageux canon
  La place qui portoit ses armes & son nom,
  Destruire son honneur pour ruiner sa ville.

XCV.

Sort inique & cruel! le triste laboureur
  Qui s'est arcué le dos à suivre sa charruë,
  Qui sans regret semant la semence menuë,
  Prodigua de son temps l'inutile sueur,
Car un hyver trop long estouffa son labeur,
  Luy desrobbant le ciel par l'espais d'une nuë,
  Mille corbeaux pillarts saccagent à sa veuë
  L'espic demy pourri, demy sec, demy meur :
Un esté pluvieux, un automne de glace
  Font les fleurs, & les fruictz, joncher l'humide place.
  A services perdus! A vous, promesses vaines!
A espoir avorté, inutiles sueurs!
  A mon temps consommé en glaces & en pleurs,
  Salaire de mon sang, & loyer de mes peines!

XCVI.

Je brufle avecq' mon ame & mon fang rougiffant
  Cent amoureux fonnetz donnez pour mon martire,
  Si peu de mes langueurs qu'il m'eft permis d'efcrire,
  Soufpirant un hecate, & mon mal gemiffant,
Pour ces juftes raifons j'ai obferré les cent :
  A moins de cent taureaux on ne fait ceffer l'ire
  De Diane en courroux, & Diane retire
  Cent ans hors de l'enfer les corps fans monument.
Mais quoy? puis-je cognoiftre au creux de mes hofties,
  A leurs boyaux fumans, à leurs rouges parties
  Ou l'ire, ou la pitié de ma divinité?
Ma vie eft à fa vie, & mon ame à la fiene,
  Mon coeur fouffre en fon coeur : la Taurofcytiene
  Euft fon defir de fang de mon fang contenté.

XCVII.

Ouy, je fuis proprement à ton nom immortel
  Le temple confacré, tel qu'en Taurofcytie
  Fuft celuy où le fang appaifoit ton envie,
  Mon efthomac pourpré eft un pareil autel :
On t'affommoit l'humain, mon facrifice eft tel,
  L'holocofte eft mon coeur, l'amour le facrifie,
  Les encens mes foufpirs, mes pleurs font pour l'hoftie
  L'eau luftralle, & mon feu n'eft borné ny mortel.
Conferve, Deité, ton efclave & ton temple,
  Ton temple & ton honneur, & ne fuy' pas l'exemple
  D'un pendart boute-feu qui, bruflant de renom,
Brufla le marbre cher, & l'ivoyre d'Epheze.
  Si tu m'embraffes plus, n'atten' de moy finon
  Un monceau d'os, de fang, & de cendre, & de braize.

XCVIII.

Ce n'est pas un dessein formé à mon plaisir,
Je n'ay pris pour mon blanc de tirer à l'utile,
Le visage riant du doux & du facile
N'a incliné mon coeur ni mon ame à choisir;
Je n'ay point marchandé au gage du plaisir;
Nature de sa main, de son art, de son stile
A escript sur mon front l'amour du difficile.
Tire au ciel mes pensers contents du seul desir,
Clair astre qui si haut m'esleves & m'incline;
Que je meure aux rayons de ta beauté divine,
Pareil au beau Clitye amoureux du soleil,
Qui seche en le suivant, & ne pouvant plus vivre,
Ne regrette en mourant & en fermant son oeil
Que de ne plus languir, l'adorer & le suivre.

XCIX.

Soupirs espars, sanglotz en l'air perdus,
Tesmoins piteux des douleurs de ma genne,
Regretz trenchantz avortez de ma peine,
Et vous, mes yeux, en mes larmes fondus,
Desirs tremblantz, mes pensers esperdus,
Plaisirs trompez d'une esperance vaine,
Tous les tressaulz qu'à ma mort inhumaine
Mes sens lassez à la fin ont renduz,
Cieux qui sonnez apprés moy mes compleintes,
Mille langueurs de mille mortz esteinctes,
Faites sentir à Diane le tort
Qu'elle me tient, de son heur ennemie,
Quand elle cerche en ma perte sa vie
Et que je trouve en sa beauté la mort!

C.

Au tribunal d'amour, appres mon dernier jour,
   Mon cœur sera porté diffamé de bruslures;
   Il sera exposé, on verra ses blessures,
   Pour congnoistre qui fit un si estrange tour,
A la face & aux yeux de la celeste Cour
   Où se prennent les mains innocentes ou pures;
   Il seignera sur toy, & compleignant d'injures
   Il demandra justice au juge aveugle Amour :
Tu diras : C'est Venus qui l'a fait par ses ruses,
   Ou bien Amour, son filz : en vain telles excuses !
   N'accuse point Venus de ses mortels brandons,
Car tu les as fournis de mesches & flammesches,
   Et pour les coups de traict qu'on donne aux Cupidons
   Tes yeux en sont les arcs, & tes regards les flesches.

DEUXIEME LIVRE[1]

STANCES.

I.

*T*ous ceulx qui ont gousté combien de mortz on treuve
 Couvertes soubz les fleurs d'une longue amitié,
Ceulx qui en bien aimant ont bien sçu faire preuve
 De leurs cueurs & non pas d'un regard de pitié,
Ceux qui affriandoient comme moy leurs pensees
 D'un poison ensucré, loyer de leur printemps,
Qu'ils lisent mes regretz & mes larmes vercees,
 Et mes sanglotz perdus aux pertes de mon temps.
Mais ceulx là qui auront d'une rude sagesse
 Resisté à l'amour, les sauvages espritz
Qui n'ont ploié le col au joug d'une maitresse,
 Je leur deffends mes vers, mes rages & mes cris.

---

1. Le manuscrit portant le titre de *Primtems* renferme :
1° l'*Hécatombe à Diane* préparée par d'Aubigné pour l'impression; 2° des *stances* & des *odes* qui, d'après une table de la main de d'Aubigné, sembloient devoir composer un deuxième & un troisième livre ; 3° un grand nombre de pièces de tous genres que nous avons placees à la suite. Quelques-unes, plus particulièrement satiriques, ont été reportées au tome IV, à la suite des *Tragiques* & des *Épigrammes*.

Les uns gouteront bien l'ame de mes complaintes
  Par les effetz sanglans d'une avare beauté;
  Les autres penseroient mes larmes estre feintes,
  De l'aigreur de mes maulx doubtans la verité.
Ha! bien heureux espritz, cessez, je me contente,
  N'espiés plus avant le sens de mes propos;
  Fuiez au loin de moy, & que je me tormente
  Sans troubler importun de pleurs vostre repos!
Sus! tristes amoureux, recourons à nos armes
  Pour n'en blesser aucun que nos seins malheureux;
  Faisons un dur combat & noions en nos larmes
  Le reste de nos jours en ces sauvages lieux.
Usons icy le fiel de nos fascheuses vies,
  Horriblant de nos cris les umbres de ces bois:
  Ces rochés egarés, ces fontaines suivies
  Par l'echo des forestz respondront à nos voix.
Les vens continuelz, l'espais de ces nuages,
  Ces estans noirs remplis d'aspiz, non de poissons,
  Les cerfz craintifz, les ours & lezardes sauvages
  Trancheront leur repos pour ouir mes chansons.
Comme le feu cruel qui a mis en ruine
  Un palais, forcenant leger de lieu en lieu,
  Le malheur me devore, & ainsi m'extermine
  Le brandon de l'Amour, l'impitoyable Dieu.
Helas! Pans forestiers & vous Faunes sauvages,
  Ne guerissez vous point la plaie qui me nuit,
  Ne savez vous remede aux amoureuses rages,
  De tant de belles fleurs que la terre produit.
Au secours de ma vie ou à ma mort prochaine
  Acourez, Deités qui habités ces lieux,
  Ou soiez medecins de ma sanglante peine,
  Ou faites les tesmoins de ma perte vos yeux.
Relegué parmy vous, je veux qu'en ma demeure
  Ne soit marqué le pied d'un delicat plaisir,

Sinon lors qu'il faudra que confommé je meure,
Satisfait du plus beau de mon trifte defir.
Le lieu de mon repos eft une chambre peinte
   De mil os blanchiffans & de teftes de mortz
   Où ma joie eft plus toft de fon object efteinte :
   Un oubly gratieux ne la poulce dehors.
Sortent de là tous ceulx qui ont encore envie
   De femer & chercher quelque contentement :
   Viennent ceux qui vouldront me reffembler de vie,
   Pourveu que l'amour foit caufe de leur torment.
Je mire en adorant dans une anathomye
   Le portrait de Diane entre les os, afin
   Que voiant fa beauté ma fortune ennemie
   L'environne partout de ma cruelle fin :
Dans le cors de la mort j'ay enfermé ma vie
   Et ma beauté paroift horrible dans les os.
   Voila commant ma joye eft de regret fuivie,
   Commant de mon travail la mort feulle a repos.
Je veulx punir les yeux qui premier ont congneuë
   Celle qui confina mes regretz en ces lieux :
   Jamais voftre beauté n'approchera ma veuë
   Que ces champs ennemis du plaifir de mes yeux.
Jamais le pied qui fit les premieres aproches
   Dans le piege d'amour ne marchera auffi
   De carreau plus poly que ces hideufes roches
   Où à mon gré trop toft il s'eft reendurcy.
Tu n'auras plus de gans, o malheureufe dextre
   Qui promis mon depart & le tins conftemment
   Ung efpieu raboteux te fera mefcongnoiftre
   Si ma dame vouloit faire un autre ferment.
L'eftommac aveuglé en qui furent trahies
   Mes vaines, & par qui j'engageay ma raifon,
   Ira neü & ouvert aux chaleurs & aux pluies,
   Ne changeant de l'abit comme de la faifon :

Mais un gris envieux, un tané de tristesse
  Couvriront sans façon mon cors plain de sueurs :
  Mon front batu. lavé des orages ne laisse
  Les trasses & les pas du ruisseau de mes pleurs.
Croissez comme mes maulx, hideuse chevelure,
  Mes larmes, arozés leur racines, je veulx;
  Puis que l'acier du temps fuit le mal que j'endure.
  L'acier me laisse horrible & laisse mes cheveulx.
Tout cela qui sent l'homme à mourir me convie;
  En ce qui est hideux je cherche mon confort :
  Fuiez de moy, plaisirs, heurs, esperence & vie,
  Venez, maulz & malheurs & desespoir & mort!
Je cherche les desertz, les roches egairees,
  Les forestz sans chemin, les chesnes perissans,
  Mais je hay les forestz de leurs feuilles parees,
  Les sejours frequentez, les chemins blanchissans.
Quel plaisir c'est de voir les vieilles haridelles
  De qui les os mourans percent les vieilles peaux :
  Je meurs des oiseaux gais volans à tire d'ailes,
  Des cources des poulains & des saulx de chevreaux!
Heureux quant je rencontre une teste sechee,
  Un massacre de cerf, quant j'oy' les cris des fans:
  Mais mon ame se meurt de despit assechee,
  Voians la biche folle aux saulx de ses enfans.
J'ayme à voir de beautez la branche deschargee,
  A fouller le feuillage estendu par l'effort
  D'Autonne, sans espoir leur couleur orangee
  Me donne pour plaisir l'ymage de la mort.
Un eternel horreur, une nuit eternelle
  M'empesche de fuir & de sortir dehors :
  Que de l'air courroucé une guerre cruelle,
  Ainsi comme l'esprit, m'emprisonne le cors!
Jamais le cler soleil ne raionne ma teste,
  Que le ciel impiteux me refuse son œil,

S'il pleut, qu'avec la pluie il creve de tempeſte,
  Avare du beau temps & jaloux du ſoleil.
Mon eſtre ſoit hyver & les ſaiſons troublees,
  De mes afflictions ſe ſente l'univers,
  Et l'oubly oſte encor à mes pennes doublees
  L'uſage de mon lict & celuy de mes vers.
Ainſi comme le temps friſſonnera ſans ceſſe
  Un printemps de glaçons & tout l'an orageux,
  Ainſi hors de ſaiſon une froide vieilleſſe
  Dés l'eſté de mes ans neige ſur mes cheveux.
Si quelque fois pouſſé d'une ame impatiente
  Je vais precipitant mes fureurs dans les bois,
  M'eſchauffant ſur la mort d'une beſte inocente,
  Ou effraiant les eaux & les montz de ma voix.
Milles oiſeaux de nuit, mille chanſons mortelles
  M'environnent, vollans par ordre ſur mon front :
  Que l'air en contrepoix faſché de mes querelles
  Soit noircy de hiboux & de corbeaux en ront.
Les herbes ſecheront ſoubz mes pas, à la veuë
  Des miſerables yeux dont les triſtes regars
  Feront tomber les fleurs & cacher dans la nuë
  La lune & le ſoleil & les aſtres eſpars.
Ma preſence fera deſecher les fontaines
  Et les oiſeaux paſſans tomber mortz à mes pieds,
  Eſtouffez de l'odeur & du vent de mes peines :
  Ma peine eſtouffe moy, comme ilz ſont eſtouffez !
Quant vaincu de travail je finiray par crainte,
  Au repos eſtendu au pied des arbres verts,
  La terre autour de moy crevera de ſang teinte,
  Et les arbres feuilluz feront toſt deſcouvertz.
Desjà mon col laſſé de ſuporter ma teſte
  Se rend ſoubz un tel faix & ſoubz tant de malheurs,
  Chaque membre de moy ſe deſeche & s'apreſte
  De chaſſer mon eſprit, hoſte de mes douleurs.

Je chancelle incertain & mon ame inhumaine
 Pour ne vouloir faillir trompe mes voluntez :
 Ainsi que vous voiez en la forest un chesne
 Estant demy couppé bransler des deux costez.
Il reste qu'un demon congnoissant ma misere
 Me vienne un jour trouver aux plus sombres screstz,
 M'essayant, me tantant pour que je desespere.
 Que je suive ses ars, que je l'adore aprés :
Moy, je resisteray, fuiant la solitude
 Et des bois & des rochs, mais le cruel suivant
 Mes pas assiegera mon lit & mon estude,
 Comme un air, comme un feu, & leger comme un vent.
Il m'offrira de l'or, je n'ayme la richesse,
 Des estatz, des faveurs, je mesprise les courz,
 Puis me prometera le cors de ma maitresse :
 A ce point Dieu viendra soudain à mon secours.
Le menteur empruntant la mesme face belle,
 L'ydee de mon ame & de mon doux tourment,
 Viendra entre mes bras aporter ma cruelle,
 Mais je n'embrasseray pour elle que du vent.
Tantost une fumee espaise, noire ou bleuë
 Passant devant mes yeux me fera tressaillir,
 En bouc & en barbet, en facynant ma veuë,
 Au lit de mon repos il viendra m'assaillir.
Neuf goutes de pur sang naistront sur ma serviette,
 Ma coupe brisera sans coup entre nos mains,
 J'oyrai des coups en l'aer, on verra des bluettes
 De feux que pousseront les Demons inhumains.
Puis il viendra tantost un courrier à la porte
 En courtisan, mais lors il n'y entrera pas ;
 En fin me tourmentant, suivant en toute sorte,
 Mes os s'asecheront jusques à mon trespas.
Et lors que mes rigeurs auront finy ma vie
 Et que pour se mourir finira mon souffrir,

Quant de me tormenter la fortune aſſouvie
   Vouldra mes maulx, ma vie & ſon ire finir,
Nymphes qui aveʒ veu la rage qui m'affole,
   Satires que je fis contriſter à ma voix;
   Baptiſſeʒ en pleurant quelque pauvre mauſolle
   Aux fondʒ plus eſgaireʒ & plus ſombre des bois;
Plus heureux mort que vif, ſi mon ame eveillee
   Des enfers, pour revoir mon ſepulchre une fois,
   Trouvoit autour de moy la bande eſchevelee
   Des Driades compter mes pennes de leurs voix;
Que pour eterniſer la ſanguynere force
   De mes amours ardentʒ & de mes maulx divers,
   Le cheſne plus prochain portaſt en ſon eſcorce
   Le ſucceʒ de ma mort & ma vie en ces verʒ.
Quant, cerf bruſlant, gehenné, trop fidelle, je penſe
   Vaincre un cueur ſans pitié, ſourd, ſans yeux & ſans loy,
   Il a d'ire, de mort, de rage & d'inconſtance
   Paté mon ſang, mes feux, mes peines & ma foy.

II.

A longs fileʒ de ſang, ce lamentable cors
   Tire du lieu qu'il fuit le lien de ſon ame,
   Et ſeparé du cueur qu'il a laiſſé dehors
   Dedans les fors liens & aux mains de ſa dame,
   Il s'enfuit de ſa veuë & cherche mille mortʒ.
Plus les rouges deſtins arrachent loin du cueur
   Mon eſtommac pillé, j'eſpanche mes entrailles
   Par le chemin qui eſt marqué de ma douleur:
   La beauté de Diane, ainſy que des tenailles,
   Tire l'un d'un coſté, l'autre fuit le malheur.
Qui me voudra trouver deſtourné par mes pas,
   Par les buiſſons rougis, mon cors de place en place:

Comme un vaneur baissant la teste contre bas
Suit le sangler blessé aisement à la trasse
Et le poursuit à l'œil jusqu'au lieu du trespas.
Diane, qui vouldra me poursuivre en mourant,
  Qu'on escoute les rochs resonner mes querelles,
  Qu'on suive pour mes pas de larmes un torrent;
  Tant qu'on trouve seché de mes peines cruelles
Un coffre, ton portrait, & rien au demeurant.
Les chams sont abreuvés aprés moy de douleurs,
  Le soucy, l'encholie & les tristes pensees
  Renaissent de mon sang & vivent de mes pleurs;
  Et des Cieux les rigeurs contre moy courroucees
Font servir mes soupirs à esventer ses fleurs.
Un bandeau de fureur espais presse mes yeux
  Qui ne differnent plus le dangier ny la voie,
  Mais ilz vont effraiant de leur regard les lieux
  Où se trame ma mort, & ma presence effroye
Ce qu'embrassent la terre & la voulte des Cieux.
Les piteuses foretz pleurent de mes ennuys,
  Les vignes, des ormeaux les cheres espousees,
  Gemissent avecq' moy & font pleurer leurs fruitz
  Milles larmes, au lieu des tendrettes rosees
Qui naissoient de l'aurore à la fuitte des nuitz.
Les grands arbres hautains au milieu des foretz
  Oyans les arbrisseaux qui mes malheurs degoutent,
  Mettent chef contre chef, & branches prés aprés,
  Murmurent par entre eux & mes peines s'acoutent.
Et parmy eux fremit le son de mes regretz.
Les rochers endurcis où jamais n'avoient beu
  Les troupeaux alterés, avortez de mes pennes
  Sont fonduz en ruisseaux aussitost qu'ilz m'ont veu.
  Les plus sterilles mons en ont ouvert leurs vaines
Et ont les durs rochers montré leur sang esmeu.
Les chesnes endurcis ont hors de leur saison

Sué, me ressentant aprocher, de cholere,
Et de couleur de miel pleurerent à foison;
Mais cest humeur estoit pareil à ma misere,
Essence de mon mal aigre plus que poison.
Les taureaux-indomptez mugirent à ma voix
  Et les serpens esmeuz de leurs grottes sifflerent;
  Leurs tortillons grouillans là sentirent les loix
  De l'amour; les lions, tigres & ours pousserent,
  Meuz de pitié de moy, leurs cris dedans les bois.
Alors des cleres eaux l'estoumac herissé
  Sentit jusques au fons l'horreur de ma presence,
  Esloignant contre bas flot contre flot pressé;
  Je fuis contre la source & veulx par mon absence
  De moy mesme fuyr, de moy mesme laissé.
Mon feu mesme embrassa le sein moite des eaux,
  Les poissons en sautoient, les Nymphes argentines
  Tiroient du fons de l'eau des violans flambeaux,
  Et enflant d'un doux chant contre l'air leurs poitrines,
  Par pitié gasouilloient le discours de mes maux.
O Saine! di'je alors, mais je n'y puis aller,
  Tu vas, & si pourtant je ne t'en porte envie,
  Pousser tes flotz sacrés, abbreuver & mouiller
  Les mains, la bouche & l'œil de ma belle ennemie,
  Et jusques à son cœur tes ondes devaler.
Prens pitié d'un mourant & pour le secourir
  Porte de mes ardeurs en tes ondes cachees,
  Fais ses feux avecq' toy subtilement courir,
  De son cueur alumer toutes les pars touchees,
  Luy donnant à gouter ce qui me fait mourir.
Mais quoy! desja les Cieux s'acordent à pleurer,
  Le soleil s'obscurcist, une amere rosee
  Vient de gouttes de fiel la terre ennamourer,
  D'un crespe noir la Loire en gemist desguisee,
  Et tout pour mon amour veult ma mort honorer.

Au plus hault du midi, des estoilles les feuz
  Voiant que le soleil a perdu sa lumiere
  Jectent sur mon trespas leurs pitoiables jeuz
  Et de tristes aspectz soulagent ma misere :
  L'hymne de mon trespas est chanté par les cieux.
Les anges ont senty mes chaudes passions,
  Quictent des cieux aymés leur plaisir indissible,
  Ils souffrent, affligez de mes afflictions,
  Je les vois de mes yeux bien qu'il soient invisibles,
  Je ne suis saciné de douces fictions.
Tout gemist, tout se plaint, & mon mal est si fort
  Qu'il esmeut fleurs, costeaux, bois & roches estranges,
  Tigres, lions & ours & les eaux & leur port,
  Nymphes, les vens, les cieux, les astres & les anges.
  Tu es loin de pitié & plus loin de ma mort,
Plus dure que les rocs, les costes & la mer,
  Plus altiere que l'aer, que les cieux & les anges,
  Plus cruelle que tout ce que je puis nommer,
  Tigres, ours & lions, serpens, monstres estranges :
  Tu vis en me tuant & je meurs pour aimer.

III.

Cessez noires fureurs, OErynes inhumaines,
  Esprits jamais lassez de nuire & de troubler,
  Ingenieux serveaux, inventeurs de mes peines :
  Si vous n'entreprenez rien que de m'acabler,
  Nous avons bien tost fait, car ce que je machine
  S'acorde à voz desseins & cherche ma ruine.
Les ordinaires fruitz d'un regne tirannique
  Sont le meurtre, le sac & le bannissement,
  La ruine des bons, le support de l'inique,
  L'injustice, la force & le ravissement :

On juge sans m'ouir, je pleure, on me desnie
Et l'oreille & les yeux, est ce pas tirannye?
Fiere qui as dressé un orgueilleux empire
    Sur un serf abatu, le courroux de ta main
    Te ruine par moy & ce mesme martire
    Au Roy comme au subject est dur & inhumain,
Car pour me ruiner, ta main aveugle & tainte
En mon sang mest commune & la penne & la plainte.
Je voy' qu'il n'est plus temps d'enfumer de querelles
    Le ciel noircy, fasché de l'aigreur de mes pleurs,
    Et moins fault il chercher des complaintes nouvelles,
    Ny remedes nouveaux à mes nouveaux malheurs.
Quoy donc? ceder au fort & librement se rendre,
Et ne prolonger pas son mal pour se deffendre!
On voit le cerf, fuiant une meutte obstinee
    A sa pennible mort, eslancé pour courir,
    S'estre une fin plus longue & plus dure donnee
    Que si dedans son lit il eust voulu mourir.
Non, je ne fuirai plus la mort; je la desire,
Et de deux grans malheurs je veux le moindre eslire.
Ores que la pitié de la Parque amiable
    D'un eternel sommeil me vient siller les yeux,
    Quand la mort en pleurant de mon malheur m'acable,
    L'esprit se plaint de toy, vollant dedans les Cieux,
Et dit : vis en regret, vis coupable ennemye,
Autre punission tu n'auras que ta vie.
Tu diras aux vivans que ta folle inconstance
    Te fit perdre celuy qui de l'or de sa foy
    Passa tous les humains, que tu pers l'esperance
    En perdant serviteur si fidelle que moy,
Di' à ceulx qui vivront que mon amitié sainte
De rien que de la mort jamais ne fut esteinte,
Di' encores à ceulx qu'une chaleur nouvelle
    Embraze d'amitié, que sages en mes frais

*Ils facent leur proffit des plumes de mon esle;
Di aux dames aussi qu'elles songent de prés
Au malheur qui les suit & que leur oeil contemple
Ma fin & mes tormens pour leur servir d'exemple.*
Quant mon esprit jadis subjet à ta colhere
  *Aux Champs Eliziens achevera mes pleurs;
  Je verrai les amans qui de telle misere
  Gousterent telz repos aprés de telz malheurs,
  Tes semblables aussi que leur sentence mesme
  Punit incessemment en Enfer creux & blesme.*
A quiconques aura telle dame servie
  *Avecq' tant de rigeur & de fidelité
  J'esgalleray ma mort, comme je fis ma vie;
  Maudissant à l'envy toute legereté;
  Fuiant l'eau de l'oubly, pour faire experiance
  Combien des maux passez douce est la souvenance.*
O amans, eschappez des miseres du monde,
  *Je feuz le serf d'un œil plus beau que nul autre œil,
  Serf d'une tyrannie à nulle autre seconde.
  Et mon amour constant jamais n'eut son pareil :
  Il n'est amant constant qui en foy me devance,
  Diane n'eut jamais pareille en inconstance.*
Je verray aux Enfers les peines preparees
  *A celles là qui ont aymé legerement,
  Qui ont foullé au pied les promesses jurees,
  Et pour chasque forfait, chasque propre torment :
  Dieux frappez l'homicide, ou bien la justice erre
  Hors des haultz Cieux bannye ainsi que de la terre !*
Aultre punition ne fault à l'inconstante
  *Que de vivre cent ans à goutter les remortz
  De sa legereté inhumaine, sanglante.
  Les mesmes actions luy seront mille mortz;
  Ses traitz la fraperont & la plaie mortelle
  Qu'elle fit en mon sein resaignera sur elle.*

Je briseray, la nuit, les rideaux de sa couche,
   Assiegeant des trois Seurs infernales son lit,
   Portant le feu, la plainte & le sang en ma bouche :
   Le resveil ordinaire est l'effroy de la nuit,
   Mon cry contre le Ciel frapera la vengeance
   Du meurtre ensanglanté fait par son inconstance.
Non, l'air n'a pas perdu ces souspirs miserables,
   Mocqués, meurtris, payez par des traistres souris :
   Ces souspirs renaistront, viendront espouvantables
   T'effrayer à misnuict de leurs funestes cris ;
   L'air a serré mes pleurs en noirs & gros nuages
   Pour crever à misnuict de gresles & d'orages.
Lors son taint perissant & ses beautez perdues
   Seront l'horreur de ceux qui transis l'adoroient,
   Ses yeux deshonorés des prunelles fondues
   Seront telz que les miens, alors qu'ilz se mouroient.
   Et de ses blanches mains sa poitrine offencee
   Souffrira les assaulx de sa juste pencee.
Aux plus subtils demons des regions hautaynes
   Je presterai mon cors pour leur faire vestir,
   Pasle, deffiguré, vray miroir de mes peines :
   En songe, en visions ilz lui feront sentir
   Proche son ennemy, dont la face meurtrie
   Demande sang pour sang, & vie pour sa vie.
Ha ! miserable amant, miserable maitresse,
   L'un souffre innocemment, l'autre aveuglant son mal,
   Bastit en se jouant de tous deux la tristesse,
   Le couteau, le tumbeau & le sort inegal :
   L'une laisse volage à ses fureurs la bride,
   L'autre meurant à tort pleure son homicide.
O Dieux ! n'arrachez point la pitié de mon ame,
   D'une oublieuse mort n'ostez mon amitié :
   Que je brusle plus tost à jamais en ma flamme,
   Sans espoir de secours, sans aide, sans pitié

Que sa perte me soit tant soit peu gratieuse :
Faictes moy malheureux & la laissez heureuse !
Pardonnez l'inconstance & donnez à fortune
　La cause de mon mal, ou laissez à ma foy
　La coulpe de la rage aux amoureux commune ;
Vengez tout le forfait de Diane sur moy !
J'aime mieux habiter un enfer & me taire,
Brusler, souffrir, changer, ou vivre pour luy plaire.

IV.

O mes yeux abusez, esperance perduë,
　Et vous, regars tranchans qui espiés ces lieux,
　Comme je pers mes pleurs, vous perdez vostre veuë,
　Les pennes de mon cueur & celles de mes yeux.
C'est remarquer en vain l'assiette & la contree
　Et juger le païs où j'ay laissé mon cueur :
　Mon desir s'y en volle & mon ame alteree
　Y court ainsi qu'à l'eau le cerf en sa chaleur.
Ha ! cors voilé du cueur, tu brusle sans ta flamme,
　Sans esprit je respire & mon pis & mon mieux,
　J'affecte sans vouloir, je m'anyme sans ame,
　Je vis sans avoir sang, je regarde sans yeux.
Le vent emporte en l'aer ceste plainte poussee,
　Mes desirs, les regretz & les pennes de l'œil,
　Les passions du cueur, les maulx de la pensee,
　Et le cors delaissé ne veult que le sercueil.
J'ouvre mon estommac, une tumbe sanglante
　De maux enseveliz : pour Dieu, tourne tes yeux,
　Diane, & voy' au fons mon cueur party en deux
　Et mes poumons gravez d'une ardeur viollente,
Voy' mon sang escumeux tout noircy par la flamme,
　Mes os secz de langueur en pitoiable point

Mais considere aussi ce que tu ne vois point,
Les restes des malheurs qui sacagent mon ame.
Tu me brusle & au four de ma flame meurtriere
  Tu chauffes ta froideur : tes delicates mains
  Atizent mon brazier & tes yeux inhumains
  Pleurent, non de pitié, mais flambantz de cholere.
A ce feu devorant de ton yre alumee
  Ton oeil enflé gemist, tu pleures à ma mort,
  Mais ce n'est pas mon mal qui te deplaist si fort :
  Rien n'attendrit tes yeux que mon aigre fumee.
Au moins aprés ma fin que ton ame apaisee
  Bruslant le cueur, le cors, hostie à ton courroux.
  Prenne sur mon esprit un suplice plus doux,
  Estant d'yre en ma vie en un coup espuisee.

V.

Puisque le cors blessé, mollement estendu
  Sur un lit qui se courbe aux malheurs qu'il suporte
  Me fait venir au ronge & gouster mes douleurs,
  Mes membres, joissez du repos pretendu,
  Tandis l'esprit lassé d'une douleur plus forte
  Esgalle au cors bruslant ses ardentes chaleurs.
Le cors vaincu se rend, & lassé de souffrir
  Ouvre au dart de la mort sa tremblante poitrine,
  Estallant sur un lit ses miserables os,
  Et l'esprit qui ne peult pour endurer mourir,
  Dont le feu viollant jamais ne se termine,
  N'a moien de trouver un lit pour son repos.
Les medecins fascheux jugent diversement
  De la fin de ma vie & de l'ardante flamme
  Qui mesme fait le cors pour mon ame souffrir,
  Mais qui pourroit juger de l'eternel torment

Qui me preſſe? d'ailleurs je ſay bien que mon ame
   N'a point de medecins qui la peuſſent guerir.
Mes yeux enflez de pleurs regardent mes rideaux
   Cramoiſyr, eſclatans du jour d'une feneſtre
   Qui m'offuſque la veuë, & fait cliner les yeux,
   Et je me reſouviens des celeſtes flambeaux,
   Comme le lis vermeil de ma dame fait naiſtre
   Un vermeillon pareil à l'aurore des Cieulx.
Je voy mon lict qui tremble ainſi comme je fais,
   Je ſoy trembler mon ciel, le chaſlit & la frange
   Et les ſoupirs des vens paſſer en tremblottant;
   Mon eſprit tremble ainſi & gemiſt ſoubz le fais
   D'un amour plain de vent qui muable ſe change
   Aux vouloirs d'un cerveau plus que l'aer inconſtant.
Puis quant je ne voy' rien que mes yeux peuſſent voir,
   Sans baſtir là deſſus les loix de mon martire,
   Je coulle dans le lict ma pencee & mes yeux;
   Ainſi puiſque mon ame eſſaie à concevoir
   Ma fin par tous moiens, j'atten' & je deſire
   Mon cors en un tumbeau, & mon eſprit es Cieux.

VI.

Preſſé de deſeſpoir, mes yeux flambans, je dreſſe
   A ma beauté cruelle & baiſant par trois fois
   Mon pougnard nud, je l'offre aux mains de ma deeſſe.
Et laſchant mes ſoupirs en ma tremblante voix,
      Ces mots coupez je preſſe :
Belle, pour eſtancher les flambeaux de ton yre,
   Prens ce fer en tes mains pour m'en ouvrir le ſein,
   Puis mon cueur haletant hors de ſon lieu retire,
   Et le preſſant tout chault, eſtouffe en l'autre main
      Sa vie & ſon martire.

Ha Dieu! si pour la fin de ton yre ennemye
  Ta main l'ensevelist, un sepulchre si beau
  Sera le paradis de son ame ravie,
  Le fera vivre heureux au milieu du tumbeau
    D'une plus belle vie!
Mais elle fait secher de fievre continuë
  Ma vie en languissant & ne veult toutefois,
  De peur d'avoir pitié de celuy qu'elle tuë,
  Rougir de mon sang chault l'yvoire de ses doitz
    Et en troubler sa veuë.
Aveugle! quelle mort est plus doulce que celle
  De ses regards mortelz & durement gratieux
  Qui derobent mon ame en une aise immortelle;
  J'ayme donc mieux la mort sortant de ses beaux yeux
    Et plus longue & plus belle!

VII.

Liberté douce & gratieuse,
Des petis animaux le plus riche tresor,
Ha liberté, combien es tu plus precieuse
    Ni que les perles ni que l'or!
  Suivant par les bois à la chasse
Les escureux sautans, moy qui estois captif,
Envieux de leur bien, leur malheur je prochasse,
    Et en pris un entier & vif.
  J'en fis present à ma mignonne
Qui luy tressa de soie un cordon pour prison;
Mais les frians apas du sucre qu'on luy donne
    Luy sont plus mortelz que poison.
  Les mains de neige qui le lient,
Les attraians regars qui le vont decepvant
Plustot obstinement à la mort le convient
    Qu'estre prisonnier & vivant.

> Las ! commant ne fuis je femblable
> Au petit efcurieu qui eftant arreſté
> Meurt de regretz fans fin & n'a fi agreable
>   Sa vie que fa liberté.
>   O douce fin de trifte vie
> De ce cueur qui choififl fa mort pour les malheurs,
> Qui pour les furmonter facrifie fa vie
>   Au regret des champs & des fleurs !
>   Ainfi aprés mille batailles,
> Vengeans leur liberté on a veu les Romains
> Planter leurs chauds poignards en leurs vives entrailles,
>   Se guerir pour eftre inhumains.
>   Mais tant s'en fault que je ruine
> Ma vie & ma prifon qu'elle me plaift fi fort,
> Qu'en riant je gazouille, ainfi que fait le cigne,
>   Les douces chanfons de ma mort.

VIII.

> Le miel fucré de voftre grace,
>   Le bel aftre de voftre face
>   Meurtriere de tant de cueurs
>   Ne forte de ma fouvenance ;
>   Mais où prendray je l'efperance
>   De guerifon pour mes douleurs ?
> Je fens bien mon ame infenfee
>   Se tranfir fur voftre pancee
>   Et fur le fouvenir de vous,
>   Mais je ne puis trouver les charmes
>   Qui me font friand de mes larmes
>   Et trouver mon malheur fi doux.
> Deux yeux portent ilz telle amorce ?
>   O Dieux ! il y a tant de force

Dedans les rais d'une beauté !
Je l'espreuve & ne le puis croire,
Et le fiel que j'ay soif de boire
Desjà m'est experimenté.
O Deesse pour qui j'endure,
Comme voz beautés je mesure,
Mesurez ainsi mon torment,
Car la soufrance qui me tuë,
Pourveu qu'elle vous soit congneuë,
Ne me deplaist aucunement.
Non pas que je veille entreprendre
De mesurer ny de comprendre
Ny vos beautez ny mon soucy ;
Ces choses sont ainsi unies :
Si vos graces sont infinies,
Mon affliction l'est aussi.
Mon martire & vostre puissance,
Comme ayant pareille naissance,
Ont aussi un effet pareil,
Hors mis que c'est par vostre veuë
Que ma puissance dyminuë,
Et la vostre croist par vostre oeil.
Si vostre oeil m'est insurportable,
Si d'un seul regard il m'accable
D'ardeur, de pennes & d'ennuy,
Pour Dieu, empeschez le de luyre,
Mais non, laissez le plus tost nuire,
Car je ne puis vivre sans luy !
Vostre presence me devore,
Et vostre absence m'est encore
Cent fois plus fascheuse à soufrir :
Un seul de vos regards me tuë,
Je ne vis point sans vostre veuë,
Je ne vis doncq' point sans mourir.

Ha Deeſſe, que de martire
  Je ſouffre en deſchargeant mon yre
  Deſſus moy pour l'amour de vous!
  Mais je ne puis trouver de penne,
  D'exquiſe torture, de geenne,
  Ny torment qui ne ſoit trop doux.
Ce peché fait que triſte & bleſme,
  De regreʒ j'afflige moy meſme,
  Je me deſplais avec eſmoy
  De ma trop douce penitence,
  Et je ne trouve en mon offence
  Juge plus ſevere que moy.
J'ay voullu tranſonner de rage
  La langue qui me fit dommage,
  Penſant ſeulement me joüer;
  Je ne l'oſay faire de crainte
  Que la force ne ſeuſt eſteinte,
  Ne l'ayant que pour vous loüer.
Je m'eſbahis à part moy comme
  Celuy qui du ventre de l'homme
  Reprenoit le plus grand des Dieux,
  Ne trouvoit une choſe eſtrange
  Mettre l'injure & la louange
  En un membre ſi precieux.
Car comme l'eſpee ou la lance,
  On a la langue pour deffence
  Et pour l'ennemy offencer,
  Mais celuy la eſt plein de folie (ſic)
  Qui forcenant en ſon envie,
  De ſon couteau ſe vient bleſſer.
D'Adonis la face divine
  Ne fit tant pleurer la Ciprine
  Comme a pleuré mon cueur marry,
  Ny Enee pour ſon Anchiſe,

Ny Niobé, ny Artemife
Sur les cendres de fon mary.
Helas ! je congnois bien ma faute
Et la ferois encor' plus haulte
Qu'elle n'eft, fi je le pouvois :
Mon ame en parlant en eft folle
Et je foubfonne ma parolle
De pecher encor' une fois.
Non, je ne puis couvrir ma honte,
Et quant mon forfait je raconte,
L'excufe, l'efprit me default,
Combien que le vulgaire eftime
Qu'il ne peult y avoir de crime
Ou l'imprudence feule fault.
Mais quand je voy que voftre grace
Et les foleils de voftre face
Pourtant ne m'ont abandonné,
Lors, mon ame plus criminelle
Son affliction renouvelle
Pour eftre fitoft pardonné.
Ainfi voftre pitié m'accable,
Et voftre douceur agreable
Me condemne indigne de vous,
Car fi ma faute eftoit petite,
Elle s'accroit quant elle irrite
Un efprit fi calme & fi doux.
Le pardon fuit la repentance,
Le repentir la congnoiffance
Et la honte de fon peché ;
Vous pardonnez donc bien, maitreffe,
Car je doubleray ma viteffe
Aprés avoir un coup brunché.
Pour une fimple penitence,
Pardonner celuy qui offence,

C'est le vray naturel des Dieux.
Comme vostre grace est celeste
Il falloit aussi que le reste
Et la pitié seust nee aux Cieux.
Bienheureux est celuy qui donne,
 Qui pardonne est deux fois vaincueur
 Et le pardon est dure peine,
 Encor plus heureux qui pardonne.
La grace est marque souverayne
Quant elle atache un brave cueur.

IX.

Pleurez avec moy, tendres fleurs,
 Aportez, ormeaux, les rosees
 De vos mignardes espousees,
 Meslez vos pleurs avec les pleurs
 De moy desolé qui ne puis
 Pleurer autant que j'ay d'ennuis!
Pleurez aussi, aube du jour :
 Belle Aurore, je vous convie
 A mesler une doulce pluye
 Parmi les pleurs de mon amour,
 D'un amour pour qui je ne puis
 Trouver tant de pleurs que d'ennuis!
Cignes mourans, à ceste foys
 Quittez la Touvre Engoumoisine
 Et meslez la plainte divine
 Et l'aer de vos divines voys,
 Avec moy chetif qui ne puis
 Pleurer autant que j'ay d'ennuis!
Oiseaux qui languissez marris,
 Et vous, tourterelles fachees,
 Ne comptez aux branches sechees

Le veuvage de vos maris
Et pleurez pour moy qui ne puis
Pleurer autant que j'ay d'ennuis!
Pleurez, o rochers, mes douleurs
De vos argentines fonteines
Pour moy qui souffre plus de peines
Que je ne puis trouver de pleurs,
Pour moy douloureux qui ne puis
Plorer aultant que j'ay d'ennuis!

X.

Que je forte du creux
Du labirinte noir par le fil qui a prise
Ma chere liberté de l'or de ses cheveux,
Ou, si je pers la vie ainsi que la franchise,
Je perde tout par eux.
De ma douce prison,
Des ameres douleurs de mes pressantes gennes,
Des doux liens de ma serve raison,
Je couppe de sanglotz, parcelles de mes peines,
Ma funebre oraison.
Je ne meurs pas à tort,
Bien coupable du fait, coupable du martire,
Du feu d'amour & d'un torment plus fort,
Mais las! donne, Deesse, à l'amant qui souspire
Ou la grace ou la mort.
Si j'ay grace de toy,
Je recoy' ma raison de qui me l'a ravye,
Si ton courroux vient foudroier sur moy,
Tu me feras injuste en m'arrachant la vye,
Martire de ma foy.
O bienheureux souspirs,
Si de ses yeux si doux vous tirez recompence,

Si ma vie est la fin de mes desirs,
Je triumphe en mourant & gaigne par constance
Le laurier des martirs.
Soit que ce soit, je veux
De la doubteuse mort, du cruel labirinthe
Sortir guidé du fil de ses cheveux,
S'il fault que pour aymer mon ame soit esteinte,
Que je sorte par eux.
Pour Dieu, mort ou secours!
Bien heureux si je meurs, bien heureux si j'ay grace,
Heureuse fin des malheurs & des jours!
Vivant, je soye aymé, ou en mourant j'efface
Ma vie & mes amours.
Si j'acheve par feux
Mes ans & mes douleurs, que ton bel œil m'enflame,
Ou sy mon jour est randu bienheureux
Par quelque beau soleil, que ce soit par la flame
Et les retz de tes yeux.
Si d'un coup inhumain
Ma poitrine se fend, ta main me soit mortelle;
Si du tombeau quelque secours humain
Me vient tirer, je n'ay ayde qui me soit belle
Que de ta belle main.
Encore ay je soucy
Que ta bouche à ma mort prononce ma sentence,
Ou si je vis, qu'elle me die aussy;
Comme le desespoir, ma nouvelle esperance,
La mort ou la mercy.
Pour te suyvre obstiné je t'anime à la suitte,
Par mon humilité j'esleve ton orgueil,
Je glace ton dedaing du feu de ma poursuytte,
Tu te lave en mes pleurs,
Et le feu de ton œil
S'accroist de mes chaleurs.

De ma triste despoüille & d'une ame ravie
　　Mon esprit triumphant couronne ta beauté
　　Vermeille de mon sang, ma mort te donne vie,
　　　　　Et les plus doux zephirs
　　　　　Qui charment ton Æsté
　　　　　Sont mes tiedes souspirs.
Ainsi quand Daphné fut en laurier convertie,
　　Le soleil l'eschauffa de rayons & d'amours
　　Et arrousa ses pieds de larmes & de pluye.
　　　　　O miserables pleurs
　　　　　Qui croissez tous les jours
　　　　　L'amour & les douleurs !

XI.

A l'escler viollant de ta face divine,
　　N'estant qu'homme mortel, ta celeste beaulté
　　Me fist goutter la mort, la mort & la ruyne
　　Pour de nouveau venir à l'immortalité.
Ton feu divin brusla mon essence mortelle,
　　Ton cellelste m'esprit & me ravit aux Cieulx,
　　Ton ame estoit divine & la mienne fut telle :
　　Deesse, tu me mis au ranc des aultres Dieux.
Ma bouche osa toucher la bouche cramoysie
　　Pour cœiller sans la mort l'immortelle beaulté,
　　J'ay vescu de nectar, j'ay sucé l'ambroysie,
　　Savourant le plus doux de la divinité.
Aux yeux des Dieux jalloux, remplis de frenaisie,
　　J'ay des autels fumants conu les aultres Dieux,
　　Et pour moy, Dieu segret, rougit la Jalousye
　　Quant un astre incognu ha deguizé les Cieux.
Mesme un Dieu contrefait, refuzé de la bouche,
　　Venge à coups de marteaux son impuissant courroux,

Tandis que j'ay cueilli le baiser & la couche
Et le sinquiesme fruict du nectar le plus doux.
Ces humains aveuglez envieux me font guerre,
Dressant contre le ciel l'eschelle, ils ont monté;
Mais de mon Paradis je mesprise leur terre
Et le ciel ne m'est rien au pris de ta beaulté.

XII.

J'implore contre toy la vengeance des Dieux,
Inconstante parjure & ingratte adversaire,
Las de noyer ton fiel aux pertes de mes yeux
Et à ta cruauté rendre tout le contraire,
D'enorgueillir ton front de mon humilité,
De n'adorer en toy rien plus que la beauté.
D'où as-tu, sanguynaire, extrait ce naturel?
Est-ce des creux rochers de l'ardante Libie
Où tu fouillois aux reins de quelq'aspid mortel
Le roux venin, le suc de ta sanglante vie,
Pour donner la curee aux chaleurs de ton flanc
De te paistre de mortz & t'abreuver de sang?
D'un courroux sans raison tu as greslé les fleurs,
Les fruictz de ma jeunesse, & ta rouge arrogance
Trepigne soubz les pieds l'espoir de mes labeurs,
Les sueurs de mon front & ma tendre esperance.
En languissant, je voi' que les oiseaux passans
Sacagent impunis mes travaux florissans.
Celluy qui a pillé en proie ta beauté
N'a lenguy comme moy, les yeux dessus ta face,
Mais en tirannisant ta folle volupté :
Il regne pour braver & pour user d'audace,
N'immolant comme moy en victoire son cueur,
Sur toy qui vomiçois il s'est rendu vainqueur.

Il aime inconstemment, c'est ta perfection :
Jamais rien de constant ne te fust agreable
Et je lis en cela ta folle affection.
Quant chascun veult tousjours rechercher son semblable,
J'aprens à te fuir comme contraire à moy,
Qui crains plus que la mort la perte de ma foy :
Or vis de l'inconstance, enivre tes esprits
De la douce poison dont t'a ensorcelee
Celluy qui en t'aimant n'aime que ton mespris ;
Je n'aimeray jamais d'une amour aveuglee
Un esprit impuissant, un cueur degenereux,
Superbe à ses amis & humble à ses haineux.

XIII.

Citadines des mons de Phocide, aportez
L'espaule audacieuse à ma fiere entreprise,
Et si vostre fureur un coup me favorise,
Je brusleray ma plume à voz divinitez.
J'enflamme ce labeur d'un œuvre si superbe
Que dés le commancer je me trouve au milieu.
Fortune aide aux rameaux qui grimpent en hault lieu
Et trepigne à ses piedz l'humidité de l'herbe.
Non, je n'escriray point, il suffist que mes yeulx,
Mes sens, mes voluntez & mon ame ravie
Osent vous admirant, ma bienheureuse vie,
Il vault mieux dire un peu & pencer beaucoup mieux.
C'est le riche subjet qui me donne courage,
Sur qui je n'entreprens rien temerairement,
Mais mon stile ne peut orner son argument,
Il fault que le subjet soit honneur du langage.
O que si tant de vers tous les jours avortez
Qui portent peinte au front la mort de leur naissance.

Si ces petits escrits, bastardeaux de la France,
Eussent donné telle ame aux vers qu'ilz ont chantiz,
L'honneur de ceux qu'on loue eust rendu par eschange
A ces poetes menteurs ce qu'il eust receu d'eux :
Quant à moy vostre gloire est commune à nous deux,
Car en vous adorant je me donne louange.
Mais ceux qui, eschauffans sur un rien leurs escris,
Barbouillent par acquit les beautés d'une face
D'une grandeur obscure & d'une sade grace,
D'un crespe de louange habillent leur mespris,
Outre plus d'entamer ce qu'on ne peut parfaire,
Cacher ce qui doibt estre eslevé au plus hault,
Ne loüer la vertu de la sorte qu'il fault,
Il vaudroit beaucoup mieux l'admirer & se taire.
Je me tais, je l'admire, & en pensant beaucoup,
Je ne puis commencer, car tant de graces sortent,
Se pressant sans sortir, qu'en poussant elle emportent
Mon esprit qui ne peult tout porter en un coup.
Vous avez ainsi veu un vaze de richesse
Ne pouvoir regorger alors qu'il est trop plain,
Et par un huis estroit s'entrepousser en vain
Un peuple qui ne peult ressortir pour la presse.
Parainsi en craignant que vostre œil n'excusant
Ce qui menque à mes vers, veille nommer offence
L'erreur & appeller un crime l'impuissance,
Je vous metz jusqu'aux Cieux, je loue en me taisant,
Je tairay pour briser les coups de la mort blesme,
Pour targuer vostre nom à l'injure des Cieux,
Pour surmonter l'oubly & le temps envieux,
Vostre vertu qui est sa louange elle mesme.

XIV.

L'aer ne peut plus avoir de vens,
   De nuages s'entresuivans;
   Il a versé tous les orages,
   Comme j'espuise mes douleurs :
   Mes yeux sont assechez de pleurs,
   Mon sein de souspirs & de rages.
Helas ! mes soupirs & mes pleurs
   Trempoient mes cuisantes chaleurs
   Et faisoient ma mort plus tardive,
   Ores destitué d'humeur,
   Je brusle entier en ma chaleur
   Et en ma flamme tousjours vive.
Je ne brusle plus peu à peu,
   Mais en voiant tuer mon feu
   Je pers la vie aprés la veuë,
   Comme un criminel malheureux
   A qui l'on a bandé les yeux
   Afin qu'il meure à l'impourveue.
Mes yeux, où voulez vous courir ?
   Me laissez vous avant mourir
   Pour voir ma fin trop avancee ?
   Pour Dieu ! attendez mon trepas,
   Ou bien ne vous enfuiez pas
   Que vous n'emmeniez ma pensee !
Mes soleils en ceste saison
   Ne luisent plus en ma prison
   Comme ils faisoient en la premiere.
   Le feu qui me va consommant
   Me luist un peu & seulement
   Je me brusle de ma lumiere.

XV.

Ores es tu contente, o Nature meurtriere,
De ses plus chers enfans impitoyable mere,
 Tigresse sans pitié,
As tu saoullé de sang ta soif aspre & sanglante,
Faisant finir ma vie en ma mort violente,
 Mais non mon amitié ?
Pourquoy prens tu plaisir à orner tes merveilles
De ses riches tresors & beautés non pareilles
 Que puis aprés tu veux
Garnir de plus de maux & de pennes cruelles
Qu'Ethna ne fait sortir, du creux de ses moëlles,
 De souffres & de feuz ?
Si cest œil ravissant qui me mit en servage
N'eust fait naistre l'espoir au rais de son visage,
 Ravissant mes esprits,
Ou qu'un sang plus espais, de masse plus grossiere
A preuve de l'amour n'eust de ceste guerriere
 Si tost esté surpris :
Helas ! mon œil fut sec & mon ame contente,
Mon esprit ne fut mort par la crainte & l'atente,
 Ma main pas ne seroit
Ny ce fer apresté prests à finir la vie
Qu'amour hait, qu'il avoit à aymer asservie
 En si mortel endroit.
Je ne me plaindrois pas, si ma mort pouvoit faire
Au pris d'un sacrifice esteindre sa cholere
 Et un peu l'apaiser,
Tant qu'en voiant la fin d'une amour non pareille
Par un funebre adieu de sa bouche vermeille
 Je sentisse un baiser.
Mon esprit satisfait errant par les brisees

Des Enfers esgairez & des Champs Elysees
Rien ne regretteroit;
Que le mesme regret qu'auroit son ennemie
De la sainte amitié qu'encor aprés la vie
L'esprit emporteroit,
Mais en ne trouvant lieu pour mes larmes non feintes
Dans son cueur endurcy aux viollantes plaintes
D'un miserable amant :
Non plus que l'on verroit engraver quelque trasse
De l'inutille fer pressé dessus la face
D'un ferme diamant.
C'est fait, je veux mourir & qu'un tel sacrifice
Preste ma triste main pour un dernier office
A son cors malheureux,
Dehors duquel l'esprit ira, comme je cuide,
Sur les bors ombrageux du fleuve Acherontide
Soupirer amoureux;
Racontant aux Espritz la severe sentence
Qui fut l'amere fin d'une longue esperance,
D'une dure prison,
De mes maux abregez & l'issue & l'entree,
Qui força le despit & la main forcenee
Surmonter ma raison.
Frape doncq', il est temps, ma dextre, que tu face
Flotter mon sang fumeux, bouillonnant par la place
Soubz le cors roidissant.
Haste toy, douce mort, fin d'un' amere vie,
Fay' ce meurtre, l'esprit, ma rage te convie
Aux umbres fremissant.

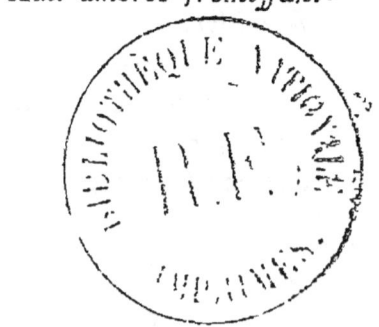

XVI.

Mesurent des haultz Cieux tant de bizarres courses
  Ceux qui ont espié leur subtils mouvements;
  L'autre cherche la cause aux divers excremens
  Des pluies, des metaux, des plantes & des sources:
  Vante un brave soldat, à la face de tous,
  Son adresse, son heur, sa force & son courage,
  Et son esprit vanteur repeu de son dommage
  Estalle un estomac gravé de mille coups.
  Je veulx parler d'amour, docte en telle science,
  Si le savoir est seur né par l'experience.
Le chef d'euvre de Dieu fut l'homme miserable
  Fait des quatre elemens, un monde composé
  Du froid comme du sec, humide & embrasé,
  Et fut par le divin à Dieu mesme semblable,
  Car son ame n'est moins que divine des Cieux,
  Le plus beau que le Ciel peut donner en partage:
  Si bien qu'estant unis d'un si beau mariage,
  On a fait pour jaloux les Demons & les Dieux,
  On a forgé de là l'audacieuse guerre
  Des Titans animez & des filz de la Terre.
Ceste perfection fut la mesme Androgeine
  Qui surpassa l'humain par ses divins effortz,
  Quant le cors avecq' l'ame & l'ame avecq' son cors
  Vit l'essence divine unie avecq' l'humaine.
  Le terrestre pesant n'engageoit de son pois
  Le feu de son esprit à sa rude nature,
  Mais ces deux unions en mesme creature
  Souffroient de l'un' à l'autre & l'amour & les loix.
  Le divin se faisoit du naturel du reste

Et le terrestre espais n'estoit rien que celeste.
Jaloux & prevoiant le grand Dieu du tonnerre
 Ne voullut plus souffrir l'homme estre un demi dieu,
 Ny suspendre en hasard son estat & son lieu,
 Que la terre fust ciel & que le ciel fust terre.
 Il fit des naturelz deux diverses moitiés,
 Couppa l'homme pour l'homme & la femme pour femme,
 Le pesant du leger & le cors de son ame,
 Separa d'unions, de cors & d'amitiés,
 Tranchant par le milieu, ceste jumelle essence
 A qui le separer apporta l'impuissance.
L'ame est l'esprit uni avecq' le cors femelle
 Dont l'homme le premier esprouvant l'union
 Estoit homme plus qu'homme & sa perfection
 Par l'accord de ces deux fut supernaturelle.
 Perdant cest heur premier la celeste raison
 Eut en horreur le cors & terrestre & prophane,
 L'esprit fut gourmandé par le cors, son organe,
 Et le cors de l'esprit ne fut que la prison,
 Instrument seullement d'une contrainte vie,
 Miserable moitié d'Androgeine partie.
Quant par desunion la force fut esteinte,
 Quant ces pauvres moitiés perdirent le pouvoir,
 Les Dieux furent emeuz par pitié d'y pourvoir,
 Quant par leur impuissance ils perdirent la crainte,
 Affin que ces moitiés peussent perpetuer
 L'espece en rejoignant ceste chose egaree.
 L'une & l'autre nature en son cors separee
 Apprindrent par l'amour à se r'habituer,
 Qui nasquit à ce point & de qui la naissance
 Refit ceste union avecq' moins de puissance.
Un jour que des grans Dieux la bande estant saisie
 D'heur, de contentement, d'aise & de volupté,
 Remplissoient pour Venus & sa nativité

Leurs cerveaux de nectar & de douce ambroisie,
Sur la fin d'un banquet, Pore conseil des Dieux,
Yvre de ses douceurs se desrobe en cachette,
En fuiant au jardin de Jupiter se jette
Sur les fleurs, recreant d'un doux sommeil ses yeux.
Livrant, di je, au sommeil son cors & l'ambroisie
Qui des liqueurs du ciel troubloit sa fantasie.
Sur ce point arriva la pauvrette Penie,
  Qui durant le banquet prés de l'huis mandioit
  Des miettes du Ciel, & pour neant avoit
  Pour un chiche secours tant mandié sa vie.
  Elle voit sur les fleurs le beau Pore endormy,
  Elle change sa faim en desir de sa race,
  Elle approche, se couche & le serre & l'embrasse
  Tant qu'il l'eut pour amie & elle pour ami.
  De là naquit l'Amour, & la nature humaine
  Du conseil des grands Dieux conceut l'autre Androgeine
Aussitost qu'à nos yeux un raion de beauté
  Nous a fait savourer le miel de l'agreable,
  L'esprit concoit la joie, emeu du delectable
  Dont il recoit le goust par nostre œil presenté.
  Au naistre de Venus, au naistre des beautez,
  Nos esprits qui n'ont moins que l'essence divine
  S'ejouissent du beau & l'ame l'imagine;
  Les pencers sont festins pour les divinitez,
  Nostre pauvre nature est la mesme Penie
  Qui n'estant du festin y va quester sa vie.
Elle ne peut gouster ny les os, ny les restes
  Du nectar de l'esprit : son estomac n'a pas
  De feu pour digerer ce precieux repas,
  Mais au lieu de joir des viandes celestes,
  L'esprit fait tout divin est emeu à pitié,
  Se couple avec le cors, & en ce mariage
  Donne prevoir, juger, & souvenir pour gage

De l'union du cors & de son amitié;
Le cors loge les trois : au front la congnoissance,
Le jugement plus hault, plus bas la souvenance.
L'esprit apprend au cors les ars & les sciences
De nature & d'acquis, & fidelle amoureux
Preserve sa femelle & du fer & des feux,
Par l'aigu jugement & les experiences.
Comment pourroit ainsi ce mari sans son cors
Exercer sa vertu, car sans sa bien aimee,
Les effets ne seroient qu'une ombre, une fumee,
Sans execution, sans œuvres, sans efforts?
L'esprit, paintre parfait, emprunte la painture,
Les tableaux, les pinceaux des cinq sens de nature.
Comme Platon a peint l'amitié mutuelle
Des espritz & des cors l'un de l'autre cheris,
Moy je veux par l'amour des ars & des esprits
Repeindre une autrefois nostre amour naturelle,
Et du grand au petit, je nombre par raison
Que nous devons chercher les loix de la Nature
Au secret des espritz; l'amour des cors endure
Mesme cause que l'autre & mesme liaison :
Il brusle l'un & l'autre & de pareilles flammes
Unit l'amour des cors & celuy de noz ames.
Mais autant de subjetz sur lesquelz il espreuve
Le miel de ses douceurs ou ses mortelz courroux,
Autant de fois il est ou vigoureux ou doux,
Et tel que le subjet son accident se treuve.
Comme le soleil chaud rengrege les odeurs
D'une charogne infecte & en forme la peste,
Et de mesmes raions le mesme nous apreste
En sa bonté le musch & le baume & les fleurs :
L'amour allume ainsi en nos espritz les flammes,
Certains eschantillons & mirouers de nos ames.
Tout ainsi que l'amour unist la difference

Du cors & de l'esprit, c'est lui tout seul qui peult
Unir deux autres cors en un seul, quant il veult,
Lorsque des deux espritz il tire sa naissance.
Par l'homme & son esprit Pore est representé
Où l'amour a premier sa naissance & sa vie,
Puis l'ame de la femme est la pauvre Penie
Qui surprend nostre esprit yvre d'une beauté :
C'est le troisieme sens, & l'amour corporelle
En cela suit les loix de la spirituelle.
Nostre ame ne sauroit au cors donner la vie
Quant il est colleric, & son sang escumeux
Bouillonne, se dissipe & destourbe fumeux
L'esprit doux & qui n'est d'une telle armonie;
L'esprit audacieux, entreprenant & vif,
Travaillant sans repos, bouillant en toute sorte,
Rend bien tost l'union, le cors, l'amitié morte,
Possedant un organe inutille & chetif.
Par la diverse humeur l'ame est donc departie,
Et les amours humains naissent de simpatye.
C'est pourquoy chacun peut aymer pour se complaire,
Mais c'est diversement, car les cors composez
Par les quatre elemens sont aussi disposez
A les recepvoir tous en leur forme ordinaire :
Mais si les qualitez ne sont pareillement
Parties dans les cors, aussi ne peuvent elles
Prendre en eux leurs vertus esgallement pareilles;
Car l'un reçoit le feu ou l'air plus aisement,
Et chasque cors meslé, exposé au pillage,
Recoit le mieux celuy dont il a davantage.
Comme aux troubles confus d'une guerre civille,
Un fort qui sera plain de quatre factions,
Si deux tiers complotans ont mesmes passions
Ils livrent aisement à l'estranger la ville :
Ainsi la pierre où moins le feu a de vigueur

Est plus tard à brufler, & le bois qui recelle
Plus du fimple en fon cors plus aifement appelle
A deceler fon feu un autre feu vaincueur,
Et des quatre elemens la ligue la plus forte
Aux pareils conquerans ouvre aifement la porte.
L'efprit eft plus parfait, l'origine celefte
Ne le reduit aux loix d'humeur ni d'elemens;
Hors le bon & mauvais tous autres fentimens
Sentans l'organe aymé s'acommodent au refte.
Pore avoit refufé les viandes des Cieux
A cefte mandiante & chetive perfonne :
Il fe derobbe aprés & luy mefme fe donne.
Quant le fommeil pefant lui eut fermé les yeux,
Il falut qu'il dormift pour recebvoir Pænie :
L'ame dedaygne ung cors quant elle eft endormie.
La femme de qui naift le propre d'entreprendre
Le regime du monde & d'entrer au confeil,
Endort l'efprit de l'homme aux raions de fon œil.
Sa beauté font les fleurs qui le viennent furprendre;
L'homme eft fait amoureux & par l'oyfiveté
Il s'acommode aux meurs de la femelle aymee.
Comme l'ame fe voit par le cors transformee
Efpoufer fon humeur, vouloir fa volonté,
Les efprits font heureux qui ont cors debonnaire,
Les amans malheureux qui ont l'ame contraire.
L'efprit qui a un cors vif, fubtil & ignee,
Qui fent le moins la terre & qui eft moins pefant,
Sent ceft organe beau, agreable & plaifant,
Et jamais de ces deux l'amour n'eft terminee.
Mais l'efprit qui fe loge en un cors froid & lent
N'aime qu'avec longtemps fa nature perverfe.
Il le preffe au premier, puis l'aime en la vieilleffe,
Et l'amour d'entr'eux deux n'eft jamais viollent
Que lorfqu'avec le temps cefte maffe enterree

Se depouillant de soy est au ciel preparee.
L'amour brusle aisement & aisement possede
　Celle qui a le sang & le naturel chaud,
　Pour ce qu'elle est de feu & que le feu d'en hault
　Cherche tousjours le cors où la chaleur excede;
　Mais le froid naturel est mal propre à aimer :
　S'il ayme, cest amour est artificielle,
　Car il fault corriger la glace naturelle
　Et l'effet naturel est plus à estimer :
　L'unde n'est pas si tost par la flamme alumee
　Comme la flamme vive est par l'eau consommee.
Les vigoureux espritz en fumelles aymees
　Et de pareil humeur monstrent bien leurs vigeurs.
　Quand la couple impareille aporte des langeurs.
　Leur vie est lors stupide en prison enfermee;
　Comme un feu au bois vert, pourtant né pour brusler,
　Quant le millieu s'embrase & l'escorse s'alume.
　L'umidité s'en fuit par les boutz en escume,
　Renvoiant l'eau en l'eau & poussant l'air en l'air :
　Il faut ainsi souvent que l'esprit du feu face
　Avant bien posseder son cors sortir la glace.
Ainsi l'homme amoureux, vrai esprit de la femme,
　Use souvent son temps sur l'espoir, & ses jours
　A corriger son cors premier que les amours
　Aient changé l'humeur & la fumee en flamme.
　Il semble l'intellect qui vif & viollant
　Habite un cors sans feu; l'esprit brusle de rage
　Et use pour brusler son ardeur & son age,
　Se consomme en dressant son organe trop grand,
　Miserables amours qui par l'antipatye
　Premier que vivre bien ont consommé leur vie.
J'esgalle ainsi l'amour & celeste & terrestre
　Que le cors sans esprit, la dame sans amy
　N'ont ne plaisir ne vie ou vivent à demy.

Pas un d'eux feparé n'a ne forme, ne eftre.
Comme fouvent les cors mefprifent les efpritz;
Les hommes font ainfi reffufés par les dames :
L'amour plus neceffaire aux cors qu'il n'eft aux ames
Les doit faire plus doux & les avoir apris
Que l'ame vit encor quant le cors s'en delogne,
Et que le cors n'eft rien fans ame que charogne.
Sans la conjonction leur amour eft donc vaine,
Leurs effects feparés font fonges impuiffans,
Mais eux unis, de l'un & l'autre jouffans,
Font germer en s'aymant leur amour & leur peine.
Separez moy le chaud d'avecq' l'humidité,
A une autre liaifon autre amour naturelle;
Le chaut fterille en foy, l'humide eft toute telle,
Et d'eux unis fe fait toute nativité;
Celluy doncq' qui desjoint les moitiez de nature
Sacrilege la tuë & lui fait une injure.
Si nos efpritz qui ont prins au Ciel leur naiffance
Sont rien fans leur moitié, faitz mortz & impuiffans,
Que fera il des cors mortelz & periffans
Sans amour, qui ont prins de l'autre amour fubftance,
Et quel eft ceft amour qui en l'affection
Naift & s'evanouift, fe loge & s'imagine,
Si fuivant fon autheur, comme l'amour divine,
Il fleurift fans le fruit de la conjonction ?
C'eft l'avorton liant la mort avecq' la vie,
D'un parricide cors la vipere ravie.
Belle à qui j'ay facré & mes vers & ma peine,
Voy' comme en apaifant ta curiofité,
L'inutille regard d'une vaine beauté
N'eft qu'une pure mort, fans unir l'androgeine.
Imitons les fecretz de Nature & fes loix,
Fuions l'ingratitude & l'ame degenere,
Tout affeurez commant d'une fi fainte mere

Les exemples, le cours & les editz sont droitz,
Car la desunion est la mort de Penie,
L'acord la ressucite & lui donne la vie.

XVII.

O bien heureux espritz qui printes vostre vie
   Des fresnes endurcis & des rochs de Libye,
   Avortez du Caucaze & de quelque autre mont
   A qui l'amour ne brusle & tormente les ames,
   A qui la cruauté des cipriennes flammes
   Ne martirise l'œil, l'estournac & le front!
Bien heureux sont ceulx là qu'une tendrette enfance
   Empesche heureusement d'avoir la congnoissance
   Des forces du malheur & de celles d'amour,
   Mais ilz seroient heureux, si dés l'age premiere
   D'un sommeil eternel ilz fermoient leur paupiere :
   Leur vie & leur bonheur n'auroient qu'un dernier jour!
J'ay tort, hors de l'amour est toute joye esteinte.
   Tout plaisir est demi, toute volupté feinte,
   Et nul ne vit content s'il ne souffre amoureux.
   Sans aimer & souffrir l'aise demeure vaine,
   Et celuy qui son heur ne compare à la peine
   De quel contentement sera il bien heureux?
Le contraire est congneu tousjours par son contraire :
   Ainsi qu'aprés l'hyver le printemps on espere,
   Et comme aprés la nuit nous atendons le jour,
   Ainsi le beau temps vient à la fin de l'orage,
   Ainsi aprés le fiel d'un courroucé visage
   Nous goustons la douceur de l'œil & de l'amour.
C'est l'amour tout puissant qui guerist la tristesse,
   Qui fit le deuil amer de ma chere maitresse
   Finir en mon bonheur, naistre en mesme saison.

On dit que le temps eſt medecin de nature
Et de nos paſſions, mais c'eſt coup d'aventure,
Car le meſme nous ſert plus ſouvent de poiſon.
Olimpe, tu ſais bien quelles furent les armes
Qui vainquirent ton deuil, tu ſais comment tes larmes
Et mon deſaſtre fier finirent en un jour :
Tu ſais combien de temps dura ta maladie,
Tu ſais que ton deuil fuſt plus dure que ta vie
Et par là tu congnois la vertu de l'amour.
Que diriez vous de voir un fiebvreux en la couche
Qui clorroit obſtiné les levres & la bouche
Contre l'eau qui l'auroit autrefois fait guerir,
Sinon qu'il eſt ſaiſi d'une aſpre frenaiſie,
Ou qu'un rouge malheur boult en ſa fantaiſie
Qui le fait n'aiant ſoif avoir ſoif de mourir.
Si les ſermons faſcheux des autres te travaillent,
Si les peurs des craintifs honteuſement t'aſſaillent,
S'un autre te menace & te donne conſeil,
Eh! ne ſais tu pas bien que la fiebvre amoureuſe
Ne ſe congnoiſt pour voir une face hideuſe,
Ou le poux inegal, ou le trouble de l'œil?
Nous verrons quelquefois jargonner une vieille
Qui lorſqu'elle bruſloit en une age pareille
D'un feu pareil au tien ne print en ſon ennuy
Autre conſeil que ſoy & ſa flamme nouvelle;
Veux tu ſavoir commant ce conſeil là s'appelle?
Faire large courroie à la perte d'autruy.
Ne te laiſſe tromper à l'affeté langage
De plus jeune que toy, mais excuſe par l'age
Le peu d'experience & le peu de raiſon.
Ceux là n'ont eſſaié la geenne qui nous ſerre :
C'eſt comme qui oiroit deviſer de la guerre
Tel qui n'auroit jamais parti de la maiſon.
Cœlles qui en ſouffrant la meſme maladie

  Et au mesme subjet desguisent leur envie
  D'un propos contrefait tout autre que le cueur,
  Cachent pour t'affiner la cause qui les meine
  En la mesme façon que la fine Climenne
  Qui du beau Francion disoit mal à sa sœur.
Ton Parfait ne vit plus : si un' aise parfaite
  Doibt durer à jamais, tout ce que je souhaite
  Est de faire revivre un ami trepassé.
  Si le secret tranchant de Parfait se presente,
  Pense quel plaisir c'est par la chose presente
  Te pouvoir faire encor' revoir le bien passé.
Si ung frere fendant ou ung parent menace,
  Laisse les menacer & leur quittant la place,
  Sans changer de vouloir change d'un autre lieu.
  Mille autre empeschemens essaient de combattre
  Les cueurs nez à l'amour, mais qui pourroit abatre
  L'entreprise & l'ouvrage & la force d'un Dieu?
Or le dernier objet qui le plus espouvente
  Les cueurs nez à l'amour, c'est quant le sein augmente
  Et que les fruitz d'amour sont trop gros devenuz.
  Jamais un heur parfait n'est sans quelque aventure,
  Et telle fut la loy de la sage Nature,
  Que par les grands dangers les grans biens sont cogneuz.
Tu as vaincu ses peurs & ses craintes frivolles,
  Et n'ont peu les rigueurs ny les douces parolles
  Combatre ton courage & forger ton ennuy;
  Mais pourquoy, si jadis pour me donner la vie
  Tu as peu surmonter le malheur & l'envie,
  Ne le puis tu encor surmonter aujourd'huy?
O jour plein de malheur, si le goust de mon aise
  Mouilla tant seulement les fureurs de ma braise
  Pour faire rengreger mes flammes peu à peu :
  Jour pour jamais heureux, si d'une tendre nuë
  La premiere rozee à jamais continue

De noier en pitié les rages de mon feu!
Je suis l'Ethna bruslant en ma flamme profonde,
Tu es le Nil heureux qui espanche ton onde
Sur la terre qui meurt de la soif de tes eaux;
Noie les feuz, mignonne, embrazeurs de mon ame,
Ou me laisse brusler ton Nil dedans ma flamme,
Que je noye en tes pleurs, ou seche en mes flambeaux.

XVIII.

  A qui ne fut point ravie
  L'amitié qu'avec la vie,
  De qui les chastes amours
  N'ont finy qu'avec les jours.

Que de douceurs d'une douleur,
 Que de vers rameaux d'une graine,
 Que de sallaires d'une peine,
 Que de fleurs naissent d'une fleur!
Qu'un oeil ha de raions ardents,
 Que de mortz sortent d'une vie,
 Que de beaux printemps d'une pluie,
 Que d'estés chaults d'un doux printemps!
Amours qui par l'aer voletez,
 Portez sur vos aisles dorees
 Le miel que vos langues sucrees
 Ont succé de tant de beautez.
Que tous ceux qui liront ces vers
 Et les amours qui y florissent,
 Du miel qu'ilz gousteront benissent
 Ces belles fleurs, ces rameaux vers.
Heureux de ta douleur, Monteil,
 Qui triomphes de ton martire,
 Et autant de fleurs en retire

Comme de larmes de ton oeil!
Le soleil chaud de tes ardeurs
N'a point moissonné l'esperance
Et la delectable aparance
De ton printemps & de tes fleurs.
Tesmoins ces doux & riches vers
A qui la mort la mort ne donne,
De qui l'yver, de qui l'autonne
Ne secheront les rameaux vers.
Pour salaire de tes ennuis,
Pour la fin de tes douces rages,
Pour couronne de tes ouvrages
Dieu te donne encor' d'autres fruitz.
Ces fruitz feront qu'en bien aymant
Ton doux chant fleschira ta dame;
Tes pleurs feront noier ta flamme
Et les douleurs de ton tourment.
Tu cuilleras de ta beauté
Les espitz aprés l'esperance :
Ta Chloris en Ceres s'advance,
Ton printemps se fait un esté.
Ces fruiz là feront que l'amour
De ceste fleur espanouie
Ne verra la mort & la vie
Paroistre & finir en un jour.

XIX.

Quiconque sur les os des tombeaux effroiables
Verra le triste amant, les restes miserables
D'un cueur seché d'amour & l'immobile corps
Qui par son ame morte est mis entre les morts,
Qu'il deplore le sort d'un ame à soy contraire,

Qui pour ung autre corps à son cors adversaire
Me laisse exanimé sans vye & sans mourir,
Me faict aux noirs tombeaux aprés elle courir.
Demons qui frequentez des sepulchres la lame,
Aidez moy, dites moy nouvelles de mon ame,
Ou montrez moy les os qu'elle suit adorant
De la morte amytié qui n'est morte en mourant.
Diane, où sont les traitz de ceste belle face?
Pourquoy mon oeil ne voit comme il voyoit ta grace,
Ou pourquoi l'oeil de l'ame, & plus vif & plus fort,
Te voit & n'a voulu se mourir en ta mort?
Elle n'est plus icy, o mon ame aveuglee,
Le corps vola au ciel quant l'ame y est allee :
Mon cueur, mon sang, mes yeux verroient entre les mors,
Son cueur, son sang, ses yeux, si c'estoit là son cors.
Si tu brule à jamais d'une eternelle flamme,
A jamais je seray un corps sans toy, mon ame,
Les tombeaux me verront effrayés de mes cris,
Compagnon amoureux des amoureux espritz.

XX.

Vous qui pillez l'email de ces couleurs,
Friandes mains qui amassés les fraizes,
Que de tormans se quachent soubz vos aizes,
Que de serpans se coullent sur les fleurs!
J'estois plongee en l'ocean d'aimer,
Je me neiois au fleuve Acherontide,
J'espans aux bors ma robe toutte umide
Et sacrifie au grand Dieu de la mer.
Fermés l'oreille aux mortelles douceurs,
Amans, nochers, n'escoutés les Serenes;
Ma paine fut d'avoir ouy leur paines

Et ma doulleur d'entandre leurs doulleurs.
C'eſt ſe hayr, leur porter amitié,
C'eſt s'obeir que leur eſtre rebelles,
C'eſt la douceur que leur eſtre cruelles
Et cruaulté que d'en avoir pitié.
Comme l'euil prent, trahi par ſon objeƈt,
L'impreſſion de l'euil où il ſe mire,
Ainſi le mien fut trahi par un pire,
Un mal trompeur d'un vray fut le ſubget.
Leur faux ſoupirs meurent à ſoupirer
Preſſans de veus ma poitrine entamee,
Leur feint ardeur qui n'étoit que fumee,
Mieux un feu clair, m'aprindront à pleurer.

CONSOLATION

A MADEMOISELLE DE SAINT-GERMAIN

POUR LA MORT DE MADAME DE SAINT-ANGEL

Ces eſclairs obſcurcis d'un nuage de larmes
  Qui coule de tes yeux,
Ces pleurs verſez en vain qui cachent tant de flammes
  Qui couvent tant de feux :

Ces feux, ces deux ſoleils nous deſrobent leur face
  Pour voiler tes ennuis,
Et au lieu du beau jour, le Ciel en ſa diſgrace
  Nous donne mille nuis.

Ce ſerain obſcurci ſa clarté nous refuſe,
  Ceſt' aer ſi gracieux

Qui meſlé de nos ſons, de nos chanſons amuſe
        L'oreille des Dieux.

Ta perte, ta pitié pour quelque temps excuſe
        Ta douleur & tes pleurs;
Mais craignons que quelcun ſe vengeant ne t'accuſe
        De feindre ces douleurs.

Ils diront : Et à quoy ſervent ces vaines plaintes
        Qu'enfin il faut finir?
Belle, ceſſant tes pleurs, de ces cendres eſteintes
        Eſteins le ſouvenir.

Ainſi rends de tes yeux la clarté deſiree,
        Deſcouvre tes beaux feux;
Et de ce doux ſerain la faveur eſperee
        Fais ſentir à nos yeux;

Heureux de voyr encor aprés un long orage
        Ce ſoleil deſiré;
Plus heureux de trouver aprez un long naufrage
        Un rivage aſſeuré!

Tu te plains, mais ce cœur que ta paſſion meine
        Ne reçoit changement :
Changeons donc cett' humeur qui pour ſembler humaine
        Pleure inhumainement.

Car c'eſt pleurer ainſi, puiſque l'amour extreme
        Que tu ſens de plus fort
Te ſaict plaindre le bien d'une joye ſupreme
        Acquiſe par ſa mort :

Ou tu es trop humain, amour qui veux qu'on cede
        A ce qu'on ne doibt pas;

Et qui force tes sens de chercher un remede
  Où il n'y en a pas.

Ces larmes & ces cris ne la font point revivre
  Estant morte icy bas,
Ny par eux tu ne puis rendre ton cœur delivre
  De si cruels debats.

Tu les nommes cruels, renouvelant la playe
  Sans la pouvoir guerir,
Te laissant à tousjours le seul plaisir pour paye
  De desirer perir;

Et perir tu ne puis, car ta peine plus forte
  Est changee en plaisir :
Ton plaisir est pleurer & ton ame mi-morte
  N'a que ce seul desir.

Tu dis que nul ne pense amoindrissant l'offence
  Amoindrir mon malheur,
Car finissant tes cris, de plaindre son absence
  Je n'aurois le bonheur :

Plainte qui chasque fois à tes yeux la renvoye
  Esblouis de leur deuil,
Plainte qui te fait voyr ton aimee & ta joye
  Enfermee au cerceuil.

Mais son ame est au ciel qui n'estant point humaine
  Triumphe pour tousjours,
Triumphante au bonheur d'une vie certaine
  D'avoyr parfaict son cours.

Donq' que ton corps descende en la mort tenebreuse
  Pour y voyr sa moitié,

Monte ton ame au Ciel plus bell' & plus heureuse
  Parfaire l'amitié.

Ainsi, Belle, reçois ta vie avec sa vie,
  Ta mort avec sa mort,
Et non plus en vivant soubz la mortell' envie
  Ne plains son heureux sort.

Ne prefere le bien d'une vie mortelle
  A l'eternel sejour,
Ne mesprise le bien d'une vie eternelle
  Pour ne l'avoyr qu'un jour.

Elle vivoit là bas en une terre estrange
  Soubz le sort envieux,
Elle changea son nom & son ame en St. Ange,
  Changeant la terre aux Cieux.

Fuyez, tiedes souspirs, & reprenez ces flammes
  Qui decoroient ses yeux;
Vos deux corps sont ça bas, & vos plus belles ames
  Sont au Ciel glorieux.

A MADAME DE B.

QUADRAINS.

Je voy' tant de beautez, je sens tant de douceurs
  Dont la clarté m'embraz' & le doux m'empoisonne,
  Que tantost à mes cris la liberté je donne,
Tantost je les retrains pressé dans mes douleurs.

Ce qui eſt de plus rare en toute la Nature,
 Ce qui eſt de plus beau & plus delicieux,
 Ce qui eſt de plus pur ſoubz la voute des Cieux
 N'eſt qu'un ſoible miroir d'une beauté ſi pure.
Ce qui eſt ſoubz le Ciel de plus rare & plus beau
 Rende ſoy & hommage aux beautez que j'adore:
 Aſtres luiſans & clairs, ſoleil plus clair encore,
 Cachez voſtre lueur, approchez mon flambeau!
Vous n'eſtes qu'inſtrumens de ma belle lumiere,
 Pour eſclairer au monde & en ces plus bas lieux,
 Empruntans voſtre feu du feu pur de ſes yeux,
 Prenans voſtre vigueur de ſa force premiere.
Mais ces rayons divins de ma belle clarté
 Sçavent trop bien bleſſer, meſſagers de ſon ire;
 Ces yeux doux & cruels, cauſes de mon martyre,
 Cachent ſoubz leur douceur trop de ſeverité.
C'eſt doncque vous, douceurs, qui faictes que j'endure,
 Serenes qui pipez par vos douces chanſons
 Le nocher haraſſé ravi des moites ſons,
 Luy vendans ſon plaiſir d'une peine ſi dure.
Maraſtres qui couvrez l'aconite de miel,
 Monſtres qui la douceur changez en voſtre rage,
 Inſatiables mains ſouillees du carnage
 De vos enfans ſuccans ſoubz le baume le fiel!
Douce, claire & friand' eſt l'eau que le malade
 Tire à traits regrettez, douce la mortell' eau
 Qui met le ſang en fange & le corps au tumbeau
 Par l'enflammé venain d'un boutefeu dipſade.
Plus doux eſt le ſommeil qui nous meine à la mort:
 Blanc eſt le lis, le laict, & doux ce qui deſguiſe
 Le poiſon reſpiré qui dedans nous eſpuiſe
 L'humeur le plus ſuptil par ſon ſuptil effort.
Beautez à ma beauté en rien accomparables,
 Fuyez, vaines douceurs, d'auprez de ma douceur,

Ne fuyez, cruaultez, causes de mon malheur,
Approchez, vrays tesmoins de cruaultez semblables.
Le laict n'a plus de lustre en voyant vostre teint,
Auprez de vostre taint le lis en noir se change,
Prez de vostre douceur l'ambre perd sa louange,
Du sommeil la douceur par la vostre s'estaint.
Et combien de fois plus est douce vostre grace
Que la Serene douc' & habile à charmer,
Que le miel ni que l'eau; combien peut animer
Cett' argentine voix cette celeste face!
Helas! que de beautez qui ont pipé mes yeux,
Helas! que de douceurs, que de douces merveilles
Ont surpris mes espritz espris par les oreilles,
Saisissans tous mes sens par si divers milieux!
Mais mon espoir trompé desmenti par l'espreuve
A veu vostre beau sein d'aconite noirci,
Ce sein plus blanc que neige estre froid tout ainsi,
Et en ses chants divins rien que ma mort ne treuve.
Ces yeux; ces deux flambeaux, se sont faicts cruels feux,
Cette voix n'est qu'un ris de ma sanglante paine,
Mais ces feux, instrumens de ma perte certaine,
S'alentissent un peu par l'effort de mes pleurs (sic).
Ce poison ensucré de vos douces paroles
Qui m'a faict avaler doucement mon malheur,
Ce miel qui rend friand & souefve ma douleur
Ne me peut plus tromper d'esperances frivoles :
Je vois & si je sens s'escouler mon humeur,
Ores suis demi mort, ores demi de vie,
Et mon ame en souffiant est de plaisir ravic
Et ce souffrir luy est son souverain bonheur;
Doux luy sont les esaicts d'une cause si belle :
Soufriant je me plains, n'appelant point torment
La peine que j'endure & mon vouloyr dement
La douleur qui me point pour t'aimer, ma rebelle.

Je mesprise celuy qui n'est point amoureux :
   La joye sans aimer est une chose fainte,
   Toute felicité, si on n'aime, est estainte,
   Et ainsi pour souffrir je souffre bienheureux.
Amour oste tout soin & un seul qui nous blesse
   Nous ravit à nous meme & nous rend tout à luy,
   Il faict, comme il luy plaist, le plaisir & l'ennuy
   Qui me cause cent mors absent de ma maistresse.
Il faut donq' obeir à ses estroictes loix,
   Se laisser surmonter au mal qui me surmonte :
   Puis je sçay que ma dame altiere ne fait conte
   Des grands plus eslevez, des Princes ni des Roix.
Mes veux iront mourir ou meurent les celestes :
   L'or y a pleu, cett' or n'[y] a point eu de pris,
   Le fouldre à menacer n'a receu que mespris,
   Le cigne y a perdu ses chants doux & funestes.
Voyez mon cœur en feu tout noyé de ses pleurs,
   Voyez vos cruaultez paintes en mon visage,
   Voyez d'un qui n'est plus la pitoyable image,
   L'image de mes maux, celle de vos rigueurs.
Enfin dans un Ætna mon Amour consummee
   Me donne le tombeau du Grec ambitieux,
   Mont qui seiche la mer, mont qui rend de ses feux
   En braize les Enfers & les Cieux en fumee.

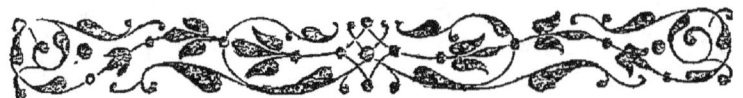

TROISIEME LIVRE.

ODES.

I.

L'horreur froide qui m'espouvente,
   L'effroy qui mon sang a chassé
   Du lieu où il fut amassé,
En ma rage plus viollente
Prive de leur force mes yeux,
Et en tarissant ma parole
Espend la glace qui m'affole
   Aux pointes de tous mes cheveux.
Ma raison à mon heur contraire
   Courbe le col soubz le fardeau
   Et ne me cherche qu'un tumbeau
Et un couteau pour me deffaire.
Il est temps de ceder au sort :
Puisque le sort veult que je meure,
Je veux estancher à ceste heure
   L'aspre soif qu'il a de ma mort.
J'ay trop essuié mon desastre,
   J'ay trop le malheur esprouvé
   Puisque je n'ay jamais trouvé

La Fortune autre que maraſtre,
J'ay trop languy en mon malheur,
Et ceſte main trop peu hardie
A trop nourry ma malladie
Pour la pauvreté de mon cueur.
Autant que d'abeilles-bourdonnent
 En Hybla, autant de flambeaux,
 De ſons, dé ſpectacles nouveaux
 Mon oreille & mon oeil eſtonnent,
 Autant de forces du deſtin,
 Autant d'horreurs apareillees,
 Et d'Erynnes dechevelees
 Accourent pour eſtre à ma fin.
Ceſte plainte mal aſſuree
 Et les mal aſſeurez propos
 Me font ilz craindre mon repos
 Et l'heure & la fin deſiree?
 Ha! chetif où as-tu les yeux?
 Pourquoy tardes-tu la vengeance
 De toy contre toy qui t'offence,
 Aimant le pis, fuiant le mieux?
Ma fin eſt promptement ſuivie
 D'une longue felicité.
 N'eſt-ce pas une laſcheté
 D'aimer mieux une amere vie
 Pour crainte d'une douce mort,
 Et pour la faute de courage,
 Faire un perpetuel naufrage
 Plus toſt que d'aborder le port?
Arriere de moy, vaine crainte,
 Ne m'empeſche plus mon repos,
 Laiſſe moy rendre ce propos :
 Ma vie & mon envie eſteinte,
 Promptement il fault ſecourir

La vie longue & languiſſante
Que le malheur fait ſi dolente
Par faute de ſavoir mourir.
Celuy qui dit que ceſte rage
Qui arme les ſanglantes mains
Encontre ſes membres germains
Eſt une faute de courage,
Voulant meſpriſer [en] autruy
Ce qu'il ne fait, n'auſeroit faire,
Il deſcouvre par le contraire
Ce qui n'a garde d'eſtre en luy.
Or eſt-il [pas] temps que je face
Ma vie & mon mal conſommer,
Qu'enſemble je face fumer
Ma peine & mon ſang par la place?
Un coup fera ternir mes yeux
Tarira ma ſueur & parole,
Car c'eſt ainſi, ainſi que vole
L'eſprit de Diane aux bas-lieux.

II.

Autant de fois comme j'eſſaie
D'apaiſer le ſang de ma plaie,
Mon ſang bouillant de mille endroitz
Boult & s'eſchauffe autant de fois,
Mais auſſi lors que j'ay envie,
Sans languir d'eſteindre ma vie,
La ſauver des feuz des amours,
Mon ſang ſe rapaiſe touſjours.
Volunté dure & impuiſſante
Soubz le pouvoir qui me tormente,
Trahiſſant, mutinant mon cueur,

Luy faisant jurer son malheur
Qui me tuë & conserve l'ame,
Qui esteint & nourrist ma flamme,
Fais mon malheur, ce que je veux,
Et change mes espritz en feuz!
Mon ame n'est plus raisonnable,
La folle & aveugle m'accable
Et je me meurs sans estre espriz
D'autres feuz que de mes espritz :
Les fiers à ma misere jurent,
Les folz ma ruine conjurent,
J'ay perdu la vie & la voix
Par ceux là par qui je vivois.
Ma conception s'est bandee
A ma mort qu'elle a demandee
Et avecq' elle a fait venir
Le jugement, le souvenir.
O vous, parties divisees,
Las! vous courez malavisees,
Serves ou vous servans d'un cueur
Soudoié de vostre vaincueur !
Divine beauté que j'adore,
Vous avez plus servy encore
A rendre l'amour mon vaincueur
Que mes espritz ny que mon cueur.
Ils n'ont eu plus rien que des larmes
En voiant flamboier pour armes
Es mains de l'Amour indompté
Vos graces & vostre beauté.
Comme d'une tranchante lame,
De vos regards il m'osta l'ame
Et en sa place il a remis
Mille & mille feux ennemis ;
Mon ame n'est plus que de braise

Qui proche de la mort s'apaise
Et vivant recroist peu à peu,
Car je n'ay vie que de feu.
L'Amour ne doit donques pas craindre
Que son ardeur se puisse esteindre,
Seullement il n'a pas permis
Que le voulloir en moy fust mis.
Ma rage & ma force m'entraine,
Je n'ay souvenir que ma peine,
Mon mal agreable & cuisant,
Et rien autre ne m'est plaisant.
Commant pensiez vous donc, Maitresse,
Que le miserable qui laisse
Son cueur, ses espritz enchantez
Tousjours aux pieds de vos beautez,
Puisque la memoire est partie
De l'ame & l'ame de la vie,
Sans de l'ame se desunir,
Perdist de vous le souvenir?
Mon martire & vostre puissance
Ne sortent de ma souvenance :
Je ne suis sans sentir & voir
A mes despens vostre pouvoir.
Pour Dieu, aiez pitié de l'ame
Qui pour vous est changee en flame,
Pleignez & secourez le cueur
Qui pour vous n'est plus que rigueur!
Voilà comment en vostre absence,
De l'immortelle souvenance
De mes maux & de vos beautez
Mes sens sont bruslez, enchantez,
Et contraintz, privez de la veuë,
D'escrire cela qui me tuë
Et donner vie à mes espris

Par quelques effors de mes cris,
Car hors de vous quand j'ay envie
Sans languir d'esteindre ma vie,
La sauver des feux des amours,
Mon sang se rapaise tousjours.
Mais autant de fois que j'essaie
D'apaiser le sang de ma plaie,
Mon sang verse de mille endroits,
Verse ma vie autant de fois.

III.

L'astre qui reçoit sa lumiere
Et n'a tousjours la force entiere,
Qui prend des javelotz serrez
Et de la chasse ses delices,
Et qui reçoit pour sacrifices
Cent & cent taureaux massacrez :
Ceste grand' lumiere seconde
S'apelle l'autre ame du monde,
Tesmoigne au front sa pureté :
Sa face delicate & franche
Ne reçoit couleur que la blanche
Pour tesmoing de sa chasteté.
Je voy' sa blancheur qui efface
Les lis cuillés en vostre face
Et le paste teint argentin
Qui se peult comparer encore
Au ciel blanc, premier que l'Aurore
Ait fait incarnat le matin.
Ceste blancheur là est la preuve
De la pureté qui se treuve
En vostre sein, en vostre sang,

Et que le defir de voftre ame
A fenty fans toucher la flamme,
Sans tache, l'amour pur & blanc.
La Lune en fa blancheur eft belle;
La face du Ciel qui eft telle
L'eft auffi, mais huiffez voftre oeil
A choifir le plus delectable,
Car l'Aurore eft plus agreable,
Et plus que l'aube, le Soleil.
L'Aurore a voullu eftre amie;
Le Soleil cent fois en fa vie
A fenty les tretz amoureux,
Sa clarté n'eft caufe premiere,
D'Amour il reçoit fa lumiere,
Comme il la donne aux autres deux.
Le Soleil à la lune ronde,
L'Amour au Soleil & au monde
Donnent la vie & la clarté :
Il eft beau qu'aiez, ce me femble,
Et le foleil & vous enfemble
Mefme caufe à voftre beauté.
Vous aimez mieux, comme je penfe,
La pure que l'impure effence
Et l'acomply que l'imparfait :
La couleur blanche n'eft pareille
A la doree, à la vermeille;
Ny en luftre, ny en l'effet.
Je ne dis pas que la Nature
Vous creant fi belle & fi pure
N'eftoffa d'or voftre beauté,
Mais ell' eft en lingot encore,
Et fi le feu ne la redore,
Son vray luftre luy eft ofté.
Il n'y a point d'autre fournaize,

D'autre orphevre, ny d'autre braize
Que la flamme de l'amitié
Pour mettre en luſtre la nature
Et la faire ſi chere & pure
Que ſon pris croiſtra de moitié.
Laiſſez travailler en vous meſme
Ceſt ouvrier qui de paſle & bleſme
Paindra voſtre lis de couleurs
Qui feront de honte l'Aurore
Se cacher & cacher encore
Le Soleil, les aſtres, les fleurs.
Non, vous verrez fener la roze
Quant voſtre autre beauté decloze
Bravera le ſein de Cloris :
Les fleurs vermeilles periſſantes,
Mortes jalouſes, languiſſantes,
De deſpit perdront les eſpritz.
Le ſerf qui ſoubz voſtre victoire
Eſt enchainé pour voſtre gloire,
Vous voiant ſurmonter ainſi
Tant de captifz de meſmes armes,
En plaiſir changera ſes larmes,
En miel le fiel de ſoucy.
Je voy' voſtre premier eſclave
Qui de ſa perte ſe fait brave
Aiant pour compagnon les Cieux;
Ainſi au vaincu miſerable
La victoire eſt faite agreable
Par le nom du victorieux.
Alors ſon amoureuſe braiſe
Ne ſera que plaiſir & qu'aiſe,
Quant aiant pouſſé tant de vents
Pour mettre le feu en voſtre ame,
Il en verra voller la flamme

Au gré de ses soupirs mouvantz.
Il n'avoit dressé son attente
    Que sur l'amour aspre & constante
    Dont son sens estoit anymé,
    Jugeant que son ardeur divine
    Sacageroit vostre poitrine
    Quant son cueur seroit consomé,
Et qu'alors vos ames pareilles
    Vous feront sentir les merveilles
    De deux cueurs unis en desir,
    Mais vous seulement pourez rendre,
    Quand vous voudrez, vos feuz en cendre
    Et vos attentes en plaisir.

IV.

La preuve d'un' amour non feinte
    Est lors qu'on cherist son ennuy,
    Et quant pour trop aimer autruy
    L'amour de soy mesme est esteinte.
Comment veux-tu, fiere Maistresse,
    Pour le comble de mes travaux
    Faisant deux contraires esgaux,
    Qu'en l'amour j'use de sagesse?
Comment puis-je estre amant & sage,
    Me plaisant à me faire tort,
    Baisant le glaive de ma mort,
    Fuiant le bien pour le dommage,
Trouvant le miel amer & rude,
    Changeant en rage ma raison,
    Ma liberté en la prison
    D'une cruelle ingratitude?
Ainsi tu semble la marastre

D'Alcide le brave & le fort,
Ne voullant, en le voulant mort,
Rougir ses mains de son desastre,
Mais à chasque monstre terrible
  Qui mille hommes faisoit mourir,
  Elle l'envoioit conquerir
La mort & l'honneur impossible.
Tu me veulx contraindre, inhumaine,
  Mettre la glace avecq' l'ardeur,
  T'aimer sans folie & fureur
Pour m'acabler de ceste peine.
Fay' si tu veux de la marrie
  Que j'ayme furieusement :
  Je ne puis, Diane, en t'aimant
Guerir de rage & de furie.

V.

Heureux qui meurt par vostre veuë,
  Bien'heureux qui ce bel oeil tuë :
  O douce mort, o doux ennuy !
Mais bien heureux celui qui tire
  Sa vie d'un si doux martire,
  Qui aimant cest oeil vit par luy !
Car vous portez l'ire & la joye
  Quand un de vos regars foudroye
  Celuy qui s'afronte à voz yeux :
Ainsi que luy vostre œil m'acable
  Et bien que je sois agreable,
  Je n'en emporte rien de mieux.
Mais voulez vous, beauté divine,
  Que l'œil qui guerist & ruine
  Me luyse sans m'exterminer

Et que vous puiſſiez au contraire,
Sans resjouir voſtre adverſaire,
Le choiſir pour le ruiner ?
Departez ceſt effect contraire
De voz yeux, de bien & mal faire,
En deux preſens de voz couleurs :
Donnez à un amant volage
Celles qui porteront dommage,
Et à moy les autres faveurs.
Ce preſent portera voſtre ire :
Vous ferez comme Desjanire,
Au lieu de chemiſe en couleurs
Et ces faveurs ſeront encore
Tels que la boiſte de Pandore
Qui regorgea tant de malheurs.
Alors vous aurez la puiſſance
Du ſallaire de la vengeance.
Celle qui de meſme tourment
Paie le fidelle & le traiſtre
Fait que l'on ayme autant à eſtre
Deſloial que fidelle amant :
Car ces mignons font que j'enrage
Quant, indignes d'avoir un gage,
Sinon celuy là que j'ay dit,
Ils parent leur lance legiere,
Comme leurs cueurs ſur la carriere,
D'un preſent qui n'eſt pas maudit.
Trempe la, ma Deeſſe humaïne,
Dedans la rive Stigienne
Et dedans le ſang d'un corbeau,
Afin qu'il ruine & qu'il tuë
Celui qui portera en veuë
Pour une faveur un cordeau.
Madame, que voſtre œil delivre

L'autre vertu qui me fait vivre
Aux gages de voſtre amitié,
Et que ma main en eſtant ceinte
Ne tremble plus deſſoubz la crainte
De voſtre imploiable pitié.
Ainſi quant la terre enyvree
De pleurs remarque ſa livree
Au bras du ciel plus gratieux,
A trois couleurs a ſouvenance
Que c'eſt l'eſcharpe d'alliance
Et de la promeſſe des Dieux.
Appaiſez les pleurs & la pluie
Et les deluges de ma vie;
Et nouez à trois neuz ſur moy
Une marque ſi bien pliee
Que jamais ne ſoit deſnouee
Q'avecques le neud de ma foy.
Alors ſans varier, ma lance
Puiſſante de voſtre puiſſance
Sur tous emportera l'honneur;
Sa mire ſera voſtre veuë,
Ses chiffres le nom qui me tuë,
Et ſon arreſt voſtre faveur.

VI.

Ainſi l'Amour & la Fortune,
Tous deux cauſes de mes douleurs,
Donnent à mes nouveaux malheurs
Leur force contraire & commune;
Ainſi la Fortune & l'Amour
D'une force unie & contraire
Veullent advancer & diſtraire

Mes rages & mon dernier jour.
Tous deux pour voller ont des aelles,
Aveugles des yeux, des defirs,
De tous deux les jeux, les plaifirs
Sont paines & rages cruelles :
Ilz ne s'abreuvent que de pleurs,
N'aiment que les fers & les flammes,
N'affligent que les belles ames,
Ne bleffent que les braves cueurs.
La Fortune eft femme ploiable,
L'Amour un defpiteux enfant,
L'une s'abaiffe en triumphant,
L'autre eft vaincueur infuportable,
L'une de fa legereté
Change au plaifir le grand defaftre,
Et l'autre n'a opiniaftre
Plus grand mal que la fermeté.

VII.

Soubs la tremblante courtine
De ces beffons arbriffeaux,
Au murmure qui chemine
Dans ces gazouillans ruiffeaux,
Sur un chevet touffu efmaillé des couleurs
D'un million de fleurs,
A ces babillars ramages
D'ofillons d'amour efpris,
Au flair des rofes fauvages
Et des aubepins floris,
Portez, Zephirs pillars fur mille fleurs trottans,
L'haleine du Printemps.
O doux repos de mes paines,

Bras d'yvoire pottelez,
O beaux yeulx, claires fontaines
Qui de plaisir ruisselez;
O giron, doux suport, beau chevet esmaillé
A mon chef travaillé!
Vos doulceurs au ciel choisies,
Belle bouche qui parlez;
Sous vos levres cramoysies
Ouvrent deux ris emperlez;
Quel beaulme precieux flotte par les zephirs
De vos tiedes souspirs!
Si je vis, jamais ravie
Ne soit ceste vie icy,
Mais si c'est mort, que la vie
Jamais n'ait de moy soucy:
Si je vis, si je meurs, ô bien heureux ce jour
En paradis d'amour!
Eh bien! je suis content de vivre
Et ma peine est lors plus cruelle
Quand plus d'elle je suis delivre,
Pourtant je vis de tout mon heur;
C'est que ma joye est lors plus belle
Plus je fais vivre ma douleur,
Plus ma peine accroist ma pensee;
Me flatte, me plaist & m'atire;
Mais lors mon ame est courroucee
Quand mon cœur s'estonne pour eux;
Et quand je sens plus de martire
Que je n'ay le cueur amoureux.
Vostre œil, vostre beaulté, Madame,
A vaincu mes forces, de sorte
Qu'au feu de l'amoureuse flamme
Ma perte s'allume & s'estaint :
En moy la mort se trouve morte

Et mon ame plus ne la craint.
Ainſi d'une cauſe ſi bonne
 Ma peine n'eſt plus inhumaine,
Si non quand moins votre œil m'en donne;
Et pour la fin de mes ennuys
L'ame eſt friande de ma peine,
 Le corps laſſé dict : Je ne puis[1].

VIII.

En voyant voſtre beau pourquoy n'ay je pas veu,
 Pourquoy en vous craignant mon ame ſi craintive
 N'a cogneu que l'eſclair d'une blancheur ſi vive
  N'eſtoit rien que neige, que feu?
Que mon cueur perdit bien par les yeux la raiſon,
 Prenant la vie eſclave & delaiſſant la franche,
 Car il vit voſtre gorge & ſi belle & ſi blanche
  Qu'il en fit ſa belle priſon!
La neige vous ſiet bien, & non pas la froideur :
 Neige qui as couvert le ſein de ma divine,
 Poſſede le deſſus de ſa blanche poitrine,
  Mais ne touche point juſqu'au cœur!
N'abandonne ce cœur, belle & vive clairté
 Qui rend de ce beau feu la blancheur vive & claire,
 Enclos ce qui me bruſle & non ce qui m'eſclaire,
  La flamme & non pas la beaulté.
Gorge de laict, mon œil de ta neige eſt friant,

---

1. Ces quatre dernieres ſtrophes ſont marquées à la marge du manuſcrit d'un ſigne, d'une ſorte d'accolade. L'auteur veut-il dire : à ſupprimer? On voudrait le croire, mais ce n'eſt là qu'une conjecture. Ce ſigne ſe retrouve encore devant quelques pages ou quelques ſtrophes.

Beau feu, dans ce beau sein tiens les flammes encloses.
Malitieux Amour qui de lis & de roses
M'apreste la mort en riant.

IX.

Bergers qui pour un peu d'absence
 Avez le cueur si tost changé;
A qui aura plus d'inconstance
 Vous avez, ce croi' je, gagé;
  L'un leger & l'autre legere;
  A qui plus volage sera :
  Le berger comme la bergere
  De changer se repentira.
L'un dit qu'en pleurs il se consume.
 L'autre pence tout autrement,
 Tous deux n'aiment que par coutume.
 N'aimant que leur contentement,
  Tous deux, comme la girouette,
  Tournent poussez au gré du vent;
  Et leur amour rien ne souhaitte
  Qu'à jouir & changer souvent.
De tous deux les caresses feintes
 Descouvrent leur cueur inconstant,
Ilz versent un millier de plaintes
 Et le vent en emporte autant;
  Le menteur & la mensongere
  Gagent à qui mieux trompera!
  Le berger comme la bergere
  De changer se repentira.
Ils se suivent comme à la trace
 A changer sans savoir pourquoy;
Pas un des deux l'autre ne passe

D'amour, de conſtance & de foy.
Tous les jours une amitié neufve
Ces volages contentera,
Auſſi vous verrez à l'eſpreuve
Que chacun s'en repentira.
De tous deus les promeſſes vaines
Et les pleurs verſez en partant
N'ont plus duré que les haleines
Qui de la bouche vont ſortant :
Chaquun garde ſon avantage
A fauſſer tout ce qu'il dira,
Et chaquun de ce faux langage
A ſon tour ſe repentira.

X.

Triſtes amans, venez ouyr
Un cueur priſonnier ſe jouyr
Livré en ſa cheſne cruelle
Par les yeux trop promptz & hardis,
Mais ſa priſon n'eſt criminelle,
[Car] il en faict ſon paradis.
Bien que ſoubz les loix d'un vainqueur
Il ſouffre aux pieds d'un autre cueur,
Qu'eſclave & que ſerf on l'apelle,
Il eſt ſi doucement traité
Et ſa ſervitude eſt ſi belle
Qu'il mepriſe la liberté.
Bien qu'il endure là dedans
Mille & mille flambeaux ardans
Qu'on voit à l'enfleure jumelle
Qui s'enfle de ſes doux ſoupirs,
Sa flamme & ſa mort eſt ſi belle

Qu'il se met au rang des martirs.
D'un sein d'albastre si polly
Il voulut estre ensevelly,
Et en sa prison eternelle
Heureux il confine ses jours,
Chantant que sa prison est belle
Puisqu'il a de belles amours.

A. D.

XI.

Voilà une heure qui sonne!
   Debout, laquais, qu'on me donne
   Mon papier pour y vomir
   Une odelette lirique
   Qui me chatouille & me pique
   Et m'empesche de dormir.
Chenu hault, Chenu en place,
   Debout, marault, qu'on me face
   Merveilles de cest outil :
   Desrobe une flamme claire
   Et un vulcan qui m'esclaire
   Du ventre de ce fuzil.
Voi' tu la trongne de l'homme
   Volussien, voi' tu comme
   Il a un des ieux petit?
   L'amour chault qui me consomme
   N'empesche à ce gentil homme
   Le dormir ny l'apetit.
Metz là dessoubz ce gros livre :
   Ce filz de putain est yvre!
   Hai! au pied recouche toy.
   Qu'il se donne de malaise!

Va, que tu puiſſe à ton aiſe
 Dormir pour toy & pour moy.
Cependant que tu mignarde
 Une corde babillarde
 Du pouce & d'un autre doit,
 Je veus ſavoir de ma Muſe
 Que jamais je ne refuſe
 Que c'eſt qu'elle demandoit.
Fay' que mes eſpritz fretillent
 Autant de coups que babillent
 Les tremblemens amoureux
 Qui folaſtrent ſur ta chorde :
 Mon ſecond, ainſi mon ode
 Sera fille de nous deux.
Nicollas endort ſa paine
 Et pouſſe avecq' ſon halaine
 Ses affaires & l'ennuy
 De ſa teſte enſommeillee,
 Tandis ma Muſe eveillee
 Se reſouvenoit de luy.
Nicollas, j'aime & j'adore
 Quiconque ayme & qui honore
 Et les vers & les eſcritz
 Et les ſciences aymees
 Qui feront leurs renommees
 Vivre autant que les eſpritz.
Je ne ſuis pas de la troupe
 Qui peult faire à plaine coupe
 Carroux du Nectar des cieux,
 Mais je contrefais leurs geſtes
 Et pour ivrogner leurs reſtes
 Je porte un livre aprés eux.
Je congnois ma petiteſſe,
 Ce qui fait que je m'abaiſſe

Sans trop avoir entrepris
Si trés penault de mes fautes
Que jamais les choses hautes
Ne transporterent mes escritz.
Pendant que Ronsard le pere
Renouvelle nostre mere
Et que maint cher nourrisson
Des filles de la Memoire
Sur le temps dresse sa gloire,
Je barbouille à ma façon,
Et n'ayant rien que te dire,
Je m'esveille pour escrire
Sans autre disposition
Que les premieres pensees
Que la nuit m'a tracassees
En l'imagination.
Il est vrai, comme je pence,
Si j'avois la patience
D'estudier une heure au jour,
Une heure seulement lire,
J'acorderois bien ma lire
A la guerre & à l'amour.
Jà dix ans & davantage,
Dont je ne suis pas plus sage,
Ne m'ont proffité de rien,
Se sont escoulez à rire,
C'est pourquoy l'on me peut dire
Qu'il y paroist assez bien.
Encores si ma folie
Entroit en melancholie
Et, pour se faire priser,
Vouloit devenir plus grave :
Je sais bien faire le brave
Pour m'en immortalizer.

Pour faire bruire une guerre
Qu'eurent les filz de la Terre
Contre les fouldres des Dieux,
En mes termes de folie
Je dirois qu'en Theffalie
Ils efcaladoient les Cieux.
[D]'un alexandrin plein d'erres,
De guerres & de tonnerres,
Et d'un difcours enragé
Je peindrois bien une noife,
Car je fay qu'en vault la toife,
Je n'en ay que trop mangé!
J'ay aidé, quoy que je die,
A jouer la tragedie
Des François par eux deffaitz;
Page, foldat, homme d'armes
J'ay tousjours porté les armes
Jufqu'à la feptiefme paix.
A Dreux, bataille rangee,
En Orleans affiegee,
Laiffant le dangier à part,
Dans le camp & dans la ville
J'apprins du foldat le ftille
Et les vocables de l'art.
Mais depuis avecq' mon aage
M'eftant acreu le courage,
Venu plus grand & plus fol,
Jeune d'aage & de fens jeune,
J'ay brufqué cinq ans fortune,
L'arquebuze fur le col.
Puis j'en paffay mon envie
Et quictay l'infanterie
Pour eftre homme de cheval,
Et, jamais las d'entreprendre,

Encor' me falut aprendre
Que c'est du combat naval.
Ma nature y fut mal faite,
Ma gorge y fut tousjours nette,
Encores vis je la mer
Brufler trois fois en ma vie,
Branfler de coups eftourdie
Et les canons l'entamer.
L'ame fervit la pratique
Et l'art & la theorique,
Et des fixes & du Nord
J'enquerois mon aftralabe
Et le bafton de l'Arabe
De l'un & de l'autre bord.
Cela me donne courage
De prendre un plus hault ouvrage
Et d'efforer mes efpris :
Comme de trop entreprendre,
On me peult auffi reprendre
D'avoir trop peu entrepris.
J'ay encores eu umbrage,
Tout ainfi qu'un vain nuage,
Et des langues & des artz,
Sans que je me veille rendre
Ou impoffible à reprendre,
Ou parfait de toutes partz.
Celuy n'eft parfait poëte
Qui n'a une ame parfaite,
Et tous les ars tous entiers,
Et qui pourroit en fa vie
Gaigner l'enciclopedie
Ou efprouver tous meftiers.
Bafte! j'efcris pour me plaire :
Si je ne puis fatisfaire

A un plus exact defir,
Amufant pour entreprendre
Quelque fot à me reprendre,
Je me donne du plaifir.
J'ayme les badineries
Et les folles railleries,
Mais je ne veux pas avoir
Pour veiller à la chandelle,
La renommee immortelle
D'un pedantefque favoir.
Nicollas, tes ferpelettes,
Tes vendangeurs, tes fornettes,
Refonnent à mon gré mieux
Que ces rimes deux fois nees
Et ces frazes fubornees
D'un Petrarque ingenieux.
Car de quelle ame peut eftre
Ce que l'on fait deux fois naiftre
Par le faux pere aprouvé :
Comme la poule pourmeine,
Non le poulet qu'elle ameine,
Mais celluy qu'elle a couvé.
C'eft beaucoup de bien traduire,
Mais c'eft larcin de n'efcrire
Au deffus : traduction,
Et puis on ne fait pas croire
Qu'aux femmes & au vulgaire
Que ce foit invention.
Ce n'eft pour toucher perfonne,
Mais ma Mufe ne bordonne
Ce que nous difions hier ;
Si lifant tu t'efmerveille
Que c'eft tout cecy, je veille
Et j'ay peur de m'ennuyer.

Le dormir revenu presse
  Mes yeux pesans de paresse,
  Les pique & ferme à demy;
  Et la main esvanouie
  Du cousin est endormie
  Dessus son luth endormy.

XII.

Au temps que la feille blesme
  Pourrist languissante à bas,
  J'allois esgarant mes pas
  Pensif, honteux de moy mesme,
  Pressant du pois de mon chef
  Mon menton sur ma poitrine,
  Comme abatu de ruine
  Ou d'un horrible meschef.
Aprés, je haussois ma veuë,
  Voiant, ce qui me deplaist,
  Gemir la triste forest
  Qui languissoit toute nuë,
  Veufve de tant de beautez
  Que les venteuses tempestes
  Briserent depuis les festes
  Jusqu'aux piedz acraventez.
Où sont ces chesnes superbes,
  Ces grands cedres hault montez
  Quy pourrissent leurs beautez
  Parmy les petites herbes?
  Où est ce riche ornement,
  Où sont ces espais ombrages
  Qui n'ont sçeu porter les rages
  D'un automne seulement?

Ce n'est pas la rude escorce
  Qui tient les trons verdissans :
  Les meilleurs, non plus puissans,
  Ont plus de vie & de force.
  Tesmoin le chaste laurier
  Qui seul en ce temps verdoie
  Et n'a pas esté la proie
  D'un yver fascheux & fier.
Quant aussi je considere
  Un jardin veuf de ses fleurs,
  Où sont ses belles couleurs
  Qui y florissoient naguere,
  Où si bien estoient choisis
  Les bouquets de fleurs my esclosés,
  Où sont ses vermeilles roses
  Et ses oillets cramoisis?
J'ai bien veu qu'aux fleurs nouvelles,
  Quant la rose ouvre son sein,
  Le barbot le plus villain
  Ne ronge que les plus belles :
  N'ay je pas veu ses teins vers,
  La fleur de meilleure eslitte,
  Le lys & la margueritte,
  Se ronger de mille vers?
Mais du myrthe verd la feuille
  Vit tousjours & ne luy chault
  De vent, de froit, ny de chault,
  De ver barbot, ny abeille :
  Tousjours on le peut cuillir
  Au printemps de sa jeunesse,
  Ou quant l'yver qui le laisse
  Fait les autres envieillir.
Entre un milion de perles
  Dont les carquans sont bornez

Et dont les chefz sont ornez
De nos nymphes les plus belles,
Une seulle j'ay trouvé
Qui n'a tache, ne jauniſſe,
Ne obscurité, ne vice,
Ni un gendarme engravé.
J'ay veu parmi noſtre France
Mille fontaines d'argent,
Où les Nymphes vont nageant
Et y font leur demourance ;
Mille chatouilleux Zephirs
De mille plis les font rire :
Là on trompe son martire
D'un milion de plaisirs.
Mais un aspit y barbouille,
Ou le boire y eſt fiebvreux,
Ou le crapault venimeux
Y vit avecq' la grenoille.
O mal aſſiſe beauté !
Beauté comme miſe en vente,
Qvand chaſcun qui ſe preſente
Y peut eſtre contenté !
J'ay veu la claire fontaine
Où ces vices ne sont pas,
Et qui en riant en bas
Les clairs diamens fontaine (ſic) :
Le moucheron ſeulement
Jamais n'a peu boire en elle,
Auſſi ſa gloire immortelle
Floriſt immortellement.
J'ay veu tant de fortes villes
Dont les clochers orguilleux
Percent la nuë & les cieux
De piramides ſubtiles,

La terreur de l'univers,
Braves de gendarmerie,
Superbes d'artillerie,
Furieuses en boulevers (fic) :
Mais deux ou trois fois la fouldre
Du canon des ennemis
A ses forteresses mis
Les piedz contremont en pouldre :
Trois fois le soldat vengeant
L'yre des Dieux alumee,
Horrible en sang, en fumee,
La foulla, la sacageant.
Là n'a flory la justice,
Là le meurtre ensanglanté
Et la rouge cruauté
Ont heu le nom de justice,
Là on a brisé les droitz,
Et la rage envenimee
De la populace armee
A mis soubz les pieds les loix.
Mais toy, cité bien heureuse
Dont le palais favory
A la justice cheri,
Tu regne victorieuse :
Par toy ceux là sont domtez
Qui en l'impudique guerre
Ont tant prosterné à terre
De renoms & de beautez.
Tu vains la gloire de gloire,
Les plus grandes de pouvoir,
Les plus doctes de savoir,
Et les vaincueurs de victoire,
Les plus belles de beauté,
La liberté par la crainte,

L'amour par l'amitié fainte,
Par ton nom l'eternité.

XIII.

EPITALAME.

Debout filles, qu'on s'apprefte,
  L'Aurore leve la tefte
  Pour efpanouir le jour,
  Pour facrer une journee
  A l'amour, à l'hymenee,
  A l'himenee, à l'amour!
Yo! du jour l'aventuriere
  Saulte, folaftre, legere,
  Sur fon char doeillet, vermeil,
  J'ay ainfi, Nimphe, ordonnee
  A l'amour, à l'hymennee
  Auffi belle, un fault pareil.
Tu n'as plus toft delaiffee
  La place où la nuit paffee
  Ton cors douillet a dormy,
  Au moins dormy, fi cefte ame,
  Qui d'un bien prefent fe pafme,
  Ne l'efveilloit à demy.
Du ciel aftre de ta grace
  Et du vermeil de ta face
  Le ciel mefme rougira,
  De tes beautez demy nuës
  Jufqu'aux plus efpaifes nuës
  Un fecond jour reluira.
Ce taint qui ton front decore
  Nous fervira bien d'aurore.

Et la clarté de ton œil
Et tes temples encheries
De feuz & de pierreries
Feront cacher le soleil,
Car deux soleilz, ce me semble,
Ne sauroient regner ensemble,
Si d'un accord gratieux
Tu ne prens icy ta place
Pour laisser luire de grace
Le blond Apollon es Cieux.
J'entens fraper à la porte
Ton bien aimé qui t'aporte
Le mot, l'effait d'un bon jour :
Avecq' ce bon jour, mignonne,
Il ne ment point, il te donne
Les fruitz d'himen & d'amour.
Io! telle vermeille honte
Ton beau visage surmonte
Que les clairs nuages ont
Quand ilz meuvent de leur place,
Pour avoir feu face à face
Du soleil l'or & le front.
Dieux! que de beautez doublees,
Que de vertuz acouplees,
Amant, cent fois bien heureux,
Possedant telle maitresse!
O bien heureuse Deesse
Possedant tel amoureux!
Cependant que la journee
Est au combat destinee,
Aux tournois, au bal, aux jeuz
Et à tout bel exercice
Ennemy mortel du vice,
Fi du repos paresseux!

Pendant que la fiere adreſſe
 D'un gendarme par la preſſe
 Met d'autres armes à bas,
 Cependant qu'un autre encore
 De belles cources honore
 Les lices & les combatz,
Dames, donez quelque gage;
 Pour redoubler le courage
 Et les forces & les cueurs
 D'une autre muette bande
 Qui ſans parler, vous demande
 Vos graces & vos faveurs.
Ce pendant qu'à capriolles
 Voltigent les jambes folles
 Des amoureux ſans repos,
 Et qu'on voit naiſtre en la place
 Ceux qui ont meilleure grace
 Et ceux qui ſont plus diſpos,
Tandis que mille careſſes
 Mille ſerfz, mille maitreſſes
 Ne font naufrage du temps,
 Les uns triſtes ſe deſolent,
 D'autres contens ſe conſolent,
 Et aucuns ne perdent tems :
Des champions d'ymennee
 L'ame eſt ailleurs adonnee,
 Leurs deux yeux rompent le boys;
 Leurs eſpritz ſont en carriere,
 Leur ame dance legere,
 Ilz diſcourent ſans la voix.
Or quelque bal qui ſe trace,
 Quelque lice qui ſe face,
 La victoire de ce jour
 Eſt à celuy là donnee

  Qui es cendres d'himennee
  Confomm' au jourdhuy l'amour.
C'eft affez prouvé l'adreffe,
  La vertu & gentilleffe
  Et des cors & des efpris :
  Au coucher, que la journee
  Trop longue eft bien ordonnee
  A d'autres coups entrepris!
L'eftoille du ciel plus claire
  Qui fe couche la premiere
  Donne le plus de clarté,
  Et me femble, à voir fa face,
  Qu'une undelette fe trace
  Sur le lis de fa beauté.
Je voy tremblotter fa bouche :
  Ha! c'eft qu'elle craint la touche
  De ce brave combatant :
  Si fault il les laiffer faire,
  Crains tu un doux adverfaire
  Qui te craint & t'aime tant?
Tu te trompes, car tes larmes
  Ne font pas mourir fes armes,
  Ce beau vermeil & ce blanc
  Croiffent fon cueur & fa gloire
  Et il n'eft belle victoire
  Que par la perte de fang.
Va t'en, Nimphe bienheuree,
  Souffrir conftante, affeuree,
  Par tel la plaie du jour
  Et la plaie d'himenee,
  A qui tu avois donnee
  L'autre plaie de l'amour.

XIV.

Non, non, je veux vivre autant
  Comme vivra ta rigeur,
  Mourir vaincueur & contant
  De ton yre & mon malheur.
Je ne crains pas que l'effort
  D'un dart me face mourir,
  Mais j'ay bien peur que la mort
  M'empesche de plus souffrir :
Car l'aigreur de ton courroux
  M'est plus douce que le miel,
  Et cela me semble doux
  Qui aux autres est du fiel.
Les injustes cruautez,
  Les jeux qui me font mourir,
  Les orguilleuses beautez
  Ne m'ont lassé de souffrir.
Soit le mal, ou soit le bien,
  Je l'aime en venant de toy :
  Ton yre n'emporte rien
  Qui ne soit trop doux pour moy.
Je succe le demourant
  De mes tourmans inhumains,
  Je me plais en endurant
  Les coups de tes blanches mains.
Mais pourtant retire un peu
  Tes poignans ensanglantez,
  Et fay' plus durer le feu
  De tes douces cruautez,
Car je veux soufrir tousjours,
  Je ne vis que de douleurs :

Que je baigne mes amours
Dans les ruisseaux de mes pleurs !
Ceux qui lassez de souffrir
Et lassez d'une beauté
Se veullent faire mourir
D'un courroux ensanglanté,
Ceux là n'ont jamais aimé
Les maux & la passion,
Ilz ont le doux estimé
Et fuy l'affliction.
Car qui ayme pour jouir
D'un heureux contentement,
Il n'aime que son plaisir
Et ne fuit que son tourment.
De soupirs & de douleurs
L'amour nous esmeut le flanc,
L'amour s'abreuve de pleurs
Et soulle sa faim de sang.
Celuy qui aime le doux
Et craint de gouster l'amer
Et qui meurt pour un courroux,
Comment pourroit-il aimer ?
Celuy là ayme le mieux
Qui vit afin d'endurer,
Sans esperance de mieux,
Esperant sans esperer.
O amans ! fouz d'estimer
Mourans pouvoir trouver mieux,
Si vous souffrez pour aimer,
Que peut la mort sur les Dieux ?
Jamais l'amour ne perist,
Et nostre malheur est tel
Que l'amour loge en l'esprit,
Et l'esprit est immortel.

Doncq' faire mourir le cueur
Et faire l'ame endurer,
C'eſt aider le malfaiteur
Et l'innocent martirer.

XV.

Tes yeux vaincueurs & languiſſans,
Tes ris de perles floriſſans,
Ta joue & ta bouche de roʒes
Me bruſlent ainſi peu à peu
Que ſans les pleurs dont tu m'arroſes,
Je fuſſe en bluette de feu.
Je ſuis noié de tant de pleurs
Que ſi tes yeux doux & vaincueurs,
Si ta joue & ta bouche encore
N'euſſent eſpris de leurs flambeaux
En moy le feu qui me devore,
Je ſerois fondu en ruiſſeaux.
Ainſi telʒ remedes cruelʒ
Font mes feux, mes pleurs immortelʒ :
Las! de quelle ſorte d'offence
Ay je peché pour tant ſouffrir?
Que ce ſoit peu de penitence
Pour me faire une fois mourir.

XVI.

Vous dites que je ſuis muable,
Que je ne ſers pas conſtemment,
Comment pourrois je ſur le ſable
Faire un aſſeuré fondement?

Vous babilleʒ de ma froidure
  Et je fuis de feu toutefois :
  Le feu eft de telle nature
  Qu'il ne peut brufler fans le bois.
Comment vouleʒ vous que je face?
  Mon ardeur en vous trouve lieu,
  Le feu n'embrafe point la glace,
  Mais la glace amortift le feu.
Tel eft le bois, tell' eft la flamme,
  Telle beauté & telle ardeur :
  Le cors eft pareil à fon ame,
  A la dame le ferviteur.
Vouleʒ vous donc favoir, rebelles,
  Qui a noié tant de chaleurs
  Et tant de vives étincelles?
  Ce font les ruiffeaux de mes pleurs.
On fe moque de ma mifere
  Quant j'aime affectueufement,
  Et on me tourne à vitupere
  Quant je metʒ fin à mon torment.
[Vous] voudrieʒ bien que j'aimaffe
  Pour vous fervir de paffe temps,
  Vraiment vous aurieʒ bonne grace,
  Friande, vous aurieʒ bon temps.
Vous m'aveʒ fait perdre courage
  D'aymer, en m'accablant d'ennuis :
  Ne blafmés donq' point voftre ouvrage,
  Vous m'aveʒ fait tel que je fuis.

XVII.

A ce boix, ces pretʒ & ceft antre
  Offrons les jeux, les pleurs, les fons,

La plume, les jeux, les chanſons
D'un poete, d'un amant, d'un chantre.
Liſez, prenez, enflez des trois,
 Muſes, Nymphes & vous Echos
 Des bois, des pretz, & des rocs,
 Les vers, les larmes & la voix.

XVIII.

Il te fault oublier, ma plume,
 Et ta nature & ta coutume,
 Et fault maugré toi deſguiſant
 Ceſte douceur acoutumee,
 En bruire une ode envenimee
 Du bref yambe mediſant.
Car tu n'eſpancherois ton yre
 Meſdiſant que ſur le meſdire,
 Deſſus la fureur ton deſpit,
 Deſſus le lion ta proueſſe,
 Deſſus le renard ta fineſſe
 Et ton venin ſur un aſpit.
Je me deſplais quant par contrainte
 Il fault que ma peine ſoit teinte
 Au ſang d'un venimeux ſerpent,
 Comme celuy qu'un crapaut fache,
 Quant des piedz la teſte il luy cache,
 Il s'envenime en le crevant.
Pourtant ſi je hay le meſdire,
 Ce n'eſt pas, meſdiſante, à dire
 Que tu meſdies impunement :
 On medit en louant le vice,
 Celuy qui blaſme la juſtice
 Il meſdit auſſi, car il ment.

Ceſte juſtice au ver de terre
  A permis de faire la guerre
  A celuy qui le va foulant,
  Moy je ne veux que la parolle
  Pour chaſtier un peu la folle
  Qui ne m'a faſché qu'en parlant.
Mon Dieu, quelle cruelle injure
  Cette petite creature
  Trouva aprés un bon repas !
  Soulle, yvre comme une chouette,
  Elle dit que j'eſtois un poete,
  Et je dis qu'elle ne l'eſt pas.
Mais encore luy veux j'aprendre
  Au moins, s'elle peut le comprendre,
  Comment on doibt nommer chacun,
  Et quant par le meſtier on nomme
  Plus toſt que par le nom un homme,
  Que ce ſoit pour le plus commun.
Je n'ay pas tousjours fait des carmes,
  J'ay eſté ſoldat, homme d'armes,
  Enfurché ſur un grand courcier
  Qui eſtonnoit tout un village.
  Tu me penſois plus d'adventage
  De gendarm' ou arquebuzier.
Puiſque j'ay doncq' gaigné ma vie
  Pauvre ſoldat de compaignie,
  Tu pouvois, ſans m'injurier
  D'une ſi trés piquante injure,
  Me baptiſer, petite ordure,
  Argolet ou arquebouzier.
Il euſt eſté plus convenable
  Faire d'une eſcurie eſtable,
  Et me reprochant le fumier
  De noſtre royalle eſcurie,

Dire que j'y gagne ma vie
Et dire : Monsieur l'Escuier!
Mais si vulgairement on nomme
Soit une fille, soit un homme,
Par le mestier le plus certain,
Dame! il faudra que je t'appelle
Ou madame la maquerelle,
Ou pour te complaire, putain.
Tu as bien vescu quelque annee
N'estant que fraiche abandonnee,
Donnant de ton cors passe temps;
Mais depuis ta seconde couche
Que personne plus ne te touche,
Tu produis à dix sept ans.
C'est sans injure & sans cholere,
Je t'eusse bien nommé lingere,
Car comme j'ayme bien les vers,
Tu aimes bien la lingerie,
Mais tu n'en gagnes pas ta vie
Si bien que du luc à l'envers.
Tu pouvois nommer sans reproche
Ce joueur de lut qui t'acroche
Ou ce baladin qui ravit
En te montrant ton pucelage
Du nom dont chacun tire gage
Et du mestier dequoy il vit.

XIX.

D'une ame toute pareille
Furent honorez nos cors,
Car tu veille si je veille,
Et j'ay sommeil si tu dors.

Rien que la vertu n'assemble
Et nos desirs & nos veux
Qui ne soupirent ensemble
Rien qui ne soit vertueux.
Une envie porte envie
A ces deux conformitez
Et ne peut rendre sa vie
Pareille à nos voluntez.
La ver u nous a fait faire
L'union qui luy desplaist,
Si elle ayme son contraire,
Vous pouvez pencer que c'est.

XX.

Que je te plains, beauté divine!
Ha! que ta fortune est maligne,
Ha! que ton sort est malheureux;
Ha! qu'inhumains te sont les Cieux
Et le destin qui vous assemble,
Le clair jour & la nuit ensemble,
Le fier, le faux, l'aveugle sort
Qui met la vie avecq' la mort!
Enragee, aveugle Fortune
Qui met ceste vieille importune
Sur les tallons de ma beauté!
Comme en un pais surmonté
On met les garnisons cruelles,
On y bastit des citadelles,
Et de mille autres inventions
On y fait mille extorsions.
Le jour t'est plain de fascherie
Pour la fascheuse compagnie

De ce vieux serpent plain d'effroy
Que tousjours on couple avec toy,
Qui en grondant deffend ta porte
Des pestes d'une alene forte,
Sur le seuil de l'uis enbrené,
Comme un vieux barbet enchaisné.
Ainsi tu es une Andromede,
Et si je ne trouve remede
Pour te delivrer, tu seras
A tout jamais entre les bras
De ce morce marin pressee,
Mais je veux estre ton Persee
Et faire ce monstre nouveau
Trebucher un jour dedans l'eau.
Elle fait, mon ange dyvine,
En ton cabinet sa cuisine
Et fait d'un mesme cabinet
Et sa cuisine & son retrait.
Là vous voiez par ordonnance
Chopines, jambons de Mayance,
Formages & vous voiez là
La quinte essance de cela.
Mais si tost que la nuit s'approche,
L'ire, l'injure, le reproche
Poussent du gosier son venin
Parmy les vapeurs de son vin :
Dans le lit lui fault la parolle,
Les mains en sa profiterolle,
Et en rottant neuf ou dix fois
Finit le banquet & la-vois.
Lors de poudre de cypre & d'ambre,
En un petit coin de la chambre,
Ma mignonne de doitz mignons
Couvre ses cheveux fins & blons,

Et puis si tost quelle a mangee
Sa cuillerette de dragee,
Soupirant trois fois son malheur,
Par force aproche son horreur.
Là, ma vieille truie endormie
Croise la place de ma mye,
Et a dessus son oreiller
Son cul qu'on ne peut reveiller :
L'horreur de l'une & l'autre fesse
Fait si grand peur à ma maitresse
Qu'elle choisist en quelque coin
Son adventage le plus loin.
Elle veille avecq' son martire,
Et son petit cueur lui soupire
Et dit en destournant son œil :
Ce n'est pas icy mon pareil.
L'autre charrette mal graissee
Ronfle & n'a rien en sa pensee
Que les vins [ou] mauvais ou bons,
Les cervelais ou les jambons.
Or tout cela n'est rien encore
Qui ne voit au point de l'aurore,
Si tost que le jour est venu,
Dormir l'un & l'autre corps nu :
L'un à qui par trop la nuit dure
Des piedz pousse la couverture,
L'autre par l'indigestion
Tormente sa collation.
La douce blancheur de ma mye,
Et non son ame est endormye,
Et le plus souvent ses cheveux
Sont desployés sur les linceux,
Flottans à tresselettes blondes,
Comme au gré des zephirs les ondes,

Et ne souffrent d'autres odeurs
Que celles du baume & des fleurs.
L'autre a la perruque taigneuse
D'une acquence faryneuse,
Un combat dessus & dessoubz
De punaises avecq' les pous :
Tout grouille & tout cela s'assemble,
Et tout ce gros amas resemble
Au poil d'un vieux barbet croté,
Au fruit d'un serpent avorté.
Qui voit les yeux de ma mignonne,
Lorsque sa paupiere besonne
Et ses petis bors bien couvers
Les fait desirer estre ouvers,
Qui voit sa bouche vermellette,
De ses dens la blanche rangette,
Tout cela ne semble point mal
Aux perles dessoubz le coural.
Auprés les paupieres fermees
De la vieille où les araignees
Ont fait leurs nidz depuis le soir,
On a l'odeur de l'entonnoir
De sa gueule pasle & pourrie
Que mille chancres ont fletrie,
Et la chassie de ses yeux,
Et l'egout de son nez morveux.
Considerez pour un martire
Un petit teton qui soupire,
Qui s'enflant repousse orguilleux
De deux bons pouces les linceux,
Une main s'estend my fermee
Sur la cuisse la mieux aymee,
Et dedans l'entre deux du sein
Se loge une autre blanche main.

Pour oreiller on voit la beste
Qui met un testin soubz sa teste,
Qui grouille ainsi en se mouvant
Qu'une cornemuze sans vent,
Sur la peau de l'autre tetace
Un matin se couche en la place,
Et en sort pour le paindre tout
Un flus d'apostume du bout.
Ma fillette monstre sa hanche,
Et un peu de sa cuisse blanche
Plus que lis, que neige & satin,
Et ses tetons sur le matin
Ont passé le bout de sa couche.
Helas! qui retiendra sa bouche,
Pour en la trompant doucement
Le baiser cent fois en dormant!
Ce cul ridé à ma maitresse
Imprime, touchant à sa fesse,
Mille coches en un monceau
De gringuenaudes de pourceau
Grousses comme grosses sumees,
Mille mouches empoisonnees,
Et le plus patient esprit
Y mettroit le feu par despit.
Mais ma mignonne cache encore
Ce que je cache & que j'honore,
Et qui, sans nommer, est au flanc
Environné de cotton blanc,
Comme un petit bouton de roze
Non encor à demy descloze.
Mais j'en parle sans avoir seu,
Elle mesme ne l'a pas veu,
Ouy bien les barbes entrassees,
Et mille peaux repetassees,

Et je ne fais quoy de couleur
De vieux codinde en fa chaleur.
Une plaie & une favatte
De boyaux pendant, une ratte
Et deux feuilles rouges de chous
Qui luy barbouillent les genous.
Fuions, la villaine ha voymie
Sa gorge auprés de mon amie
Où un amas rouge de vin
Fait baller la chair & le pain
Comme un porceau dedans la boue :
Là dedans la vieille fe jouë,
Et en la mefme fauce qu'on met
En Allemagne un vieux brochet.
C'eft ainfi que fortune affemble
La Gorgonne & Venus enfemble.
Ainfi le miferable fort
Mefle la vie avecq' la mort.
Que je te plains, beauté divine
Et que ta fortune eft maligne !
Ah, qu'inhumains te font les Cieux !
Ah, qu'inhumains te font les Dieux !

XXI.

Ceulx là qui aiment la louange
Se verront louez par efchange,
Mais je n'ayme pas à louer
Les langues qui ont eftimee
Plus que la dextre renommee
La gauche & ne font qu'en jouer.
Or, mefdifante, toutes celles
Qui ont efchapé tes querelles

  Et tant de propos odieux
  Se banderont pour ma deffence,
  C'eſt cela qui fait que je pence
  N'avoir pas beaucoup d'envieux.
Je n'epeluche point la vie
  De ma deſloyale ennemie,
  Les ruzes de ſes jeunes jours,
  L'impudence de ſa jeuneſſe,
  Et ſon renom point je ne bleſſe
  Pour eſcrire [ici] ſes amours.
Je ne me plains pas de grand choſe,
  Seulement d'une rage encloſe
  Elle meſdit pour ſe jouer,
  Mentant & flattant elle cauſe
  Et diffame ceulx là ſans cauſe
  Qui mentiroient pour la louer.
Parmy les vertueuſes croiſſent
  Ses vices, & plus nous paroiſſent
  Aiſés à voir & clairs à l'oeil
  Soubz les beautez qu'elle frequente,
  Car la charogne eſt plus puante
  Tant plus on la met au ſoleil.
Je dis qu'elle n'en fuit encore
  La troupe qu'elle deshonore
  De ſes vices & de ſes mœurs,
  Parmi les vertus vicieuſe
  Où elle ſe fait venimeuſe
  Comme un ſerpent entre les fleurs.
Je dirois bien qu'elle ruine,
  Qu'elle tué de medecyne
  Ses germes, & que plus d'un coup
  Trompans aprés eſtre trompee
  Ell' a en jument eſchapee
  Donné un coup de pied au loup.

Je me plains de quoy la traitreſſe
Enchante & faſche ma maitreſſe
De propos & d'un air punais.
Ses propos me mettent en haine
Et des peſtes de ſon allaine
Elle luy fait boucher le neʒ.
Mais ne l'eſcoute plus, mignonne,
Car le deſplaiſir que te donne
Une ſi mal plaiſante odeur
Ne bleſſe tant que ſa parolle :
L'une juſqu'à l'ame r'affolle
Et l'autre ne paſſe le cueur.
Qui ne croiroit à voir ſa face
Et l'effrontement de ſa grace
Le bon naturel de ſon cueur :
La nature l'a fait camuſe,
Et veult dire pour ſon excuſe
Que c'eſt ſon neʒ qui eſt moqueur.
Les beaux cors ont des ames belles
Et les nourriſſent toutes telles
Que les deſcouvre le dehors,
Hors mis ton ame deſguiſee,
Car elle eſt plus cauteriſee
Et plus infecte que le cors.
Et ta menſonge & ton meſdire
Et tout le mal que tu peux dire
Ne peuvent troubler mes eſpritʒ :
Faï donc du pis que tu puis faire,
Ta louange m'eſt vitupere,
Je ſuis priſé par ton meſpris.

XXII.

Marroquin, pour te faire vivre,
　J'avois entaſſé un gros livre
　Envenimé d'un gros diſcours
　De tes chaleurs, de tes amours,
　Et par tes aages impudiques
　Arrangé tes fureurs ſaphiques.
　Là je contois que ton berceau
　A peine fut jamais puceau,
　L'horoſcope de ta naiſſance,
　Les paſſe temps de ton enfance,
　Comme on faiſoit, quant tu criois,
　Changer en un rire ta vois
　Au branle gay d'une chopine,
　A voir chaucher une geſyne,
　La chienne & le chien enbeſez,
　Deux poux l'un & l'autre entaſſez.
　Jamais tu n'eſtois resjouie
　Q'en contemplant la vilenie,
　Une cane ſoubz un canard,
　Une oy' envezee d'un jard.
　Puis je contois au ſecond aage
　Le ſegond progrez de ta rage,
　Comme à ſix & ſept & huit ans,
　Tous les garçons petis enfans
　Tordans autour du doit leurs guilles,
　Fourgonnilloient tes eſpondrilles.
　Trois ans aprez en un garet
　Tu leur fis un haran ſauret
　Ou un monſtre preſque ſemblable,
　Et puys pour te rendre agreable,

Comment tu fis ton marroquin
Paroiſtre de loin chevrotin,
Qu'en trois cens fortes de meſnage
Tu revendis ton pucelage,
Que tu ſeuz à trois cens gaſcons
Le vendre de trois cens façons.
Et depuis croiſſant ton courage
Et ta chaleur ainſi que l'aage,
Tu eſtallois ton marroquin,
Tirant du noble & du coquin
Le plaiſir & la recompence.
Je n'oubliois pas ta prudence
Qui eſt de vendre ta beauté
Autant que tu as achaté
Le blanc cheuz un apoticaire,
Et prenant autant pour le faire.
Mais puis aprez, avecq' le temps,
Diminua ce paſſe temps.
Tu enrageois alors que l'aage
T'afoibliſt le cors, non la rage,
Les attraitz, & non la chaleur,
T'oſta les amans, non le cueur ;
Au lieu de louer ton bagage,
Te força de prendre à louage,
Et te fit en mordant tes doits
Acheter ce que tu vendois.
Je n'oublioys que qui ſe jouë
A toy & ſe frotte à ta jouë,
Il ſe leve blanc & beau filz ;
Et je contois comme tu fis
Un autre chauve de la teſte
Emporter du poil de la beſte
En luy donnant de tes cheveux.
Et à un vieillard chaleureux

Tu fis grand proffit, ce me semble,
Alors que vous frottans ensemble
Lors qu'il n'avoit plus que deux dans,
Tu luy en crachas trois dedans.
Je contois que j'ay ouy dire
Que tu pleures, que tu soupire,
Que tu gemis, que tu te plains,
Esprouvant les faitz des humains.
Je fais là un héraclitique
Et un discours philosophique,
Puis je conclus qu'aiant gousté
Des hommes l'imbecilité,
Tu pleures sur la creature
Et sur les defaux de nature.
Enfin je fis dire à mes vers
Ta brave descent' aux Enfers,
Que tu voulus payer la barque
Comme d'une letre de marque
Et ofrant ton cas à Caron,
Mais luy du plat d'un aviron
Te bailla tel coup sur la fesse
Qu'il te jeta hors de la presse,
Puis alors tout l'Enfer qui voit
Qu'une grand' putain arrivoit
Court en gros, chaqu'un se depesche
Comme à la marchandise fresche.
Tout l'Enfer sur toy fut lassé,
Tout fut recreu, tout harassé,
Et tout à la fin de la dance
Fut boir' au fleuve d'oubliance,
Car au combat reiteré
Chaqu'un se sentit alteré,
Et chaqu'un perdit la memoire,
Hormis maroquin qui pour boire

Ne pouvoit son train oublier.
Mais Radamant la fit noyer :
Marroquin fut demy noyee
Avant sa chaleur oubliee.
Il y a mille autres discours
De tes salles chaudes amours.
J'avoys imité l'Eneide,
Les nommans Maroquineide.
Mais lorsque ce livre fut fait.
Checun le trouva si insait.
Les vocables d'art si estranges,
Que j'ay enterré tes louanges,
Et n'estant plus semblable à moy
Ores je m'en excuse à toy
Et je t'advise que mon aage
M'a fait moins heureux & plus sage;
Et si ce n'estoit que je veux
Que des filles les chastes yeux
Ne s'offencent lisans mon livre,
A jamais je ferois revivre
D'ords & d'impudiques discours
Tes ords, impudiques amours.

XXIII.

Mignonnes, venez chanter,
  Race du grand Jupiter,
  Et d'un mignardelet stille
  Louans mon jardin fertille,
  Mon fertille jardinet,
  De mes pleurs le cabinet.
  Qui tous les matins aporte
  Apetis de toute sorte

Et qui ne peut defnier
Ses fruitz à fon jardinier.
Là floriffent entaffees
Mille bizarres penfees,
Qui de nuantes couleurs
Naiffent de mefmes humeurs.
Là les incarnattes rofes
Ouvrent leurs beautez defclofes.
Là floriffent les oeilletz
Cramoifis & vermeilletz,
Là prend acroiffance & vie
La violette, encholie,
Marjolenne, tims, perfilz,
Les romarins, les foucilz,
L'afpic & les violettes,
Et les pommes d'amourettes,
Et l'herbe qui au foleil
Tourne & retourne fon oeil.
Mais tu n'as rien de fauvage,
Petit jardin mon ouvrage,
Tu as de toute façon
De falades, le crefon,
Serfeuil, laithuez pommees,
Pimprenelles, ficourees.
Il n'y a, comme je croy,
Plaifir qui ne foit en toy,
Petit jardin qui arrofes
Tes grofeliers & tes rozes
De ce petit ruiffelet
Murmurant, argentelet,
De cefte unde criftaline
Qui trotte, fuit & chemine
Et s'efchappe entre les fleurs,
Et aroze les couleurs

Des allees droites, unies,
De telles perles garnies,
Comme des aſtres le ciel.
Voiez là la mouche à miel
Qui vivant à ſa coutume,
Bourdonnant, pille & eſcume
La fleur, la feuille laiſſant,
Et puis eſſore en repaſſant
Ses elles d'or ſur la feille.
Là, di je, ſe paiſt l'abeille
De tim & boy la roſee.
Là, la vigne, l'eſpouſee
De l'hormeau, ſe fait courber
Et du ſoleil deſtourner
Vient la chaleur de ſa branche :
L'hormeau ſoubz elle ſe panche,
Et s'accolant de leur bras
Font cent mille amoureux las.
Puis j'entens dans leurs umbrages
Les doux chans, les doux langages
De mille mignardz oiſeaux,
Citoiens de ces rameaux.
Ces doux chans & ces umbrages,
Ces umbres & ces ramages
Au coing de mon jardinet
Font un petit cabinet.
C'eſt là deſſoubz que je donne
Rendez vous à ma mignonne,
C'eſt là deſſoubz que nos bras
Font d'autres amoureux las,
D'autres priſes amoureuſes,
Des unions plus heureuſes
Que ne font les rameaux pris
De vignes & leurs maris.

Là, noſtre amoureux langage
Nous plaiſt plus que le ramage
De ces muſiciens oiſeaux
Qui ſont là nos maquereaux.
Je cueille mieux que l'abeille
La fleur en laiſſant la feille,
Là d'un eternel baiſer
Puiſſe ma bouche arroſer
D'une plus douce roʒee
Que la fleur n'eſt arroſee,
Là les ruiſſeaux de nos pleurs
Mouillent les vives couleurs
De la beauté qui fait honte
Aux fleurs & les fleurs ſurmonte.
Au paradis de ſon teint,
Comme en mon jardin eſt paint
Un beau printemps de fleurettes;
Les œilletʒ, les violettes,
Les roſes & les boutons
Fleuriſſent ſur ſes tetons :
Là, je cuille l'encholie
Qui martiriſe ma vie,
J'y prens, j'y metʒ mon ſoucy,
La penſee y eſt auſſi.
L'herbe au ſoleil s'y eſpreuve,
Car tousjours mon œil ſe treuve
Suivant ma dame & ſon œil,
De mon humeur le ſoleil.
Douces fleurs eſpanouies,
Que mes amours & vos vies,
Vos beautés & mon amour
Ne ſoient ſeneʒ en un jour!

XXIV.

Petit livre, le mignon,
  Le filz & le compagnon
  De ton maiſtre, petit livre
  Qui dedans toy fais revivre
  De ton maiſtre les amis,
Souffre que mon nom ſoit mis
En ce coin pour teſmoignage
Que mon cueur y eſt en gage.
Si ton maiſtre avoit ſoucy
  D'or & de perles auſſi,
  Ce que le nocher mandie
  Des coſtez chauds de l'Indie
  Euſt eſclaté promptement :
J'euſſe mis un diamant
Pour parer ta couverture.
Ton maiſtre, de ſa nature,
  Ayme mieux les vers, auſſi
  J'ay eſcrit tes vers icy,
  Et par ces vers je engage
  Plus d'amour que de langage.
Eſcris tu quelle arrogance
  A ce Mæcenne des ars,
  Circuy de toutes pars
  Des ſoleilz de noſtre France?
  Pence comme il ſera beau
Aprés la voix doux coulante
Du cigne qui ſa mort chante
Oyr l'enroué corbeau.
Ceux qui ont tousjours leur table
  Plaine de vivre plaiſans,

          Qui ont de tourtes, de faisans
          Et d'embroisie aimable,
          Commant trouveroient ilz bon
          Les viandes du village,
          Les fruitz aigres, le laitage,
          Le bouquet sur le janbon?
    Pourquoy non? tout ainsi comme
          Les perdris faschent noz Roys
          Qui vont aux chams quelquefois
          Manger les choux du bonhomme.
          Tu seras doncq' aisement
          Pa là, ma muse, estimee
          Et au moins seras aimee
          Par le simple changement.

XXV.

POUR UNE MOUCHE SUR LE FRONT DE [DIANE].

Tout ce qui naist des elemens,
    Tous animaux sont esportez
    A faire croistre mes tourmens,
    Comme ils accroissent vos beautez.
    Voiés vous ceste mouche noire
    Qui croist, en aprochant tousjours
    Son ebenne de vostre yvoire,
    Et vos beautez & mes amours.
Si tost que vostre blanche main
    La dechasse de vostre front,
    Elle s'enleve & puis se font
    Tout aussi tost sur vostre sein,
    C'est vostre indisible puissance
    Qui la rend sensible & la point.

Donnant l'ame & la congnoiſſance
Meſme aux choſes qui n'en ont point.
Ainſi vos beaux tretz s'acroiſſans
Vous feront ſuivre puis aprés
Aux mons, aux rocz & aux foreſtz.
Aux flotz & aux vens fremiſſans.
Mais voiez vous encor' la mouche
Qui m'enbraſant pour ſon plaiſir,
S'eſt repoſé ſur voſtre bouche,
Donnant jalouzie & deſir.
Ha! ma Diane, je me plains
De ce que trop vous ſupportez :
Où ſont ces affligeantes mains
Qui puniſſent mes privautez?
Pourquoy ne bruſlez-vous ſon aeſle,
Si ce n'eſt que vous aimez mieux
Ce feu là pour moy que pour elle,
Ce feu bruſlant de voz beaux yeux?
Je croy' que voiant arriver
Le froid qui lui donne la mort,
Elle penſe baſtir un fort
Sur voſtre ſein pour ſon yver :
Pour Dieu, chaſſez-la, ma mignonne,
Pour Dieu, mignonne, chaſſez-la,
Ou je meurs ſi on ne me donne
Autant de credit que cela.
Ou bien ſans vous y amuzer,
Il me ſemble qu'il ſera mieux.
Si vous fermiez un peu les yeux,
Que je la chaſſe d'un baizer.
Je ſers bien plus à voſtre gloire
Que la mouche à voſtre grandeur,
Car je vous fais avoir victoire
Du temps, elle d'une couleur.

XXVI.

Ainſi puiſſent tous les jours
   Vos beaux & nouveaux amours,
De fleurs nouvelles & belles,
Flammes belles & nouvelles,
Douces & aigres douleurs,
De riz, de jeuz & de pleurs,
Mille peurs, mill' algarades,
De mille claires œillades,
Et mille mignardz propos,
Mignarder voſtre repos!
Fonlebon, je porte envie
Au doux ſoucy de ta vie :
Anne, je t'envye auſſy
Ton doux amoureux ſoucy.
Les plaiſirs de voſtre braiſe
Et les flammes de voſtre aiſe,
Vos impatiens deſirs,
L'atente de vos plaiſirs
Font que d'un pareil martire
L'un & l'autre cueur ſoupire.
Haſtez donc, haſtez vos jours
O mignardez les amours,
Qu'en trop long printemps l'attente
De l'aymant & de l'aymante
Ne fleuriſſent les deſirs
Sans tirer fruit des plaiſirs.
Fonlebon, Anne ta mye
T'eſt plus chere que ta vie,
Que ton cueur & ton amour,
Que tes yeux & que ton jour.

Fonlebon, fois luy fidelle,
Tu n'es pas trompé en elle :
Anne t'ayme cent fois mieux
Que ton cueur, ne que tes yeux.
Ainſi, de flammes nouvelles,
De fleurs nouvelles & belles.
Vos beaux & nouveaux amours
Puiſſent croiſtre tous les jours!

XXVII.

J'ay le ſang eſcumeux attaint
  D'un mal qui pourtant n'eſt pas feint
  Et s'il vient d'une cauſe feinte,
  Ma jalouſie en croiſt tousjours,
  Et alume une flamme ſainte
  De vos feintes ſaintes amours.
J'ayme ſans beaucoup de ſoucy,
  Je viens furieux & tranſy :
  L'amour libre & la jalouſie
  Qui flatte, qui bruſle les cueurs
  Et de Pandore & de Thelie
  Me preſſe d'aiſe & de rigueurs.
Pandolphe en bruſlant enflamme,
  Et ſans martire bien aime.
  La beauté que tu ſers t'adore,
  Et tu peus à ton gré choiſir
  En ta Thelie, en ta Pandore
  Le libre & le geenné plaiſir.
Douces geennes & libertez
  De deux cueurs eſpris, enchantez,
  Tu as, o douce & fiere envie,
  Fierement, doucement eſpris

Et de Pandore & de Thelie
Les beaux cors & les beaux espritz.
Vostre Pandolphe est par vous fait
Accomply, divin & parfaict,
Et en le voulant tel congnoistre,
Vos jugemens, vos passions
Aussi accomply le font estre
En heur, comme en perfections.
Pandolphe, je brusle envieux
De la louange, & de mes yeux
Flamboie la rage & l'envie,
Mais la louange n'est plus rien,
L'amour de Pandore & Thelye
Sont le seul & souverain bien.
Pandolphe parfait & heureux,
Vertueux, aimé beaucoup mieux
Que toutes les vertus ensemble
Ne vallent, tu en es doué,
Mais ton heur d'estre aimé me semble
Plus que celuy d'estre loué.
Mon esprit sent un dur combat,
Mon cueur contre luy se debat,
Voici une dispute estrange,
Car l'esprit est ambitieux :
Que pourroit-il souhaitter mieux
Sur le parfait de la louange ?
L'amour de la louange esprit
Si furieusement l'esprit,
Que son amour est plus parfaite ;
Or pour apaiser leur douleur
Il est force que je souhaitte
Le merite aussi bien que l'heur.
Encor' ne sai' je que choisir
De ce beau furieux desir,

De ceste douce jalousie,
De la feinte & sainte fureur
Qui bruslant devora Thalye,
Ne vient que de force de cueur :
Ou si en estant bien aymé,
 Enflammant sans estre enflammé
 D'une rage qui me devore,
 Asservissant, non asservy,
 Il vault bien mieux aymer Pandore,
 La ravir sans estre ravy.
La prison a tant de beauté
 Et si douce est la liberté,
 Je suis si friant de martire
 Et j'ayme tant le franc plaisir
 Je ne puis que je ne desire
 Posseder le tout sans choisir.
Ainsi, Dames, vous avez fait
 En l'amour souhait si parfait,
 Que l'immortel qui voudroit dire
 Et paindre un immortel desir
 Ne peult plus que quant je desire
 Estre Pandolphe, puis mourir.

XXVIII.

Non, je n'ayme pas le pesant,
 Mais bien le leger, le luisant :
 Je me sens assez de courage
 Pour voulloir & pour voller mieux,
 Et mon esprit qui est volage
 Volle tousjours vers les Cieux (sic).
Je desdagne ce gros fardeau
 De la terre pesante & d'eau

Et encor' ce qui sent la terre :
Je volle hault, j'ay en mespris
Ceste masse qui fait la guerre
Aux beaux & volages espritz.
Quant le chaos fut demeslé,
Tout le pesant fut devalé
Au centre, les serpens, la peste,
Les enfers, le vice, les maux :
Le doux, le subtil fut celeste
Et volla dans les lieux plus haux.
Le Ciel, pais de nos espritz,
Les aiant à voller apris
Au lieu où ilz ont prins naissance,
Les fait vivre icy estrangers :
Comme legere est leur substance
Ilz sont volages & legers.
Les espritz qui ont moins du cors
Et moins du pesant sont plus fortz :
Le cors qui est le plus terrestre
Et plus pesant n'est plus maison
Propre à l'esprit & ne peult estre
Rien que sa fascheuse prison.
Toute vertu est nee aux Cieux ;
Tout cela qui est vicieux
Recongnoist la terre pour mere,
Checun son pareil elisant :
Toute vertu est donc legere,
Tout vice constant & pesant.
Considerez encor' un peu
Que nos ames ne sont que feu
Qui est plus leger que les flammes,
Les flammes ne peuvent aller
Au Ciel, au vray pais des ames,
Que laissant le cors pour voller.

Vous voieʒ les cors animeʒ
  De braves efpritʒ confommeʒ;
  Et ceux qui ont moins de fubftance,
  De chair & de pois envieux
  Ont des efpritʒ de telle effance
  Qu'ilʒ fouillent le fecret des Cieux.
La conftance eft abfurdité,
  La celefte legereté
  Change la faifon morne & blefme :
  Je preuve cela par les fleurs,
  Par moy; peult eftre par vous mefme,
  Qui n'avons en terre que pleurs.
Bien qu'au contraire m'eftimant
  Immobile, endurcy amant,
  Comme huit ans le pourroit dire;
  Vous aveʒ bien voulu choifir
  Ce paradoxe pour en rire,
  Je le deffendʒ pour mon plaifir.

XXIX.

Celuy là qui a congneue
  Ta grace & ta beauté neue
  Eft forcé de defirer,
  Qu'ainfi comme elle eft prifee,
  Elle fuft auffi aifee
  A enfuivre qu'admirer.
Ta gloire s'eft emplumee
  Des pannes de renommee
  Pour efcumer l'univers,
  Dorant le plis de fes aelles
  Et fes beauteʒ non pareilles
  Et fa gorge de mes vers.

Tu n'as besoin que je loue,
 Tu n'as besoin que je voue
 A toy mes vers, mes esprit₹,
 Car ta vertu n'est pas telle
 Qu'elle ne soit immortelle
 Sans l'aide de mes escrit₹.
Je te loue & veux eslire
 Ce subject pour en bien dire,
 Mais non selon l'argument,
 Et je n'en crains repentance,
 Sinon que par l'ignorance
 Je parle trop froidement.
Ne trouve pourtant estrange,
 Si tu voiois que la louange
 Que je t'ay voulu voüer
 Ne monstre que le courage
 D'un esprit asse₹ volage
 Est leger pour te louer.
Que me sert, cruellement belle,
 Que me sert, doucement cruelle,
 Ton euil doux en ses cruaute₹,
 Le fiel soub₹ le miel de ta grace,
 Si tu descoches de ta face
 Aultant de mort₹ que de beaute₹!
Ta main doucement me repoulce,
 Et ta parolle encores plus douce
 Glace mon cueur en l'enflammant :
 Tu me refuses sans cholere,
 Et en riant de ma priere
 Tu me fais mourir doucement.
Mais fiere quant tu me repousse,
 Ta vois & si rude & si douce
 De ton courroux monstre l'effort,
 Ainsi qu'un juge impitoiable

Qui apelle un pauvre coupable
« Mon filz » en le jugeant à mort.
Ton ris, ainſi qu'une eau riante,
M'embraſe d'une ſoif ardente
Où rien que mon eſpoir ne boit,
Et alors tu me trompes comme
On fait un enfant d'une pomme
En ne lui laiſſant que le doit.
Ainſi la mer nous eſpouvente
D'une impitoïable tourmente
Qu'elle cachoit deſſoubz un ris.
Tu fais mentir mon eſperance
Comme l'arbre qui trop s'advance
Et fleuriſt ſans porter les fruitz.
Ne gaſte, en riant inhumaine,
Les fruitz demy meurs de ma peine
Et l'eſpoir de mon amitié,
Ne me ſois plus ſi gratieuſe,
Mais d'une face rigoreuſe
Fay' moi congnoiſtre ta pitié.
Ne me ris plus pour me deſtruire,
Mais me fais heureux ſans me rire,
Car, ma Deeſſe, j'ayme mieux
Voiant & ſentant le contraire,
Recevoir un ouy en collere
Qu'un nenny d'un œil gratieux.

XXX.

Je vous ai dit que les chàleurs
Du Ciel ſont celles de ma vie,
Et que de l'ame de mes pleurs
Naiſſent les cauſes de la pluie,

De mes feuz, commettes mouvans,
De mes humeurs font les nuages,
De mes foupirs viennent les rages
Des efclairs, des fouldres, des vans :
Il pleut comme vous pouvez voir,
  Des excremens de ma triftesse.
Ce n'eft pour couvrir mon devoir,
Ne pour m'excuser de promesse,
Qu'il m'eft force de demourer
Privé du bien de voftre veuë
Tant que j'aye crevé la nuë
Et que je fois las de pleurer.
En pleurant il me femble mieux
  De m'excufer & vous efcrire :
Je ne veux vous monftrer les yeux
Que rians pour vous faire rire,
Mes pleurs me deplaifent dequoy
Ilz nuifent à voftre mefnage,
Mes larmes vous portent dommage
Et vous nuifent affez fans moy.

XXXI.

La douce, agreable Cybelle
  Du doux Avril fe faifoit belle,
Efmaillant de mille couleurs
Et embaumant de mille fleurs
Et de mille beautez defclofes
D'oielletz cramoifis & de rofes
Un verger d'amour en fon fein,
Et pilloit de fa blanche main
fur l'Efté, fur Ceres l'heureufe,
L'efpic, la glenne planteureufe,

Rehauſſant ſon beau ſein paré
De l'or & du jaune doré,
Coulleur de Cibelle amiable,
Coulleur à Phebus agreable;
Et puis quant l'automne eſt venu,
Cuillant le riche revenu,
Les rentes que luy doit Pommone,
Encore elle pare l'autonne.
Le printemps a heu les deſirs
Et l'autonne prend les plaiſirs,
C'eſt lors qu'elle preſſe & agence
Aux cornes de ſon abondance
Un million de fruitz preſſez
De ſa blanche main agencez.
Et puis, quant l'yver plain de glace
Pence triumpher de ſa face,
Maſſacrant l'honneur de la branche,
Elle prend une robe blanche
Plus belle que les prez floris,
De plus d'eſclat que les eſpis,
Et lors en pais elle s'adonne
A gouſter les fruitz de l'autonne,
Et deſſoubz ſa blanche beauté
Jouſt du chault labeur d'eſté,
Et en pais ſent la jouſſance
Du printemps & de l'eſperance.
Toute blancheur, tout ornement
S'acompare à ſon veſtement.
Son Saturne, plus froid que glace,
Fronçant le moiſy de ſa face,
Gratte d'ongles crochuz & longs
Les craſſes de ſes gros ſillons.
Le vieillard ne peult faire chere
A la belle Opis, noſtre mere,

*Et elle d'un œil defdaigneux
Tourne le dos au rechigneux,
Efpanouiffant à la veuë
Du beau foleil fa beauté nue,
Luy fait voller mille foupirs
Deffus les aelles des Zephirs.
Cependant que Saturne affemble
La tefte & les genoux enfemble
Et autour du feu fe plaignant,
Regarde tout en rechignant,
Apollo à la barbe blonde
Vifite la beauté du monde,
Donne à la terre fes beaux jours,
Croift fes beautez de fes amours,
Luy donne de mille eftincelles
Ses feuz, fes chaleurs naturelles,
Prend la moitié de fon ennuy.
Il eft fon ame, elle de luy
Qui recongnoiffant bien les chofes,
Luy ouvre fon beau fein de rofes
Et en loier de fes chaleurs
Luy offre du baume & des fleurs.
Elle le retire & defguife,
Lorfqu'il fe fait pafteur d'Amphrife,
Et pour le fouldre defcoché
En fon fein elle l'a caché.
Puis le foleil anime encore
Les perles que la nuit adore,
Offrant mille & vingt deux feuz
A la belle Ops & à fes yeux,
Nez à la fervir, à luy plaire.
De là vient mainte nuit plus claire
Qui favorife leurs amours
Et qui incline par leurs cours*

Ses humeurs de leur influances
Et favorise leur semences
De leur vapeurs, de leur beauté.
D'Ops vient leur cause de clarté
Et recoivent l'humeur montee
Par la voie blanche laitee.
Apollo chante force vers
Sur gaillards subgectz & divers
Où il contoit ses mignardises,
Son espoir & ses entreprises,
Et fait sur son luth tous les jours
Babiller ses douces amours :
Et la terre produit la plante
Dont lors que sa victoire chante,
Pour ses armes & pour ses vers
Il se pare de rameaux vers;
Le soleil quant le temps la tuë,
La fait revivre de sa veuë.
Toutes les Deités un jour
Prenoient plaisir à cest amour :
Les Dieux aiment les armonies
Et aiment les beautez unies.
Ilz virent en un tableau feint
Que Phebus le docte avoit peint
Saturne qui trembloit la fiebvre.
On luy fait bien des piedz de chevre,
Mais tout est permis au pinceau,
Il mit les cornes au chapeau.
Tous les Dieux se prindrent à rire
Quant Saturne fut un Satire,
Luy disant : tu as de ton filz
Cela qu'à ton pere tu fis.
Le vieillard blapheme de rage,
Et resolu en cocuage

*Souffre que Cibelle se vange
De ce que ses enfans il mange.*

PAUSE.

*La douce & blanche Cibelle
Se pare de nege & faict belle
De perles de cristal, d'atours
Pour recommencer les amours
De l'oeil & de l'ame du monde,
D'Apollon à la barbe blonde,
D'Apollon qui veut de nouveau
Marier son beau chef rousseau
A sa Cibelle delaissee
Par son Saturne reglacee.
Au lieu des glacons rigoureux,
De mille rayons mille feux
Sont d'elle honorés & l'adorent,
La rechauffent & la redorent.
Dessus la perle l'or est beau,
Dessus la nege le flambeau,
L'or qui plus or au feu se treuve,
Le cueur qui au danger se preuve
Et se faict plus beau peu à peu.
La foy d'or & la foy de feu
Plaisent à la belle Cibelle,
Et pour ceste couleur si belle
Apollon luy a consacré
Son beau chef de jaune doré.*

PAUSE.

*Alors Cibelle va pleurant,
La terre lors se va mourant
Quand une epesse & noire nue
Luy oste du soleil la vuë,*

Et alors le triste soleil
Obscurcit le feu de son oeil
Quand le deuil d'une epesse nuë
Oste la terre de sa vue.
Le teint de Cibelle est plus beau
Aux rays du soleil son flambeau.
Apollon n'a sa face belle
Qu'en voiant sa chere Cibelle :
De tous deux les feux, les amours,
Font des deux les clairs & beaux jours.
Quand la riche & belle Cibelle
Montre sa face riche & belle,
Apollon clair est bienhureux
Qui de Cibelle est amoureux :
Cibelle belle est bienhureuse
Lorsque d'Apollon amoureuse,
Elle voit le feu, l'or & l'œil
De son cher, cler & beau soleil.
Jamais donq' ne vienne l'autonne
Qui toutes les fleurs ébourgeonne
Et jamais ne puisse arriver
Le frilleux, le facheux yver;
Mais tousjours un printemps fleurisse
Qui tant de fleurs epanouisse ;
L'un & l'autre soit contenté
Des fleurs d'un eternel eté.
Toutefois en yver encore
Le soleil Cibelle redore,
Apollon faict de sa clarté
D'autonne & d'yver un été.
Que jamais la nuict tenebreuse
De leur bien ne soit envieuse,
Mais tousjours le clair & beau jour
Soit amoureux de leur amour !

Pourtant des rayons de sa face
Apollon perce yver & glace
Et pourtant ce soleil reluit
Au plus noir de la noire nuict.
Et la belle en la nuict plus brune
Voit dans le miroir de la lune
Le clair & le parfaict amour
De son soleil & de son jour.
Apollon en la lune bleme
Remire aussy sa face mesme
[En] la terrestre obscurité
De sa chere & douce beauté.
Jamais l'amour n'est eclipsee
De l'un' & de l'autre pensee.
Calmez pour jamais leur ennuis,
Yvers froidz & vous noires nuictz,
Et à leur amour favorable
Ouvrez un printemps delectable :
Jouffent leur saintes amours
Des chauds estés & des beaux jours !

XXXII.

Premier que d'aborder les Cieux
 Et d'acoster le front des Dieux,
L'Alcide purgé par la flamme
Quicta çà bas tout le mortel,
Et quant il n'eut plus rien de tel
Estonna les Cieux de son ame.
J'ay bruslé au feu de vos yeux
 Ce que l'homme & le vicieux
 Se reservoient en moy de reste.
 Adonc je volle de mon cueur

>   Porté d'une sainte fureur
>   Au plus hault de vostre celeste.
> Mon esprit comme ensevely
>   S'emancipe & enorguilly
>   Contre le Ciel brise la creste,
>   Et repurgé de vos beaux yeux,
>   Vole aussi haut que les hault𝑧 Cieux
>   Et voit sous ses pied𝑧 la tempeste.

PAUSE.

> Mais comme le fier qui son œil
>   Aux raions brillans du soleil
>   Demi nu dedaigneux affronte,
>   Le voit & si ne le voit pas,
>   Forcé de laisser choir en bas
>   Le front & le ne𝑧 à sa honte :
> Hardi, emerveillé je voy
>   L'infiny & ne say de quoy
>   Je suis docte & j'aprins encore,
>   Plain d'un 𝑧elle devotieux,
>   J'admire le secret des Dieux
>   Et sans comprendre je l'adore.
> Quel esclat de divinité,
>   Quel raion doré de beauté!
>   L'esprit honoré de la face,
>   Comme la face des espritz,
>   Sont tous les poins qui m'ont surpris
>   De l'infiny de vostre grace.

PAUSE.

> Pourtant à vo𝑧 esclairs dorés
>   Tous mes sens planent essore𝑧
>   D'une vollee autre qu'humaine :
>   Des aisles de vostre beauté

Le Ciel eſt de moy ſurmonté,
Comme voſtre grace me meine:
Ma force s'eſclave ſoubz vous
Et le ſervice m'eſt ſi doux
Que mon heur je ne puis comprendre.
Vous m'epurez ainſi que l'or :
Ne ſouffrez que voſtre treſor
Par trop de feu ſe mette en cendre !
De vous vient mon mal ou mon bien,
Ou je puis ou je ne puis rien,
Par vous ou j'enleve ou j'aterre
Ma vie aux haultz ou aux bas lieux,
Pour vous je volle dans les Cieux
Ou je traine le ventre à terre.

XXXIII.

Aux rocqs venimeux, crevaſſez,
Où les tortillons amaſſez
De viperillons parricides
Grouïllent en leurs fentes húmides,
L'Envie loge & fait dedans
Craquer & ſeigner de ſes dens
Mille couleuvres etripees,
Dedans l'eau de l'oubly trempees,
Et les crapaux jaunes & noirs,
Les rages & les deſeſpoirs
La bourrellent & la ſubſtantent,
La nourriſſent & la tourmentent.
Ces fruitz, ſes bourreaux inhumains,
L'apaiſent des peaux de ſes mains
Qu'elle dechire, qu'elle tire
En s'affamant de ſon martire,

Conservant jusqu' au fons des os
Sa moelle en son triste repos.
Le Soubçon, la Doute & la Crainte
En l'obscur la tiennent contrainte.
La vie & la vertu souvent
Luy deffendent l'air & le vent;
Et l'empeschent qu'elle ne sorte;
Mais la Mort luy ouvre la porte,
Renferme la Crainte au dedans
Et donne pour curee aux dens
Venimeuses & affamees
Des plus entieres renommees;
Des belles ames, des bons cueurs,
Des beaux espritz & des valleurs
Dont la maigre Peste friande
Fait son poison & sa viande.
Aussi tost son cueur enragé
Creve comme il en a mangé.
Son estommac qui n'a coutume
De devorer que l'apostume,
Le froid venin & les fureurs,
Appelle poison les douceurs;
Quant, changeant ce qui l'a nourrie,
Elle oste la cause à sa vie,
Car la douceur luy est venin.
Du temps que le mortel divin
Immortel demon & terrestre
A peu par ses enfants paroistre;
Pour contre le vice tortu
Les equiper de sa vertu,
Tant qu'un mesdisant miserable
A veu le pere redoutable   .
Duquel l'esprit pareil au cueur
Estoit sur son siecle vaincueur :

Alors les enfans de Jodelle
Couvers de l'umbre de son aelle
Ont pleu & resisté aux Grans.
Les doctes, confuz ignorans,
Ont hay, chery ceste race
Et a leur agreable audace
Les filz pour le pere cheris.
Le pere parut par les filz
Lesquelz en vie & sans envie
Resserroient la langue ennemie
Morce & remorce par ses dens
Aux rocqs crevassez & dedans
Grouilloient ces ames venimeuses,
Ces vieilles pestes rechigneuses
De qui les gros cueurs endurcis
Estoient les rochers obscurcis;
Les serpens de l'Envie mesme
N'estoient rien que leur rage mesme.
Mais si tost que Jodelle est mort,
Voicy la canaille qui sort,
Et voicy la troupe ennemie
De mille langues de l'Envie
Qui fuians de l'obscurité,
Arrachent au lion dompté
Estendu mort dessus la terre
La barbe, & luy font telle guerre
Que les petits chiens au sanglier
Qui les faisoit fuir yer.
Ainsi je me plains, Charbonnieres,
Que ceux qui adoroient nagueres
Le Pindare de noz François
S'arment de l'or de son harnois,
Et au lieu de fondre de larmes
Font un triumphe de ses armes.

III.   13

Je deviens plus maigre d'ennuy
Que la maigre Envie au jour dhuy
Qui au lieu des roches obscures
Abite les montagnes pures,
L'honneur de l'isle de Phocis,
Et rend ses espris obscurcis,
Tant que son cueur qui n'a coutume
De ne manger rien qu'apostume
Aiant devoré ses douceurs,
Les trouve poisons & fureurs,
N'aiant le logis qu'il demande,
Changeant en poison sa viande.
Le mal par le temps crevera,
Et ceste race trouvera
Amis de la race & du pere,
Aprés toy, docte Cherbonniere,
Mille plumes & mille fers
Qui feroient rentrer aux Enfers
L'Envye & aux fentes humides,
Pour des vipereaux parricides
Manger les tortillons lassez
Aux rocqs venimeux, crevassez.

XXXIV.

Au feu des chastes amours
Qui n'ont fin qu'avec les jours,
Ma premiere ardeur s'alume
Et ma premiere coutume
De brusler heureusement
Au feu d'un heureux torment
S'esveille & s'est augmentee
A la fureur tormentee,

Tormentee heureusement
De Laval, heureux amant,
Qui lorsqu'il sent son courage
Brusler une chaste rage,
Son esprit chaste enflammé
Bien aimer & estre aimé,
Immole à son Ysabelle,
A sa dame chaste & belle,
Les fruitz de ses premiers jours,
De beaux & chastes amours.
Avecq' luy me prend envye
De brusler l'ame & la vie
Au chaste feu amoureux,
Pour comme luy estre heureux.
Laval, tu es miserable
Si une rigeur t'acable,
Laval, je voy' ton malheur
Si tu ploie à la rigueur :
Mais aussi, chaste Ysabelle,
Si tu veux estre cruelle,
Tu maudiras ta rigeur
Comme Laval son malheur :
Mais si l'amour vous assemble,
Vous estes heureux ensemble.
Laval, tu es bien heureux,
Si, chastement amoureux,
Tu brusles d'un chaste zelle
Ta belle & chaste Yzabelle,
Si voz communes rigueurs
Unissent aussi voz cueurs :
Ysabelle bien heureuse
Si comme chaste amoureuse,
D'un feu chaste & amoureux,
Tu fais Laval bien heureux,

Si tu veux rendre les armes
A ſes pitoiables larmes,
Bienheureux ſi vous aimés
Tous deux chaſtes enflammez,
Si que la Parque envieuſe
Ne ſera tant rigoreuſe
Que de deſunir vos cueurs
Bruſlez de chaſtes rigeurs.
Voſtre amour floriſſe telle
Que Zerbin & qu'Yzabelle,
Et pareilz de chaſteté,
Et ſemblables en beauté :
Mais la fin ne ſoit ſemblable
A la couple miſerable,
Miſerable heureuſement,
De l'un & de l'autre amant !

XXXV.

Qui vouldra voir comme l'injure
Qui vient diviſer la nature
Par la nature ſe refait,
Comment le naturel parfait
Ne trouve rien de ſi extreme
Qu'il n'ait le remede en ſoy meſme,
Que ſans luy on eſpere en vain
A l'artifice de la main :
D'autre coſté comme nature
Sans l'art ne ſauroit faire cure,
Que de nature l'imparfait
Par l'art ſeulement ſe refait,
Et que l'art au danger extreme
Fait autant que nature meſme,

Que sans luy l'effait des humains
N'enfante que des songes vains,
Qu'[il] lize pour se satisfaire
Le paradoxe & son contraire
Voy' appuier la nouveauté
D'une docte subtilité
Par les raisons & la science,
Par nature & l'experiance,
Et dire contre le nouveau
Le docte, le subtil, le beau :
Puis à l'un & l'autre contraire
Par tant de raisons satisfaire
Que la nature des humains
Et des ars ne demeurent vains,
Que l'art soit la nature extreme
Et la nature soit l'art mesme,
De l'un & l'autre l'imparfait
Par l'un & l'autre soit refait,
L'art soit suffisant à la cure
Et suffisante la nature.

XXXVI.

Mignonne, pourquoy donnes-tu
A l'Amour ta celeste grace
Et tous les beaux traictz de ta face
Dont cet enfant m'a combatu?
Si tu me prestes ta faveur,
Le vaincu sera le vainqueur.
Des dars qui partent de tes yeux,
De leur belle flamme divine
Il m'a transpercé la poictrine
Et bruslé le cueur amoureux :

Mais si tu me preste faveur,
Le vaincu sera le vaincqueur.
Il n'eust sceu ravir mon repos
   Et le desrober par l'oreille,
   S'il n'eust emprunté la merveille
   Et le charme de tes propos :
   Si tu me prestois ta faveur,
   Le vaincu seroit le vaincqueur.
De quoy eust-il faict tant de neuds
   A m'enchesner pour son esclave,
   Si tu ne l'eusse rendu brave
   Des tresses de tes longs cheveux ?
   Et si n'eust eu ceste faveur,
   Le vaincu seroit le vaincqueur.
Qu'eust pu faire cest inhumain,
   Dequoy eust-il dressé sa gloire
   Sans emprunter ta main d'yvoire,
   L'yvoire de ta blanche main ?
   Sy elle n'eust ravy mon cueur,
   Le &c. . . . .
Tout le pis est que c'est à luy
   Qu'il a sa victoire estoffee
   Le galant bastit son troffee,
   Des faictz & des forces d'autruy
   Et ne croit que sans ta faveur
   Le &c. . . . .
Reprans tes yeux & tes cheveux,
   Tes propos & ta main d'yvoire
   Et je combatray pour ta gloire,
   Et si je surmonte, je veux
   Monstrer que c'est par ta faveur
   Que le &c. . . . .

XXXVII.

Où va ceſt encheſné avec ce brave port?
            On le treiſne à la mort.
Comment eſt-ce qu'ainſi joyeux il s'y convie?
            Il n'aymoit pas ſa vie.
Quel juge ſi cruel haſte ſon dernier jour?
            L'inpitoyable Amour.

De quel crime ſi grand peult-il eſtre blaſmé?
            C'eſt d'avoir trop aymé.
De quel genre de mort veult-on punir ce vice?
            Le feu eſt ſon ſuplyce.
O juge trop cruel, o trop cruel tormant!
            O myſerable amant!

Mais de quoy ſont les poins du priſonnier lieʒ?
            De cheveux delieʒ.
D'où doit ſortir le feu qui le tue & l'enflamme?
            Des beaux yeux de ſa dame.
O amour pitoyable, ô torment gratieux!
            O amant bien heureux!

XXXVIII.

            Veux tu que je ſacrifie
A ton ombre mon corps, t'immolant tous les jours
            Ma vye aprés ta vye?

            Ton corps qui eſt ſans ame
N'eſt plus corps, mais un ombre, & l'eſprit des amours
            Eſt ſa vye & ſa flamme.

> *Donq' aprés la mort tiene*
> *Tu brisas l'union de mon ame & de moy,*
> *Et ta fin est la miene.*
>
> *L'ame avec moy ravie*
> *Mieux qu'un corps oublieux veut maintenir sa foy :*
> *Son amour est sa vye.*
>
> *Mon ame divisee*
> *D'un volontaire joug s'esclave soubs tes fers,*
> *De son corps epouzee.*
>
> *Il est sa moytié chere :*
> *La veux-tu arracher aux amours des Enfers,*
> *Et la rendre adultere ?*
>
> *Veux-tu qu'aprés ta vye,*
> *Aux Champs Elisiens elle aime autre que moy*
> *Où elle est asservye,*
>
> *Que la mort desunisse*
> *Nos veux, nos cueurs, nos sens, ma promesse & ta foy,*
> *Afin que tout perisse ?*
>
> *Je ne suis point muable :*
> *J'atacheray mon corps à suivre sa moitié*
> *Et chercher son semblable.*
>
> *Vien donq' aux rives creuses,*
> *Vien voler avec moy des aisles d'amitié*
> *Aux ombres bienhureuses.*

XXXIX.

L. C. — Bon jour, petit enfant. A. — Bon jour.
L. C — Qui es-tu mon mignon? A. — Amour.
L. C. — Amour! où est la connoissance
    Et l'effort de mes tristes yeux?
— Tu ne m'as pas connu, me voyant sans puissance,
Sans carquois & sans arc, sans fleches & sans feux.

L. C. — Mais qui t'enchesne icy? A. — Le Sort.
L. C. — Que pleures-tu ainsy? A. — La Mort.
L. C. — La Mort! & je cherche mon ame
    Par les horreurs des noirs tombeaux.
— Ton ame est là dedans qui soubs la froide lame
Bayse le corps qui vif luy donna tant de morts.

L. C. — Que trouveray-je là? A. — Un corps.
L. C. — Qui ayme mon ame? A. — Les morts!
L. C. — Les morts! elle meurt insensee,
    Tandis que sans elle je meurs.
— Va & fais qu'au retour l'amytié soit cassee
Qui de ses chesnons d'or m'enchesn' à ses malheurs.

XL.

VISION FUNEBRE DE SUSANE.

O spectre gratieux,
Nuict, favorable mere à mes tristes pensees,
Qui tire mes rideaux? Un messager des Cieux :
Plus d'amours que de peurs en mon ame tracees
    Ont reveillé mes yeux.

Encor espouvanté
L'œil que tu as surpreins d'une si douce guere
Voyt les lignes & traitz d'un visage gasté,
Et bien qu'il n'y paroist que les os & la fievre
 Il y voit ta beauté.

 Car de toy le plus beau
Est vif & ne pouvoit se perdre avecq' la vie,
Ton bel œil en la mort est encor un flambeau :
Mon ame en te fuyvant se plaist ensevelye
 Dans le poudreux tombeau.

 Ayes de moy pitié,
Doux esprit de doux corps, si l'amoureuse flame
Est vive aprés la mort en ta chere moytié :
Tu voy' entre les os & les cendres mon ame
 Animer l'amytié.

 Vien ma bouche arouzer
Tout en feu de desirs, de soupirs asechee,
Bouche qui de baizers souloiz apreivoizer
Mes amours voletanz, & leur donner bechee
 Au moins d'un froid baizer.

 En vain des mains je veux
Prendre ce vent leger, cest ombre & ce nuage :
Ame fuyarde, tourne encore ces beaux yeux,
Tourne à mes cris piteux l'oreille & le visage,
 Pour entendre ces voeuz.

 J'aracheray mon oeil
S'il voyt une beauté, mon coeur s'il la desire,
Je banys mon esprit s'il veut quitter le dueil,
Mon ame, si mon ame un seul soupir souspire
 En baizant le cercueil.

A quoy cet œil qui luit
S'il ne m'aproche? à quoy ces bras s'ilz ne m'accolent?
Helas! elle s'eslogne & s'enleve & s'en fuit,
Pareill' aux vens legers & aux songes qui volent
  Au vague de la nuit!

XLI.

INVECTIVE D'IMPATIENCE D'AMOUR.

Astres paresseux, dormez vous?
  Hastez voz ambles, vieilles Heures,
  Que je ne pique voz demeures
  Des aiguillons de mon courroux.
Courez au secours de l'amant,
  Tournez le sable ou au moins l'urne,
  Bastardes du coqu Saturne
  Qui vous fit yvre ou en dormant.
Vous volez la nuict & le jour
  Quand la Mort par vous est servie;
  Vous serviez à regret ma vie,
  N'ayant point d'aelles pour l'Amour.
Rien n'est au brave combatant
  Si fascheux qu'une longue treve,
  Il n'y eut jamais nuict si breve,
  Jamais un jour ne dura tant!
Volans impatiens Amours,
  Phebus vous apelle en justice,
  Car il dit que c'est son office
  D'abreger ou croistre les jours.
Mais qu'est ce qui peut retarder
  Des Cieux la course mesuree?
  Cachez la beauté desiree,

Tout s'amuſe à la regarder.
Au contraire que de ſes yeux
Le Soleil puyſſe voir la belle :
Luy penſant coucher avec elle
S'ira coucher en amoureux.
Auſſi fait-il tout à rebours
L'Equateur dedans le Tropique,
Je le ſens au chaut qui me pique,
Aux courtes nuitz & aux longs jours.

XLII.

Dieu des armees, o combien à gré me ſont
 Tes ſacrés pavillons, comme le ceur me fond,
 Tout mon ſens me treſſault quand tu me fais venir
  De ton temple le ſouvenir.
Dieu qui des oſillons la demeur' as trouvé,
 L'hirondelle à l'abrit ſes petiz a couvé,
 Ou fais tu de ce temps, Roy de l'eternité,
  Les autelz de la ſainteté.
O qu'eureux à jamays eſt & ſera celuy
 Qui en Dieu ſeulement cherche le fort apuy,
 Pour en luy cheminant paſſer avanturé
  Des meuriers le val alteré.
D'un trés riche labeur les puis y cavera
 Q'un dous ciel pluvieu ſur le coup emplira
 Pour marcher reſolus d'ardeur & paſſion
  Content arriver en Sion.
Des Cieux, ton ſiege haut, eſcoute nous & fays
 Ton ſerf portier heureux en ton heureux palays :
 Mieulx vault la ſeule clef des cabinetz de Dieu
  Qu'un hoſtel riche en autre lieu.
Car Dieu, noſtre ſecours eſt l'apui ſingulier

Des fiens, c'eft luy qui eft un foleil, un bouclier!
C'eft lui feul qui unit par fon eternité
  Les fplendeurs à la feureté.
Ouy, noftre Empereur eft fort bouclier, haut foleil,
  Soit pour l'humble defendre, ou refveiller fon œil,
  Gloire & grace donner : bref trés heureux, je crois,
    Quiconque eft appuyé de toi!

  Lecteur, pour m'excufer qu'eft ce
  Que je pourrois dire? — Rien.
  Si j'allegue ma jeuneffe,
  Tu diras : je le vois bien!

POESIES DIVERSES.

I.

Vers faits à seiz'ans

A M. DE RONSARD.

Cette vertu, Ronsard, hautement emplumee,
Ce Pegaze sur qui ta dextre renommee
A desfait l'ignorance à la pointe des vers,
Qui fait qu'aux quatre bouts de ce large univers
Du Canibal sans loy jusques au Scite estrange
Je n'entans que Ronsard, Ronsard & sa louange,
Ce nom qui sur tout nom tyrannise fameux
Me fit un jour le sang bouillonner escumeux,
Sourciller, soupirer, me fit de collere yvre
Deschirer dix feillets, les premiers de mon livre.
Je disois mutiné, de ta gloir' envieux :
Qu'ay-je fait aux neuf Sœurs, qu'ay-je fait aux neuf Cieux
Qui ne m'ont accordé dominant ma naissance
D'un Mercure assendant, d'un soleil l'influance,
Un quint ou trisne aspect en la Maison d'honneur?
Que ne fut mon destain d'honneur pour tout bonheur,

D'un lyerre honorant n'eſtant peſee ma vie! (sic)
Ce deſpit, ce courroux firent naiſtre un' envie
Qui n'eſt pas ʒoylique & ne fait ſoubs ſes dents
Eſtriper les aſpics de qui les yeux ardents
Infectent flamboyans meſme la choſ' aymee,
Qui gangnent, ſans ravir, l'heur de la renommee,
Envie qui profite & qui jamais ne nuict,
Qui n'a aucun acceʒ aux Filles de la Nuict :
C'eſt une honneſte envie, & cett' envie eſt telle
Qu'on ne peut bonnement ſentir au vif ſans elle
Cet aiguillon piquant qui du vice tortu
Nous fait tourner les pas au trac de la vertu.

II.

[A DIANE.]

Encor le Ciel cruel à mon dernier ſecours
M'a prolongé la vie & la force des jours,
M'a fait toucher le port & la fin deſiree.
O plaie, mon bonheur, qui n'etes deſſerree
Que dans le doux giron de ma Dianne, afin
Que ſes yeux & ſes pleurs accompagnent ma fin.
Je te benis, ô jour, qui de ſi belle ſorte
Rends le cueur, le martire & non l'amitié morte,
Je te benis encore, ennemy incongnu,
A ta mort, à la mienne & à mon heur venu!
En portant avecq'moy ma fin j'ay traverſee
La Beauſſe preſque' entiere, & mon ame preſſee
Preſſa le cors d'aller, de vivre & de courir
Pour entre ſes doux bras ſi doucement mourir.
Or achevés ma vie & mes cruelles peines,
Vous arteres bouillans couppés & vous mes veines

Qui n'aviez acepté remede jusqu'icy,
Espuisez moy de sang, d'amour & de soucy.
La mer de mes malheurs ores creve de rage,
N'aiant plus que ce coup pour son dernier orage
Qui balance ma vie & ma nef au travers
De mille flotz meurtriers & crollant à l'envers.
Mon espoir desfiré, mes voiles desfirees,
Je ne crains plus d'Amour les vengeances ferrees,
Car l'esquif tout cassé sur qui on voit armer
Les cieux, les vens, l'orage & la souldre & la mer
Est quicte du torment aiant vercé sa charge.
Voici ma liberté, mon esprit mis au large
Se sauve en son repos & par un mesme effort
Je trouve patience au giron de la mort.
Il fault que le malheur finisse son envie
Et se soulle à ce coup en devorant ma vie.
Voicy mon calme doux, un trespas doucereux
Qui change nos travaulx en plaisirs bienheureux,
Qui me met en clere eau & calme ma tormente.
O vous qu'un tel bonheur froidement espouvente,
O vous qui au seul nom de la mort fremissez,
Qui pour n'avoir cogneu vostre heur en gemissez,
J'ay bien souventefois redouté la venuë
D'une si douce fin pour ne l'avoir congneuë,
J'ay paly comme vous : je n'avois peu aimer
Ce qui au premier goust est si aigre & amer.
Mais qui vault mieux, le fruit qui nous donne à la bouche
Un goust doux & plaisant & puis si tost qu'il touche
A l'estoumac trahi est poison dans le cueur,
Ou celuy qui aprés une premiere aigreur
Est un baume au dedans? La mort est effroyable
A ceux à qui la vie a esté favorable,
A ceux qui sans avoir le cerveau martyré
Ont impetré plus tost que d'avoir desiré.

C'eſt la raiſon qui fait que ſans regret je meure
Pour n'avoir en vivant trouvé une ſeule heure
De plaiſir aſſuré. Tu es teſmoin, Amour,
En puis dire pour moy que dés le premier jour
Que tu as dans mon ſang trempé l'or de ta fleche,
Dés le jour que tu as par ta ſecrette breche
Ravagé mes eſpritz, je n'ay peu reſpirer.
Au milieu des malheurs qui me font ſouſpirer
Tu as d'un deſeſpoir batu mon eſperance,
Ma grande fermeté d'une grande inconſtance,
Mon raiſonnable amour d'un' ire ſans raiſon,
Ma jeune liberté d'une eſtroite priſon,
Mon ſein tendre à bruſler d'une ardeur non pareille.
Tu eſtouffes mes cris par une ſourde oreille,
D'un courroux dedaigneux ma douce humilité
Et d'une ingratitude un ſervice emprunté,
Somme qu'en bien aimant une rude adverſaire,
Tu oppoſes tousjours le contraire au contraire.
Mais bien qu'une rigeur eſpriſe ſans propos
Ne m'ait jamais permis une heure de repos,
Bien qu'une cruauté perſant ma patience
M'ait fait boire la mort pour toute recompence,
Ma paine me ſera un doux contentement
Faiſant plus douce fin que doux commencement.
Si ma beauté encor' ne peut eſtre aſſouvie
De la ſanglante fin d'une inconſtante vie,
Je veux, ne pouvant plus la contenter d'ennuis,
La ſervir eſtant mort ainſi comme je puis!
Que les deux parts de moy, l'une & l'autre à l'envie
Facent ſervir ma fin plus que n'a fait ma vie,
Que l'eſprit vigilant qui fut empriſonné
Des amoureuſes loix, ayant abandonné
Le cors & n'eſtant plus compagnon de ma peine,
Jour & nuit, ſans ceſſer, travaille & ſe promenne

*A gouverner Diane & conduire ſes pas
Pour garder que ſon pied tendre ne gliſſe pas.
Il ſera un Genye à ma rude adverſaire
Et rendra pour le mal un ſervice au contraire.
Le jour il ſervira à ſon œil cler & beau
D'un augure certain, & la nuit du flambeau
Pour ſavoir l'advenir, & au lieu des menſonges
Qui ſoufflent aux cerveaux un million de ſonges,
Tout ce que mon eſprit dira divinement
Ne deſmentira point ſon juſte evenement.
Sus! que mon ame doncq' aille ſervir ſon ame
Et que ce cors ne ſoit inutille à ſa dame.
Premierement je prie à jointes mains les Dieux
Eſmeuz de mon ardeur qu'ilz facent de mes yeux
Deux brillans diamans ſur qui la molle audace
Du poinſon aceré ne laiſſe aucune trace,
Non plus que ſur mon cueur on n'a jamais peu voir
Que le fer ny le feu aient heu aucun pouvoir.
Ce ſera pour complaire à la meurtriere veuë
Qui tira par mes yeux mon cueur à l'impourveuë,
Ce ſera pour orner & les mains & les doitz
Qui ſerrerent ma vie eſclave ſous ſes loix.
Que mes dens par les Cieux ſoient faites immortelles
Changees pour jamais en tout autant de perles
Sans tache ny obſcur, comme ſans tache auſſi
Fut mon amour, mon ame, & ma foy juſqu'icy.
Ce ſera pour lier ceſt obſtiné courage
A rendre pour l'amour la penne & le dommage;
Ce ſera pour lier ſa cheveleure en rond,
Pour embellir ſon chef & couronner ſon front.
Ma peau lui ſervira de veritable ocagne
Meilleure qu'il n'en vient de la mymaure Heſpagne,
Pour garentir du chaud du ſoleil outrageux
Les mains de ma meurtriere, en ſorte que je veux*

Garder contre le feu ce qui me met en cendre
Et pour mille forfaitz tel service luy rendre.
Et vous, mes nerfs, lassez de tirer mes malheurs,
Je veux que cy aprés vous chantiés mes douleurs
Sur le lut enchanteur que ma maitresse fiere
A l'our de ma mort laschera en cholere
Sur le dos de son lit. Change, cueur endurcy,
Change, cueur obstiné, change de nom aussi :
Tu as tousjours aimé les coups & les piqueures
Et tu prens à plaisir & faveur les blesseures.
Quant mes yeux seront clos d'un eternel sommeil,
Tu auras un office & suplice pareil :
Tu serviras Diane & sur les mesmes breches
Que firent dedans toi mille sanglantes fleches,
Tu seras gardien des espingles qu'au soir
Sa delicate main te fera recevoir,
Celles qui remparoient d'un satin noir sa face,
Ou qui piquoient mes doitz punis de mon audace.
Croissez, mes tiedes pleurs, fontaines de mes maux,
Pour luy plaire croissez en sources, en ruisseaux,
Exallez vous au Ciel & vous changez en pluie,
Et faites vos humeurs par celles de ma vie
Calmer les vens fascheux & les bises tranchans
Qui fascheroient les jeux de ma Diane aux chans.

III.

[A DIANE.]

Ne finissez vos jours aussi tost que mes peines,
Croissez aprés ma fin, o vous tiedes halaines;
Changez vous, enflez vous, o mes tristes soupirs,

Esbranlez parmy l'aer les amoureux zephirs
Pour parer du soleil & de chaleurs cuisantes
Celle qui a seché ces veines tarissantes.
Coulle, sang irrité, & aprés mon malheur
Ne change point encor' ta naive couleur,
Fay' toy son vermillon, o plaie bienheureuse
Qui poussant sur mon sang mon ame langoureuse,
Luy donne ce soulas qu'au but de mes douleurs
Renaistront de ma mort tant de vives couleurs
Qui feront ma severe, à nulle autre pareille,
Au lustre de mon sang reluire plus vermeille.
Puis, je luy veux dresser un lit pour son repos
Enflé de mes cheveux & basty de mes os :
Ce sera pour monstrer qu'elle s'est endormie
A l'ouïr de mes cris tant que j'estois en vie,
Que ma peine luy fut & repos & plaisir.
Mais que veux tu encor' en mes restes choisir
De ma triste despouille offerte à ton service?
Tout soit un holocauste & pour doux sacrifice
Je l'offre, je le donne à ton sanglant autel :
Acepte mon offrande & afin que tout tel
Soit le reste de moy, que je puisse deffendre
Content au bas Enfers, le reste mis en cendre
Lui serve d'ambre gris, de baume precieux
Et de poudre de Cipre, afin qu'un malheureux
Qu'on n'aimoit plus en vie en la mort puisse plaire.
Il ne faudra doncq' point qu'on ait penne de faire
Sur mes os, piramide ou precieux tumbeau.
Je n'en veux de plus cher, plus riche ne plus beau
Que celuy que j'eslis & qui encore assemble,
Ainsi qu'avant la mort, l'ame & le cors ensemble.
Je sens desja mon ame & cest esprit leger
Voltiger dedans moy, dedans moy voltiger,
Pour saillir par la bouche & pour avec l'alaine

Emporter mes malheurs & ma vie & ma peine.
Adieu, chere Diane, adieu ces beaux cheveux
Que tu mouilles de pleurs; mes foleilz, ô beaux yeux,
Que je vous bais' encor, que je baife la jouë
Où larme deffus larme onde fur onde nouë,
La bouche qui produit un orage de vens,
Le fein gros de fanglotz de prés s'entrefuivans.
Je ne puis baifer l'ame encore non emeuë
Et crains qu'elle ne foit moins tendre que la veuë,
Qu'elle ne quitte point fon projet endurcy
Ny fa feverité. Dy' moy s'il eft ainfi,
Pourquoy metz tu la main à ferrer un artere,
Me fais tu endurer devant tous un cautere
Pour en vain fur le cors faire ce que tu puis?
Et tu ne veux guerir mon ame & fes ennuis,
Mon ame qui mourant ainfi que les..... A l'heure
Sa voix fe couppe là, foubz la langue demeure.
Il figna de fon fang trois fois fon teftament :
Son oeil vivoit encor' qu'il darda longuement
Sur fa Diane efmeuë, & non pas atendrie.
Quant fon oeil fe ternift, fa force efvanouie
Laiffa, fans que l'efprit pourtant fe fuft rendu,
Le cors deffus un lit comme mort eftendu,
Sans halenne & fans poux. Diane fe retire
Qui pleuroit de fa mort & non de fon martire.
Trois heures & non plus il parut à fon oeil
Que l'exemple de mort l'eftonnoit, non le deuil;
Un remort du paffé l'inquiet' & la trouble,
Au lieu d'un repentir fon courroux fe redouble :
Diane fut fi fiere & eut telle beauté
Et Diane trés belle eut cefte cruauté.

IV.

[HÉROÏDE.]

« *Regarde encore ung coup de ceſte main armee*
Les miſerables traictz & de ta bien aymee
Le bon jour envoyé du jour de ſon treſpas,
Le bon jour que t'eſcrit celle qui ne l'a pas.
Que ſi en quelque lieu ceſte lettre te laiſſe
Place vuide de pleurs, ell' ha de ſa maitreſſe
Oublié le tormant qui à ſon dernier jour
Sur le ſeuil de la mort nourriſt encor l'amour.
Telle eſt en t'eſcrivant ma pitoyable image,
Telle ma dure loy pour apaiſer la rage
D'un pere ſans pitié. Ah! que ſert-il à moy
D'arracher ung beau nom de la maiſon d'un Roy?
Que ſert il au milieu de mes funebres larmes
De voir tant de palays ſe braver de nos armes?
Plus mon extraction ſe tire d'un lieu hault,
Plus la mort me faict faire en mourant ung grand fault,
Le coup plus violant d'une rouge tempeſte
D'un traict plus deſpité ſe croule ſur ma teſte.
Traiſtre ceur afligé, pourquoy jamais n'as tu
Bleſſé, bleſſé mon ame, obſtiné combatu?
Pourquoy l'age craintive ha elle eſté ſans crainte?
Pourquoy, mon ſang eſtaint, ne fuſt ma flame eſtainte,
Eſtaint ce feu ſegret que je ſentis ung jour
M'aprandre ſans le nom la rage de l'amour?
La blancheur ſe ternir, le paſle de ma face,
Le changer ſi ſoudain, l'incertain de ma grace,
L'apetit eſgaré, le dormir ſans repos,

Sans mal me faisoyent plaindre & parler sans propos.
Sans sentir le malheur j'estois donc malheureuse;
Sans cognoistre l'amour je devins amoureuse.
Ma nourrice plus fine aprist premierement
A mon ceur tout enfant le nom de son tormant,
D'un enfant tormenté : qu'elle me fist honteuse
La vieille, en s'escriant : Vous estes amoureuse!
Mon œil voilé tomba plongé dans mon giron
Et de honte & d'amour le feu à l'environ
De mes yeux s'espandit : lors que par le sillence
Mon esprit offencé avoua son offence,
Desjà les fruitz trop meurs de ma triste Venus
S'asprestoyent à ma mort, & trop gros devenus
Descouvroyent mon larcin. O Dieux! quel artifice,
Quelle herbe, jus segret, n'a cherché ma nourrice
Pour à tort adjouster ung noir crime à mon tort,
Et pour me faire vivre au pris d'une aultre mort!
Ah! miserable enfant, la force de ta vie
En te rendant parfait, parfit la tragedie.
Desja la lune blonde avoit veu par neuf foys
Le ciel contraire à moy & parfaict ses neuf moys :
La saison d'enfanter & de mourir veneuë
Me fist congnoistre assés la douleur incogneuë.
Lors mes cris esclatans poussez par ma douleur
Se rengorgoyent pressez de honte & de terreur;
Je boys mes pleurs amers & ma nourrice bousche
De sa coupable main mon inocente bouche.
La pasle mort m'esfraye & se monstre à mes yeux,
Et là mort desiree est ung crime odieux.
Qui me consollera si elle ne console?
Et l'espoir desolé d'un aultre me desole,
Et Lucine & le Ciel ont nié leurs secours
A moy qui de deux mors couronne nos amours.
Que diras tu icy, o miserable pere,

Qui as plus au forfaict [pris part] qu'à la misere,
Car à toy je me plains & je pousse en mourant
Mon ame vers les lieux là où le desmourant
De tes jours esgarez, peult estre à l'heure mesme
Que je baise la mort horrible, pasle & blesme,
S'en vont au changement de plus heureux amours;
Tu tiens entre tes bras pour plaisir de tes jours
L'oublieuse beaulté de quelque plus heureuse,
Plus heureuse en vivant & non plus amoureuse :
Et lors ton fils caché de branche & de feuillage
Ayant presque eschapé & l'oeil & le visage
D'un pere trop cruel, d'un cri tout plain d'esfroy
Chanta la mort pour luy & l'aspresta pour moy.
Le voila descouvert, & dans les mains cruelles
D'un ayeul sans pitié il porta les nouvelles
De mes amours cachez. Sousdain l'oeil animé
De l'ayeul inhumain sur l'enfant desarmé,
Sinon de cris piteux, changea par sa collere
En ung juge tiran le miserable pere.
Furieux, il cria : que ce fruict soit livré
Aux lions afamez pour estre deschiré!
A ces mots ton enfant piteux se fist entendre
Qui de son tendre cri ne fist son pere tendre.
Cependant que sur moy mes ongles inhumains,
Lors que sur mes cheveux j'enrage par les mains,
Tandis qu'en ma fureur ma face plus vermeille
De mon sang arraché se faict au sang pareille,
Voicy le messager de la fin de mes jours
Qui aporte la mort, loyer de mes amours :
Tien, dict il, tout transi, j'aporte de ton pere
L'espee entre tes mains; tu scays qu'il en fault faire?
Helas! ouy, je le scay', & d'une brave main,
Brave je cacheray ceste espee dans mon sain!
Est ce là mon partage, impitoyable pere,

Avois tu donc pour moy apreſté ce douere?
Helas! Hymen ſacré, ſont ce là tes flambeaux?
Herinnes, aportez les voſtres bien plus beaux
A l'ame dèſolee, o Seurs inpitoyables
Qui aux ceurs effrayez n'eſtes pas effroyables.
Mais quel eſt ton peché, en quoy as tu le tort,
Enfant qui en ung jour prend la vie & la mort?
Sacrifice piteux pour ta mere aveuglee
Qui t'a donné la vie & la mort deſolee!
Ma derniere douleur, mon cri dernier jeté
C'eſt te voir deſchiré à ta nativité!
Faut-il que vive encor la moytié de mon ventre
Dans le ventre afamé des fieres beſtes entre?
Ainſi mon ceur s'en va en proye à d'aultres ceurs,
Mon ſang bouillant tout vif ſentira les fureurs
Des lions ſans pitié & mes entrailles cheres
Rempliront en vivant les beſtes les plus fieres!
Ainſi, gage piteux de mon piteux amour,
Voyci ton premier [jour], voici ton dernier jour.
Je n'ay verſé ſus toy mes larmes enflammeés:
Ta rouge mort n'eſt point des morts accouſtumees,
Je n'ay point faict bruller ſus ton triſte tombeau
De mes cheveux coupez le preſant le plus beau.
Or adieu, je m'envoys du gage de ma vie
Rendre ton ombre auſſi de mon ombre ſuivie,
Tu ne ſeras long temps, mon pauvre filz, ſans moy;
Long temps je ne ſeray pauvre mere ſans toy.
Pere triſte qui vis entre les miſerables,
Ramaſſe, ſi tu puis, les reſtes pitoyables
Du filz à qui tu donne & la vie & la mort.
Mets nos os ſeparez entaſſez ſur le port
De l'ocean loyntain, & faicts ſur le rivage
A ces corps immolés quelque derniere hommage:
N'aye honte de nous & ne meure ta foy

Avec nous qui mourons sacrifiés pour toy,
Accomplis ma priere ainsi que m'enferrant
J'accompliray la loy de mon pere, en mourant. »

V.

[ÉLÉGIE.]

Sus mes vers bien aimez, que vos justes douleurs
Fondent une Elegie & une mer de pleurs
Des sources de vos yeux, & qu'à teste baissee,
Lasse de se douloir ta paupiere pressee
Desgoute sur la bouche en disant mon malheur!
Vous doncq', vers languissans, tesmoins de ma langeur,
Deplorez vostre sort, soulagés les coleres
De celuy qui vous fit & celles de nos freres,
Et si la plainte peut donner alegement,
Si les cris esclatans deschargent le tourment,
Faites comme un blessé qui pour guerir endure
Le fer du chirurgien & luy chantant injure
Pense alleger son mal : injuriés ainsi
Le siecle malheureux où le cruel soucy
Est loier de vertu, où l'ire refrongnee
Du noir vice bossu l'a aux piedz trepignee
En la fange, au dedain. L'amitié en prison
Soubz les Alpes cornuz quitte à la trahison
Cest air qui luy deplaist, l'amitié, di je, sainte
Et l'ame de la vie est des vivans esteinte;
L'atheisme trompeur a chassé de son lieu
La pieté trop rude & la crainte de Dieu :
Siecle où le cueur gemist, se plaint de la parolle
Qui n'est que son en l'aer & maugré luy s'envolle,

Où il n'y a sermens, Dieux, ne autelz sur quoy
On puisse prononcer & promettre sa foy.
.... ta vertu & ton amitié belle, (sic)
Ta pieté, ton cueur, ta promesse fidelle
T'arrachent du vulgaire & j'ay trouvé aussi
En ton cueur seul logis pour mon aspre souci,
Quant, amateur de moy, tu aimas la misere
Et desplaisant aux Grans pris plaisir à te plaire.
Ton ami se veult plaindre, entens beninement
Ce que mes vers diront & tu verras comment
La nature me fut & douce & oportune
Autant comme ennemie & dure ma fortune :
L'une me fit enclin aux lettres & aux ars,
L'autre à force de coups m'endurcit aux hazars,
L'une me fit le cueur desireux de paroistre,
L'autre tout au rebous haineuse me fit naistre
De lieu, pauvre de bien, & noble toutefois,
De race vertueuse. Ainsi à chasque fois
Que mon destin estoit favorisé de l'une,
J'estois comme à l'envy reversé de fortune.
La cruelle me fit orphelin de moitié
Dés le matin natal, puis comme aiant pitié
Des coups qu'elle donnoit, permit à mon enfance
Vivre un pere duquel je tirois esperance,
Qui disoit tous les jours, il m'en souvient encor,
Qu'il ne vouloit mourant laisser autre thresor
A son filz que celuy qui parmy le naufrage
S'eschaperoit au front de son maistre à la nage.
Mais le ferme destin qu'on ne peut esmouvoir
Lui desroba ses jours sans qu'il luy eust fait voir
Son filz tel qu'il vouloit, qui aveugle & folastre
Pour faire rire plus sa fortune marastre
Mit les livres à part à quinze ans, enchanté
De ceste pestifere & folle liberté

Et de tout changement dont la jeuneſſe eſmeuë
D'un fol deſir de voir pert la vie & la veuë.
Parmy des gens de pied cinq ou ſix ans entiers
J'apprins des enrage₇ les dangereux meſtiers
Et à n'avoir diſcours que de jeu₇, de querelles,
De bourdeaux, de putains, verolles, maquerelles,
Renier Dieu de grace & braver de bel aer,
Meſpriſer tout le monde, arrogamment parler.
Là je ſemblois le fan que la tigreſſe mere
Deffend contre la faim de la lionne fiere,
A voir commant nature entreprint de garder
Celuy que la fortune entreprint d'aẓarder.
Je faiſois tout ainſi qu'un poulet au vilage
Qui demi emplumé & demi hors de page
S'eſloigne de ſa mere & veult aller manger
A ſon plus loin butin, ignorant du danger.
Mais quand les fauſſes Paix chargerent nos miſeres,
Mes deſſeins contentoient mes eſprit₇ temeraires,
Car j'eſtois Capitaine & parfait deſſus tous
Aux vices adorés & du temps & de nous.
Dieu eſtoit mort pour moy & ſon yre alumee,
A ce point foudroya ſa main ſevere armee,
Me frappa inſolent, changeant de furieux
Sur un lit, en deux jours, le ſens, l'ame & les yeux :
Je trouvay Dieu encor' & par la maladie
Qui me mit à la mort je retrouvay ma vie.
Je m'enfuis caſanier me cacher tout honteux
Au temps que je voiois s'eſlogner dans les Cieux
Le Chien qui affeté d'un venimeux courage
Avoit par trente jours là bavé de ſa rage.
Lors les chevaux ſacre₇ aux grans naſeaux fumans
Et du labeur d'eſté ſur le flanc eſcumans
Mirent les pieds rebours & fraperent la voute,
Refuſans ombrageux quelque choſe en leur route.

Le Ciel plus debonnaire & calme se fendit
A cause que de luy en terre deffendit
Assis oisivement sur un bouchon de nuë
Celle qui de trois ans nous estoit incongneue,
La Paix, fille de Dieu, de qui tous les humains
Cherissoient la venuë au tocquement des mains.
Las! par deux ans entiers une fiebvreuse vie
Qui ont mes ors pechez & la melancholie
Pour cause de la cause & pour cause de fait
Me firent pour le Ciel trouver le siecle infait,
Aymer la solitude & mon affliction,
Me fit hair des Grans l'esclat, l'ambition,
Aymant mieux me cacher & bastir mon repos
En mon petit village où j'avois à propos
Mon lever, mon repos, ou mon aise rompuë,
N'ouir point le resveil de la trompette esmeuë,
Où les discours secretz d'un Roy & ses mignons
N'enfloient mes yeux armez dessus mes compagnons.
Je disois : bien heureux qui a congneu les choses
Et en les cognoissant n'a ignoré les causes,
Trepignant sous les pieds de Destin & la peur
Et l'avare Acheron! O que plain de bonheur
Est celuy qui cognoist nos petis Dieux terrestres :
Pan le vieillard, Silvain & les Nimphes champestres,
Qui ne chasse le vent du peuple & les honneurs
Des freres massacreurs pour devenir Seigneurs!
Il attend les fruitz telz de l'arbre qui boutonne
Que le champ [paternel] de son bon gré luy donne.
Cestuy là n'a pasly & ne craint de mourir
Pour le septre envié qui doibt un jour perir.
Tandis que l'un assiege une ville affolee,
Un autre fend le sein de la mer aveuglee
Où l'avare à son dam est souvent engagé;
L'autre importunera le palais enragé,

L'autre hafarde fon droit par l'effroy d'une guerre,
L'autre dort deffus l'or qu'il a caché en terre,
L'autre fe resjouit d'avoir trempé fa main
Dans le fang innocent de fon frere germain.
Je difois bien ainfi, mais perfonne ne treuve
Le mal fi mal qu'il eft fans en faire la preuve.
L'homme heureux qui fauroit & pourroit quand il veult!
L'homme heureux qui vouldroit & fauroit quand il peult!
Nos Princes clairs voians me virent au village
Roy d'un petit hameau, Prince de mon mefnage,
Et n'eurent de repos tant que j'euffe perdu
Mon aife & mes raifons & que j'euffe rendu
Ma liberté efclave à leurs vaines promeffes.
Pourtant jamais mon œil n'efclaira leurs richeffes,
Mon ame ne beut oncq' la mer de leurs honneurs.
J'ay porté du village à la court mes honneurs :
Je voulus eftre en court plus amy qu'acoftable
Et pour monftre nouveau courtizan veritable,
Embraffer de mon Maiftre & la vie & l'ennuy,
L'honneur & le fecret & les maux plus que luy,
N'avoir jamais de luy or, veftement, ne terre,
Jurer aux maquereaux une cruelle guerre,
Ne flatter point mon Maiftre & jamais ne louer.
J'eu l'efprit vif, joieux, plus folaftre à jouer
Que morne & renchery, & foubz la froide lame
Je ne cachay jamais le froid venin : mon ame
Fut telle que ma vois. Un temps je prins plaifir,
Lorfque le Roy eftoit au lieu & au loifir,
En tranchant devant luy entretenir fa table
D'hiftoire, de fentence, & difpute notable.
Eftant fon Efcuier, fes Pages commandez
N'ont pratiqué par moy les bordeaux & les dez.
Ne penfez pas icy........... que je pince
L'efprit & beau & grand de mon vertueux Prince

Qui de soy est louable, acomply & parfait;
Mais de malheur vivant parmy ce siecle infait,
Du siecle je me plains & j'ay dedans ma teste
Ce souvenir fascheux, je vois une tempeste
De morts & d'ennemis qui portent loin en l'aer
Mes voiages guettez. Mon danger veult parler:
Mes services perduz, ma jeunesse trompee,
Mon sang perdu, ma peau dix & sept fois coupee,
Mes Etatz possedez & jamais pretenduz,
Un pré, une maison & trois moulins vendus,
La haine des plus Grans pour ceux qui me haissent,
Les trahistres, les ingratz que j'aime me trahissent,
Les meurtriers, les larrons, qui pour leur trahison
Executer sans bruit, chassent de la maison
Le plus fidelle chien, luy mettent sus la rage,
Le guettent en tremblant, redoutent son courage,
Tout cela fait ensemble un gros venteux nuage
Qui passe sur ma teste & ne me fait dommage.
Je ris, de passions & de mal despouillé,
Quand, à couvert, j'en voï l'autre monde mouillé.
Il y a des demons au fons de ceste nue
Par qui des spectateurs j'offenserois la veue;
C'est du secret des Dieux là où l'oreille & l'œil,
Sans langue, emportoient bien tout le cors au cercueil
Et là où pencer bien est un crime, sans dire.
Je couve mon discours, je n'en veux plus escrire,
Car je suis de retour en mon village saint
Là où l'ambition l'ambition ne craint,
Là ou un Acteon ne meurt quand il regarde,
Ny un Alectrion faisant mauvaise garde.
Orloges de la court que je vous ay hais!
Que je vous aime, franc & sauvage pais
Où je jouis, ainsi qu'avant la congnoissance,
De la court, du repos, & mon heureuse absence

Au lieu de me cauſer un regret trop cuiſant,
Pour congnoiſtre l'amer me font le doux plaiſant.
Je peſe l'un & l'autre & je trouve ma vie
Plus belle que devant mon heur & ma folie :
Je fais mon Paradis de contempler les deux,
Les Princes n'ont de moy memoire, ni moy d'eux.

VI.

[POEME DE L'INCONSTANCE.]

Qui vit jamais ſauter une tour en ruine
Et la terre crever qu'une ſecrette myne
Rempliſſoit de poiſons, de poudres & de feu ?
L'artifice qui fut enferme peu à peu
Obſcurciſt tout à coup les plus ſuperbes nues
Et ouvre en un inſtant ſes fureurs incogneuës :
Ainſi le mal caché qui celoit ſes effortz
A ſapper dans mon ſein, precipité dehors
Par le feu viollant qui rage en ma poitrine,
Souffle d'un tel eſclat qu'une poudreuſe mine
Verſant les baſtions eſtoffez de raiſons
Qui à mes ſens gehennés ſervirent de priſons.
On cache bien le cors d'une petite flamme,
Mais le fourneau d'Ethna rompt, desbriſe & entame
Les mons apeſantis, & montrant ſon effort
Tant plus ſon fais eſt grand, ſon feu eſt tant plus fort.
Voila commant on voit qu'une douleur plus douce
Eſt facille à cacher, mais un' aſpre ſe pouſſe
Hors du ſein par ſanglotz & puis l'aigre tourment
Parle maugré ſon ame & rompt l'empeſchement.
Où puis je plus loger tant de ſanglantes peines,

*Si les ouvrant au vent comme les noires veines,
Je n'allege ma fiebvre & cherche en mes propos
Quelque soulagement ou cause de repos?
En mon juste courroux, il fault que je commence
Un combat rigoreux contre ceste Inconstance,
Infernalle Furie & qui n'est pas des trois
Qui tormentent là bas les trangresseurs des loix
Du severe Pluton, c'est une quatriesme
Plus noire, plus cruelle & plus fiere & plus blesme
Que les autres ensemble. O miserable Amour,
Quant, enfant aveuglé, tu entrepris un jour
De deffendre aux Enfers & pour ta prisonniere
Butiner un tel monstre! ah! Venus meurtriere,
Quel malheur te poussoit, quant aveugle tu fis
Desrober l'Inconstance aux Enfers par ton fils!
Despuis ce triste jour, la troupe malheureuse
Qui suivit tes brandons ne fit brusler joieuse
Au temple Paphien sur tes sanglans autelz
Nul encens parfumeur des grands Dieux immortelz.
Despuis que l'Inconstance empoisonna les fleches
Du carquois de l'Amour, depuis qu'avec les breches,
Les plaies & les coups qu'il fait en se riant,
La gangrenne s'y met, depuis qu'en essuiant
L'escarre corrompu, l'Inconstance inhumaine
Met le feu en la plaie & nous ixiomenne,
Quant nous pensons quitter le lit pour nous guerir,
Hors du lit nous allons à la fosse mourir.
L'Amour n'est tel que lors que son amitié sainte
Brusloit le Siecle d'or, car là sans estre teinte
D'achonite caché le premier goust d'aimer,
On ofroit la douceur, on promettoit l'amer,
Sans vestir l'arcenit d'une blancheur sucree.
Lors les amans heureux en leur aise esperee
Poursuivoient leurs plaisirs, ou voians leur malheur,*

Forcez ilz s'efforçoient de commander leur cueur.
Mais les espoirs trompez, les divers changemens
Des espritz feminins & leurs promptz mouvemens
Ont changé de l'Amour l'effect & la puissance,
Si qu'aimer aujourduy c'est estre en Inconstance.
Di' moy, Muse, qui fit deffendre des haultz lieux
L'Amour porté legier d'un vol audacieux,
Alors qu'il entreprint & selon l'entreprise
Il a des bas Enfers l'Inconstance conquise?
Vous, dictes moy commant, à mon gauche malheur,
Il fut vaincu aprés qu'il eut esté vaincueur?
Nymphes qui habitez les umbres inconstantes
Des secrettes forestz, les fleurettes tremblantes,
Les ruisseletz courans, les tertres esventez,
Je suis vostre à jamais, vollages Saintetez,
Si vostre oeil inconstant, solastre favorise
L'heureux enfentement de ma folle entreprise!
Un jour comme Venus en son palais luisant
Mesprisoit soubz ses piedz Mercure devisant
Et fiere de se voir la teste raionnee
Du Souleil amoureux de perles couronnee,
Frisonnoit ses cheveux de cent mille couleurs
Et les paroit encor' d'un milion de fleurs,
Fleurs que les amoureux offroient en sacrifice
En Cipre ou en Paphos, en Chio, en Erice,
Les poussoient jusqu' en l'air des vens de leurs soupirs
Et enpruntoient de là les aesles des Zephirs :
La beauté en paroit sa beauté immortelle,
Contemploit en riant la peine plus cruelle
Et les dons des amans, laissant negligemment
Sur le dextre genou reposer l'ornement
De son troisieme ciel, ainsi qu'à l'impourveuë,
Se presente solastre à sa joieuse veuë
L'Amour qui retournant de blesser amoureux

Mille cueurs abatus s'en revenoit joieux
Et d'une here gaie en faluant fa mere (sic)
Mille mots enfantins jafoit pour lui complaire,
La chatouilloit aux flancs, mordoit, faifant le fol.
De fes bras potelez il tortilloit fon col,
L'apeloit fa maitreffe & embraffant fa cuiffe
Faifoit un peu le froid, prefentoit fon fervice,
Soupiroit fe moquant, de petis poins fermez
Frotioit fes yeux ainfi que de pleurs confommez,
Sanglottoit fe plaignant & je ne faurois dire
Comme il contrefefoit proprement un martire,
Dont la mere affolee, ainfi qu'elle fouloit,
L'embraffoit l'eftraignant & le rechatouilloit.
Elle baife ardemment fon oeil, fon front, fa bouche
Et pence devorer l'endroit où elle touche,
Prend au pli des jarretz fon enfant à fon col :
« *D'où viens tu, mon mignon, d'où viens tu, petit fol,*
Voiez ce mauvais filz qui à bleffer fe joue! »
Et le fait cliqueter & fa cuiffe & fa joue :
« *C'eft le mignon des Dieux fur les Dieux triumphant,*
L'appelant le mauvais, de fa mere l'enfant.
Begayant fes douceurs fon filz ell' idolatre,
Le met à cafourchon fur fa cuiffe d'albaftre
Où à bons fretillans elle cherift celuy
Qui fit de fes beaux yeux decouler tant d'ennuy,
Lorfqu'elle forcenoit pour Mars ou pour Anchife
D'une aimable fureur tout auffi toft defprife.
Un defir fans raifon incité de grandeur,
De nouvelle beauté & de nouvelle ardeur
Enflamina fes beaux yeux & d'amour maternelle
Dans ceux là de fon filz mirant fa face belle,
L'imprudente noioit fon cœur dans les foupirs
Qui doublés redoubloient le feu de fes defirs.
A donc ferrant la main à l'enfant qui prend garde

Aux fraicheurs de son teint & d'une main mignarde
Jouoit à ses cheveux, en poussant deux sanglotz
Chefz de sa passion elle pressa ces motz :
« Mon filz soubz qui les Cieux tremblent pasles de crainte,
De qui la tendre main victorieuse est teinte
Au sang plus pretieux des Dieux & des humains,
Est il temps de ploier en ton sein tes deux mains
Et nonchalant t'assoir, deshonoré tes gloires,
Puis que ne vaincre plus est perdre tes victoires?
Sus! que ces traitz mignards ne se reposent plus!
Le champ vous est acquis, poursuivons les vaincuz
Et butinons sur eux le pris de la victoire :
D'un triumphe paré cachetons nostre gloire!
Mais puis tu triumpher, aiant encore au cueur
Un scrupule mordant, indigne du vaincueur,
De voir dans les Enfers se rire la cruelle
Qui abatit un jour ta mere dessoubz elle,
L'Inconstance qui fit, quant ton dart transporté
De despit transperca le flanc qui t'a porté,
Trois fois croistre ma plaie & la fit estre telle
Qu'elle m'eut mis à mort si j'eusse esté mortelle ;
Elle fit l'Immortelle encor' chercher la mort!
Vange, mon filz, d'un coup pour ta mere ce tort,
Et pour toy mesme aussi : n'as tu pas veuë en terre
Aussi cest' affetee à qui tu fais la guerre,
Seulle qui a tousjours à ton arc resisté,
Qui possede en despit de toy mainte beauté,
Changer; aux cours des Grands elle est trés mal venuë,
Mais elle est pour Deesse au village congneuë,
Elle y regne pour toy & les pudiques cueurs
Par ceste chasteté sur ton arc sont vaincueurs.
Elle te soulle aux piedz, veux tu que l'on t'adore
Pour Dieu, puisqu'en souffrant?... » Elle voulut encore
Dire plus, quant l'enfant à ses pleurs viollans

Respondit d'un soupir & ses levres tremblans
Lui serroient le propos : la douleur le surmonte,
De crainte de pleurer il se cache de honte,
Il fuit, il se desrobe & en planant en l'aer
Il forge le chemin par où il doibt aller.
Le despit viollant eschauffa son offence,
Il mache entre ses dens le nom de la vengeance.
L'alouette en yver si viste ne dessend,
L'autour du hault du Ciel si viste l'air ne fend,
Si viste n'est un trait comme l'aesle ploiee
De l'Amour en courroux soudain fut devalee.
Il me trouve en passant, & ainsi qu'il passa
Il arrache un trait d'or & le sein m'en persa,
Et lors qu'ainsi blessé cest enragé me laisse
Il attend son retour pour blesser ma maitresse.
Il en advint ainsi de vous tous qui aimez
Constamment l'Inconstance & de glace enflammez
Fondez de vostre foy les tours diamentines
Sur les sables mouvans des beautes feminynes,
Car l'Amour vous blessa lorsqu'il estoit Amour
Tousjours aimant, & non tel qu'aprés son retour,
Qui fit aimer, hair, changer & contrefaire
Les cueurs de voz beautés pour vous plaire & desplaire.
Ne souffrez plus jamais ces volages beautez
Legeres, sans avoir les espritz esventez,
Appeller amitié ceste vaine souffrance :
Qu'elles ne plaident plus amour, mais l'inconstance.
En la Braconne on voit, forest de l'Angoumois,
Une fosse profonde où au plus chault des mois
Au solstice d'esté jamais le soleil n'entre :
Il n'en voit point le fons qui touche prés du centre.
C'est l'exalation des Enfers, le chemin
Par où les noirs Demons emportent leur butin.
L'Amour perdit de l'aer en cest endroit la veue,

Menacant & bravant arrive à l'impourveuë
Aux bors de l'Acheron où le vieil Nautonnier
Passage ny bateau ne luy peut denier,
Car il sentit le feu en sa froide vieillesse
D'un amour incongneu ; il passe de vitesse
Et si tost qu'arrivé fut le Dieu conquerant
Au païs ennemy, il courut quant & quant,
Persant de l'œil, du trait la presse espouventee,
De la fleche meurtrit sans estre ensanglantee.
Mille brandons de feu par là vollent espars,
Mille coups amoureux se font de mille dars,
Si bien qu'en peu de temps tous les morts ont sentie
D'une seconde mort leur peine apesantie.
Les Espritz condemnez reçeurent en ce jour
Pour un second enfer l'impitoiable Amour.
Les trois Juges cruelz changent leurs fieres mines
En sanglotz, en soupirs amoureux des Erynnes.
Les Espritz plus hautains de l'Enfer tenebreux
Bruslent de Proserpine, & Pluton amoureux
Voit sa femme au pillage & comme il pence prendre
Un croc deux fois pointu pour son regne deffendre,
Voici tout le menu de l'Enfer mutiné
Par qui peu s'en fallut que leur Roy estonné
Ne fut en pieces mis, mais leur aspre courage
D'aimer, non de tuer, sentoit la douce rage.
En ces combatz divers l'Amour vint furieux
Où fut mise en prison l'Inconstance aux beaux yeux,
Quant Jupin prevoiant que nostre ame mortelle
Devoit un jour souffrir tant de tourmens par elle
L'arracha de son lieu & enchaina de fers
Ses piedz dans le profond des horribles Enfers,
Du despit qu'il reçeut alors que ceste folle
Le fit voller cent fois de l'un à l'autre polle,
N'embrasant de l'amour son cueur, mais le changeant.

Luy qui en mille lieux forcenoit enrageant
Trouva ceste fafcheufe & lui fit en cholere
Endurer le torment deu à fon adultere.
Combien de fois la mere a troublé Aquilon,
Combien de fois a meu un orage felon
Pere de ce malheur quant la mere Fortune
De tirer de prifon leur fille l'importune !
L'Amour voit cefte folle & fi toft qu'il la vit,
Effraié, du carquois une fleche il ravit,
La bleffe, de l'Amour & elle auffi fe bleffe.
Il fut fait inconftant & elle fa maitreffe.
Il rompt fes fortz liens & la tirant dehors,
Des Enfers obfcurcis il tira mille mortz.
Sa robe eft de changeant, de mainte fleur vermeille
De fes chéveux fans loy le hault elle apareille,
Son teint a cent couleurs, elle a cent yeux ouvers,
Et autant de chemins qu'elle trouve divers
Autant de piedz elle a. Lors fes aefles fecrettes
Paroiffent à l'inftant que mille girouettes
Qui virent fur fon front changent d'air & de vent.
Elle mafque fa face & rechange fouvent
De plus de nouveautés que Metra l'adultere
Pour eftancher la faim d'Erifichthon fon pere.
Elle eft jeune, agreable & fon cors n'eft pas nu,
Couvert, comme je dis, pour garder incongnu
Le charme de fes ans que la forciere fine
Couvre de mefme fart que la magique Alcyne.
De l'Enfer tenebreux noftre couple amoureux
Vindrent en la foreft, au fortir de leur creux,
Où eftenduz fur l'herbe ilz eurent jouiffance
Du fruit de leurs amours avecq' la congnoiffance.
L'Inconftance amoureufe & l'Amour inconftant
Alloient de beaux prefens l'un de l'autre empruntant :
L'Amour de l'Inconftance aima les girouettes

Et l'Inconstance aima de l'Amour les sagettes.
Elle prit son carquois & le mit en son col
Et faisoit mille coups des fleches de ce fol.
Venus fut en courroux au lieu d'estre vangee;
L'yre d'Amour estoit en une amour changee.
Elle vit du hault Ciel ma maitresse passant
Et l'Inconstance aprés qui la va pourchassant.
Son courroux s'aluma, & lors esprise d'yre
La mere de l'Amour de l'Amour se retire.
Mais Aquilon vollant sur l'Ocean leger
Courut fidelle & prompt & joieux messager.
La Fortune il trouva qui en la mer troublee
Sur deux camps combatans presidoit aveuglee.
Il n'eut pas si tost dit que l'amour enivré
De l'inconstant Amour leur avoit delivré
Leur fille de prison, & qu'elle seroit mere
D'Amour qui prisonnier est de sa prisonniere :
Fortune quicte là ces pauvres enragez
La pluspart mortz, bruslez, blessez & submergez.
Elle trouva au bois l'agreable jeunesse.
Là ne fust espargné le ris, ne la caresse,
Et de ces inconstans les inconstans amours
Tout bruslez de plaisir durerent peu de jours.
Fortune se changeant plus tost que la parolle
Aux mignons de la court favorable s'envolle;
Le Vent s'enfuit ailleurs & l'Amour inconstant
Ses petits moulinetz fait virer en trottant.
L'Inconstance possede & le fer & les flammes
Dont au lieu de blesser, elle meurtrist les ames.
Ainsi l'Amour n'est plus conduit par la beauté
Depuis que l'Inconstance a son carquois porté
Et depuis que Venus & agreable & belle
A quitté les amours, mais Fortune rebelle
Commande l'Inconstance & commande l'Amour.

*Mais si le bien & mal se changent en un jour,
Las! pourquoy mon torment a il tant de duree?
C'est que je fus blessé de la fleche doree
Avant que l'Amour fust leger & inconstant.
Si l'Amour eust voulu faire sentir autant
A ma beauté legere ou bien que l'Inconstance
Eust sur moy malheureux, non l'Amour, prins puissance!
O divine Inconstance, aie pitié de moy!
Gueris en me blessant ma plaie & mon esmoy,
Pardonne le despit de mon ame pressee,
Pardonne luy les maulx qu'au premier offencee
Elle a vomy sur toy, frenetique en courroux.
Change sa volunté, ton nom luy sera doux
Et comme j'ay tourné le mesdire en louange,
Fay' qu'un cueur amoureux à n'aimer plus se change.
Je te feray roulier un autel d'un balon,
J'immoleray dessus des feuilles qu'Aquilon,
Ton pere, nous fait choir au pluvieux automne;
Je t'offriray de l'aer d'une cloche qui sonne
Et le coq qui viroit sur le hault du clocher
Densant de cent façons; je courray te chercher
De l'eau & du savon & feray à merveilles
D'une paille fendue envoler des bouteilles:
J'offriray du dubet, plumes, fleurs & chardons
Et de l'eau de la mer & des petis glaçons,
Un cameleon vif, & au lieu de parolles,
Je diray sans propos cent mille phariboles,
Et bruslant tout cela à ton nom immortel,
Je brusleray encor' & le temple & l'autel.*

VII.

[CONSTANCE — INCONSTANCE.]

Je veulx prendre aux cheveux la Fortune & le Sort
En opofant ma rage à leur droit, à leur tort,
Pour ce qu'aveuglement & plus toft de malice
Ilz veullent la vertu ouïr avec le vice,
Au mauvais & au bon ilz font uniquement
Sentir la recompence & fouffrir le tourment,
Confondent le Midy en l'Aquilon qui tremble,
Font un chaos de l'eau & des flammes enfemble;
Veulent enfemble amour & la haine loger,
Les ventz parmi les rochs, le ferme & le leger.
Commant pourra l'amour naiftre d'antipatye?
Si fait, dira quelqu'un : tout principe de vie
Vient de deux qualitez & d'acords difcordans,
Car deux froidz & deux fecz, deux moites, deux ardens
Sont fterilles de foif, mais l'ardeur arrofee,
La douce humidité, la chaleur compofee
Portent fruit & auffi les ames, les efpritz
De la fage Nature ont cefte regle apris.
Couplés deux ygnorans, deux braves, deux colleres,
Deux coquins, ilz feront femblables & contraires
Et ne fortira d'eux que fotize, qu'orgueil,
Querelles, pauvretez : puis vous verrez à l'œil
Au corps que le default, folution, ouverture
Cachent les excremens & le trop de nature
L'excrement, le default; l'un à part ne peut rien.
Monfieur le Philofophe, helas! vous dites bien :
Pour moy qui n'ay jamais apris philozophie

Autre que naturelle & celle qui convie
L'union & l'acord de ma maitresse & moy,
J'aymois une parjure & j'cvois de la foy;
J'estois humble & craintif, elle plaine d'audace,
J'enrageois, je bruslois, elle devenoit glace,
J'aymois la fermeté, elle le changement
Hors mis à me hair qu'elle fit consfemment.
Pourtant nostre union jamais ne se peut faire
Quoy que nous fussions bien l'un à l'autre contraire.
J'aprins à disputer, & je suis bien d'accord
Que deux braves, deux sotz ne feront que discord.
L'amour qui est vertu ne se fait de deux vices,
Car les seulles vertus des vertus sont nourrices,
Mais faites union du docte gratieux,
Paisible & opulent, lors il proviendra d'eux
Sçavoir, honnesteté, patience & richesse.
Bien heureux qui se voit uni à sa maitresse
D'ame & de naturel! Celluy là est heureux,
Car il est jouissant & non plus amoureux,
Sans regret, sans soupçon, il n'a soing ny pratique.
Encor' ce qui me fait trouver l'amour inique,
C'est que le plus souvent nous voions bien contens
Sans perdre leurs labeurs, leurs peines & leur tems
Quelque homme sans honneur qui en sa bonne mine
Met la flamme d'amour & non en la poitrine,
Un Prelat, un Abé, quelque bonnet cornu,
Et l'apostat sera plus tost le bien venu
Qu'il n'aura souhaitté, avecq' la congnoissance
Aiant le cueur, la main, l'œil & la joissance.
Ah! bien heureux Philon, ah! malheureux aussi!
Heureux d'avoir trouvé un amour sans soucy,
Malheureux pour avoir coupable conscience
Que l'on pence de toy bien mieux que tu ne pence!
Ha! Philon tout ensemble heureux & malheureux

Qui ne puis bien vouloir ce que mesme tu veux!
Ha! Philon bien heureux & malheureux ensemble
De qui l'amour, l'ardeur & l'esperance tremble,
Heureux par la fortune & qui es en danger
D'avoir acquis sans cause & sans cause changer!
Tu aymes inconstant la constance du monde,
Et ferme j'esquairois sur une boule ronde
Une tour de ma foy, mais quel malheur pourquoy
Toy qui es inconstant ne sers tu comme moy
Une humeur qui te semble & que pourrions nous faire,
Estans & toy & moy l'un à l'autre contraire,
Contraires en rencontre & semblables d'un point,
Que pas un de nous deux son propre n'avoit point?
Je vis en mesme temps deux dissemblables vies
A deux rares beautez toutes deux asservies :
Toy qui as en l'esprit un vent de changemens,
Un orage de flotz & de promptz mouvemens,
Tu suivois aveuglé d'une gauche aventure
Une autre volunté & une autre nature.
Ta maitresse eut le sein remply de fermeté :
En elle la constance, en elle la beauté
Disputoient à l'envy & debatoient laquelle
Des deux perfections floriroit la plus belle,
Moy qui ne fis jamais autre profession
Que brusler sans changer de mesme passion,
M'endurcir aux malheurs, obstiner mon courage
Encontre les rigeurs, comme contre l'orage
Un grand roch endurcy fait targe de son dos
Et fend en se moquant les rencontres des flotz.
Je fuz asubjecty d'une inique sentence
De l'Amour courroucé à servir l'Inconstance
Que j'ay servy seize ans, & servy tellement
Que je sers l'Inconstance & la sers constemment.
Ha! beauté mal logee, ha! tromperesse face,

Manque perfection, gratieufe & fans grace,
Indigne d'un tel ferf, indigne d'amitié,
Eftant trop pitoiable ou eftant fans pitié,
Trop pitoiable à tous & à moy feul rebelle,
Ayfee à ton malheur & à ton heur cruelle,
N'eft-ce pas un malheur de mettre à bon marché
L'or qui doibt eftre cher plus il eft recherché?
N'eft-ce pas un bonheur de garder fa promeffe
A un feul & d'un feul vouloir eftre maitreffe?
Aymer par la vertu eft-ce pas un bonheur?
Aymer fans cognoiffance eft-ce pas un malheur?
Je n'ayme point une ame & parjure & cruelle
Et la dame auffi folle & volage que belle.
Or inconftante, adieu! Adieu, folle beauté,
Je n'afferviray plus ma franche loiauté
Qu'à la loiauté mefme & jamais ce courage
Qui vollage n'eft point n'aimera le volage!
Va, Philon, fans cerveau, leger & inconftant
Chercher cefte inconftante & je recherche autant
De revenches en moy que je laiffe au contraire
A la legereté une chofe legere :
Et fi en gemiffant, vefve de fon pareil,
La tourterelle feulle a fait rouer fon œil
Sur les autres oifeaux, ne trouvant agreable
Pour leurs panaches fiers autre que fon femblable,
Regarde çà & là Olimpe & fes flambeaux,
En courant l'Univers fois juge de nos maux,
De leur caufe fi jufte & de la mefme envie
Qui de nos cueurs unis martirife la vie.
Tu as perdu celuy qui de l'or de fa foy
S'embelliffoit au feu. Tu puis trouver en moy
La fermeté, auffi l'amour loyale & bonne
Qui feulle tant de maux & de rage me donne.
Tu l'aimois conftemment, j'avois aimé ainfi

Une inconstante humeur, mais qui eust peu aussi
D'un amour monstrueux tirer un fruit & faire
Germer deux naturelz l'un à l'autre contraire.
Olimpe, ton parfait t'aimoit bien constemment,
Mais la mesme vertu te fit pareillement
Digne d'estre cherie, est-ce doncques merveille
De rendre à l'amitié une amitié pareille?
Il bastit sur ton roch une immobile tour,
Il t'aima, tu estois cause de son amour.
Mais si j'ay prins à gré une dame sans grace,
Si mon ardeur brusloit les neiges & la glace,
Si j'embrassois constant les vens impetueux,
Si j'ay couru sans choir au chemin pierreux.
Si j'ay seu escouler avec la docte rame
Un navire sans loy, sans raison, une dame,
Par les Scirthes mouvans & Scilles sans pitié,
Quel sera le pouvoir d'une double amitié,
Quant de deux cueurs unis la liaison non feinte
Florira sans secher inviolable & sainte?
Bienheureux Alidor, si Olimpe te veult
Faire gouster combien un amour ferme peult!
Alidor te servant, Olimpe bien heureuse,
Estant de sa constance & son heur amoureuse!
Va! Aurore volage, en eschange de moy
Acoller ton Philon aussi leger que toy,
Va! Philon inconstant acoller ton Aurore,
Car si tu es leger, elle l'est plus encore!
Alidor malheureux si l'Aurore au poil d'or
Eust tousjours tourmenté ainsi son Alidor!
Olimpe, je voiois malheureuse ta vie
Si l'inconstant Philon t'eust encores servie,
Laissons ces malheureux & leurs desloiautez
Meller du fiel parmy leurs plaisirs tormentez.
Unissons nous, Olimpe, afin que je t'honore

Plus que tant de coulleurs bizarres de l'Aurore,
Ferme comme le mont dont le sommet heureux
Se moque de la fouldre & voisine les Cieux.
Cependant l'amitié des inconstants se change
Selon les vens legers de leur humeur estrange.
L'amour uni, bien né & de toy & de moy
Ne branle, ne se meut non plus que nostre foy.
Philozophes trompeurs, j'opose ma pratique
A vostre vain savoir, à vostre teorique.
Choysira qui voudra les accords discordans,
J'aime mieux l'unisson des accors acordans :
Que tousjours du premier mon ennemy jouisse.
Du second ma maitresse & moy ensembl' unisse;
Lorsque je brusleray, brusl' Olimpe de moi
Ardent' à mon ardeur & fidele à ma foy!

VIII.

[LA SORCIERE.]

Des umbres de voz creus Ciclopes barbouillez,
Vous, Geans enfumez, de crasse tous rouillez,
Troussez voz bras nerveux, acordez sur l'enclume
Trois marteaux eunymez & vos coups en ma plume.
Forgeons un fer pointu, deux crochetz de travers,
Tel qu'en porte un Pluton pour [son] septre aux Enfers.
Presque pareil au fouldre & le faisons de mesme
Celuy qu'Ulisse mit dans l'œil de Polipheme,
Faisons pisser dessus les filles de la Nuit,
Enbavé de serpens pour trempe il soit reluit,
Puis trempé par sept fois en l'onde Stigienne.
Volle de tous costés, à ce spectacle vienne

Un rond noir de corbeaux, il y aura pour eux
A manger à crever dans cest horrible creux.
La peste est trop infecte & s'enfle par trop grosse :
Que du bout de ce fer je creve ceste bosse!
Fuiez, amis, ou bien d'un encens alumé
D'opiat preservant vostre nez soit armé,
Pour n'estre sufoquez d'une peste si forte.
J'ay pour preservatif l'amour que je luy porte.
Le fer n'est que trop chault : sus, amis, qu'en deux motz
Je voie desarmer les Alpes de son dos,
L'Averne d'arsenic & la roche où l'Envie
Abecha de serpens ses rages & sa vie!
Compagnon qui jadis, malheureux en amours,
Fus trompé de ce dos desguisé de velours,
Charmé comme Roger en la prison d'Alcyne
Ne vit ce que cachoit le masque de sa myne,
Prens ce fer à deux mains & poussons bien avant
Et nous verrons sortir tous les diables au vent.
Poussez fort, repoussez, la sorciere est charmee,
Non est (sic). Ne vois-tu pas que c'est qu'elle est armee?
Ho! ho! cuirace à part, vous aimez les combatz!
Monstre bossu, pourquoy n'armez vous donc le bas?
Putain dés le berceau, dés saize ans maquerelle,
Ce n'est pas pour cela, mais elle avoit querelle.
Poussons à ceste fois & chacun face un sault
A quartier, comme quant on assomme un crapault.
Poussons, gare, fuiez, la plaie est entamee!
Quel bruit, quel sifflement, quelle espaise fumee,
Que de cris, que d'horreurs, que de bizarres feux
Bleus & vers vont vollans desja jusques aux Cieux!
Voila un air espais qui s'enfuit, c'est la rage
Qui s'exalle, s'amasse & se fait un nuage.
Ois tu que de serpens, que de mousches font bruit?
Vois-tu bien du midi faire une obscure nuit?

Voila deux cens Demons, espritz nez à mal faire,
Qui sortent arrangez, conduitz par un Cerbere.
De cent crapaux enflez elle purge l'orgueil,
En mille vipereaux, les plaisirs de son œil,
En monstres contrefaitz elle purge son vice,
En tortillons d'aspitz qui sifflent sa malice.
Voicy sa villennie & par deux autres trous
La chenille, les vers, la punaise & les pous!
Que de monstres cornuz qui enfoncent leurs testes
Entre les palerons! Que de petites bestes,
Mandragores, tatous, bazilics odieux,
Coquatres incongneuz qui font mourir des yeux!
Je n'y congnois plus rien : voila des creatures
Que je ne vis jamais vives ne en peintures.
Je congnois bien encor de l'arsenic tout blanc,
Du sublimé pareil, du riagua, du sang
D'un taureau eschauffé. O dangereuse peste!
Donne moy ce crochet que j'arrache le reste!
Mais quoy! elle se meurt & la pensant guerir,
Nous lui ostons la vie & l'avons fait mourir!
Elle est morte, c'est fait, que de mon ennemie
Nous facions à ce coup la vraie anatomie,
Pour congnoistre commant, sans lui avoir fait tort,
Aux causes de la vie elle a senty la mort.
Voions soigneusement si ses nobles parties
Des pointes du crochet ont esté departies.
Cherchons où est le foie... en autre endroit... point, point,
Vous luy cherchez du noble, elle n'en avoit point.
Au moins où est son cueur? mais quant la main j'y passe
Je ne rencontre rien que du fiel en sa place.
Ouvrons luy le cerveau : voicy d'autres poisons,
Il souffre cacochisme & est plain de poisons.
Ses rognons sont bruslez, ell' est un peu lepreuse
Et son sang monstre bien qu'elle fut chaleureuse.

Ouvrez luy la matrice : O! elle avoit dedans
Deux germes commancez de deux pauvres enfans!
Je voy de l'eſtommac deſſendre de l'eau bleue
Que c'eſt? Timelea & du jus de la rue.
Mes amis, je m'en fuis, car je meurs ſans mourir.
Laiſſons ce cors aux champs des orages pourrir;
Il troublera tout l'aer d'odeur & de deſordre.
Les chiens tournent autour & ne peuvent y mordre;
Ceux qui mordent un coup s'en courent enragez :
En l'aer un noir amas de corbeaux arrangez
Croaſſent tout autour, mais nul d'eux ne ſe baiſſe.
Je fuis puiſque tout fuit & enfin je le laiſſe.

CHANSON.

Adieu, douces beautez, ſi doctes à charmer :
  Puiſque je dis adieu, oyez mes triſtes plaintes;
  Ce n'eſt plus en mourant que les larmes ſont faintes.
La mort me ſemble douc' & l'adieu m'eſt amer.
Adieu, beaux yeux divins, autheurs du triſte ſort
  Qui faict naiſtre des pleurs pour eſtaindre ma flame :
  Tes pleurs ingrats s'en vont, mais ce feu dans mon ame
Rend l'adieu plus amer & plus douce la mort.
Adieu, bouche vermeille, où vienent ſe former
  Tant de douces liqueurs & la douce harmonie
  De mes triſtes accors, la mortell' ennemie
Qui me rend la mort douc' & l'adieu tant amer.
Adieu, mains, qui liez d'un inſenſible effort
  Les mains, les yeux, le cœur, le parler & la vie
  Tenant ma liberté ſoubz des loix aſſervie,
  Qui rend amer l'adieu, mais bien douce la mort.

Adieu, celeste voix, puissante d'animer
  Les rocs plus endurcis & la plus dure escorce;
  Pourquoy ce doux accent, mais trop cruel s'efforce
  De rendre la mort douc' & l'adieu tant amer?
Adieu, sein tout d'albastr' où j'asseurois mon port :
  Si je fais la descente & faille que je meure,
  Mettez soubz un teton mon cœur & dés cett' heure
  Combien qu'amer l'adieu, douce sera la mort!

HUITAIN.

POUR UNE COURSE DE BAGUE SANS HABIS NOUVEAUX ET SANS MASQUES.

Nous ne sommes vainquus & ne le voulons etre,
Nous n'esclavons aucuns & n'avons point de maitre;
Les plaisirs de noz yeux nous donnent les couleurs,
Nour n'avons, ne voulons defaveurs, ny faveurs.
Noz maitres & noz Roys, sans Roy & sans maitresse,
Nous voulons eprouver votre heur par notre adresse;
Non insolens du bien, non tristes du malheur,
Aussi peu deguisez de l'habit que du cueur.

[VERS BRISÉS.]

Soit martire en aimant   — *qui vouldra profperer* [1]
Qui eft friant de pleur   — *ne ferve pas les Dames.*
L'amour fait naiftre au cueur — *tout le repos des ames*
Le comble de torment   — *eft de ne point aimer.*
J'eftime plus que l'or   — *la crainte & le fervice*
La douce liberté   — *je fuis comme poifon.*
Je n'ay en volunté   — *qu'une douce prifon*
Un plus riche trefor   — *m'eft un cruel fuplice!*

---

1. Ces vers peuvent fe lire de deux façons : deux huitains de vers de 6 pieds ou un huitain de vers de 12. Les premiers hémiftiches détachés des feconds, & les feconds des premiers forment un fens complet : le poëte y déplore le malheur des amants. Les hémiftiches réunis préfentent un fens contraire & célèbrent le bonheur des amants.

SONNETS.

I.

Veulx tu sçavoir qui peut faire la vie heureuse,
Folastre d'Aubigné, ce sont ces points icy :
Des biens non pas acquis, mais trouvez sans soucy,
Bonne chere, beau feu, la terre fructueuse,
Point de procés, de noise, avoir l'ame joieuse,
Le cors dispos qui n'est trop maigre ou trop farcy,
N'estre point cauteleux, ny point niais aussi,
Avoir pareilz amis, table delicieuse,
Sans crainte, sans soupçon, en sa bource un escu,
Belle femme gaillarde & n'estre pas cocu,
Un dormir sans ronfler, un repos sans se feindre
Qui face la nuit courte & contente les yeux,
Estre ce que tu veux, n'affecter rien de mieux,
Ne desirer la mort, la fuir sans la craindre.

---

1. On trouvera au tome IV une férie de sonnets satiriques.

II.

Je fuis celle qui veult, je veulx celle qui nye :
L'Amour defire vaincre & non fe contenter.
Je mefprife le bien qu'on me vient prefenter,
Mais j'ayme encores moins celuy qu'on me defnye.
Je hay la trop laffive ou trop craintive amye,
Je ne veulx ny faouler ma . . . . , ny tormenter.
Je crains une Diane impoffible à dompter,
J'ay honte de Venus toute nue endormye,
Car l'une trop veftuë a de plaifirs trop peu,
L'autre dormant à nud vous offre trop beau jeu.
Je veux doncq' que ma mye à regret abandonne
Son amour cher vendu & donné cherement,
Qui ait honte d'aimer, qui refufe en aimant
Et qui n'ofe nommer cela qu'elle me donne.

III.

Je vous veux eftrener . . . . . d'un rameau
Dont la fource, la fin, la mort & la naiffance
Umbrent du clair Ladon : c'eft en recongnoiffance
Du lierre tortu qui ceint voftre chapeau.
J'en adore ceulx là qui fur le vert coupeau
Du Phœbee Hellicon incitent à la danfe
La troupe des neuf Seurs, je n'ay en ma puiffance
Prefent plus cher, plus grand, plus riche ne plus beau.
Je veulx enrichir d'eau le chevelu Neptune,
Le Soleil de clarté, d'humidité la Lune,
Le Printemps de couleurs, & mon outrecuidance
Veult encor' enfoncer d'autres fruitz parmy ceux
Que l'on voit regorger du cornet d'abondance,
Ou fournir de fanglotz un amant angoiffeux.

IV.

A l'honneur de celuy dont la vie eſtouffée
Fut à la rauche voix d'un enroué vineux.
Quiconque pouſſera d'un ton armonieux
Quelque ſainte chanſon doucement eſtoffee,
Quiconque chantera, imitateur d'Orphee,
Ou de guerre ou d'amours les regretz ſoucieux;
Ou qui exaltera l'architecte des Cieux
Par les tons qu'inventa Phebus le Coriphee.
Qui vouldra marier du luth voulté les ſons
Et la corde fidelle aux odes & chanſons
Sera de mes eſpris loué par l'Univers.
Que voſtre luth ſoit donq' de mes vers la louange
Et mes vers chanteront voſtre luth par eſchange.
Les vers ſont pour le luth & le luth pour les vers.

V.

L'Amour armé d'attraits & de traits & de feux,
Paré de ſes douceurs, de fleiches & de flames,
Active, bruſle & pert le cœur, les yeux, les ames
Par le nuiſant poiſon de ſes ris, de ſes jeux :
L'Amour ne craint la mer, la terre, ny les Cieux;
Les Cieux, la terre & l'onde eſpriſe pour ſes charmes
N'a pour luy reſiſter d'aſſez puiſſantes armes,
Et ces armes ne ſont (ce dis-je) que tes yeux.
. . . .
. . . .
A ta mort finira de mes amours la vie,
Car la fiere Clotho nous donne un pareil cours,
Et rien de moy ne peut ſurvivre tes beaux jours
Que le ſouſpir de l'ame en la mort non ravie.

VI.

L'Amour voudroit à son plaisir
Ces chevaliers dont les pensees
Du gré de leur astre pressees
N'ont desir qu'estre sans desir,
N'ont autre choix que ne choisir
Et sans entreprises dressees
Sentent qu'Amour leur a dressees
Ces peines par trop de loisir.
Celuy desguise sa parure
Qui est desguisé de nature;
Qui d'un masque veut tromper l'oeil
Peut aussi masquer son courage.
Heureux qui comme le visage
Peut monstrer le cueur au soleil!

VII.

Quoy! mon dernier souspir finira mon torment,
J'estaindray ma douleur en estaignant ma vie;
Ma joye & mon aimee en mesme temps ravie
Fera que mon trespas soit mon contentement.
Je meurs pour ton absence & meurs heureusement :
Ainsi je ne suis plus esclave de l'envie,
Je sens mon ame libre & non plus asservie
Trouver en la mort mesme un doux soulagement.
Non, plustost que je vive avec [ma] bien aimee!
Mais il faut que je meure afin d'estre estimee.
Donq' que ma mort ne soit qu'un soudain changement,
Je feray par ma mort & par ma vie heureuse
Mon corps conjoint au sien en la mort tenebreuse,
Mon ame avec la sienne unie au firmament.

VIII.

Fault-il helas que j'ayme & ne foys point aimé!
Fault-il qu'eſtant de feu tu foys toute de glace!
Fault-il que mon malheur je pourfuive à la trace!
Fault-il que d'un tel feu mon cœur foit allumé!
Heureux quand je me vis tellement enflammé,
Plus heureux mes efprits efpris de telle grace,
Heureux d'eſtre amoureux d'une ſi belle face,
Encor heureux aimant, heureux d'eſtre eſtimé.
Tout de moy bienheureux, bleſſé de belle flame,
Flame qui me bruflant ne confume mon ame.
Ame, efprit, cœur heureux fervans de ſi beaux ycux,
Mais ſi le faux deſtain ne veut que je poſſede
Le comble de mon heur, j'ay la mort feur remede
Par eſtaindre mon mal, mes defirs & mes veux.

IX.

Quelquefois . . . . . j'ay porté dans le flanc
Le coup d'un trait doré de l'amoureuſe trouſſe,
J'ay rendu les abois comme la beſte rouſſe
Qui tache les buiſſons des marques de fon fang.
De mes plus favoris j'ay veu au meſme rang
Qui ont fenty fon arc & fa rude fecouſſe,
Mais je n'en ay point veu qui comme toy repouſſe
Le plaiſir pour le pleur, & pour le noir le blanc.
Te voiant tout perclus des forces de ton ame,
Et brufler obſtiné au milieu de la flamme
Dont je te veux tirer, te voiant efgairer
Au chemin que tu fais, & me voulant contraindre
De te laiſſer perir, j'ay grand tort de te plaindre
Puifque pour ton plaiſir tu te fais endurer.

X.

Faut il vaincu qu'à ce coup je suplie
Celle par qui j'ay esté combatu?
Fault il fleschir un genoil abatu
Au front esmeu de ma fiere ennemie?
Fault il, helas! redemander la vie,
Baiser le fer dont j'ay esté batu?
Fault il chercher au venin la vertu
De me guerir de ceste maladie?
Qui est encor' si malheureux que moy
Qui prens contraint la force pour la loy,
Et qui ne puis le pardon requerir
Qu'à la rigeur de ma chere maitresse?
O coups mortelz, si je ne puis guerir
Que par les mains de celle qui me blesse!

XI.

Susanne m'escoutoit souspirer pour Diane
   Et troubla de sanglots ma paisible minuict,
   Mes souspirs s'augmentoyent, faisoient un tel bruit
   Que fait parmi les pins la rude tramontane.
Mais quoy! Diane est morte & comment, dit Susanne,
   Peut elle du tombeau plus que moy dans ton lit,
   Peut bien son oeil esteint plus que le mien qui luit?
   Aimer encor les morts n'est ce chose profane?
Tire tu de l'Enfer quelque chose de sainct?
   Peut son astre esclairer alors qu'il est esteint
   Et faire du repos guerre à ta fantaisie?
Ouy Susanne, la nuit de Diane est ung jour :
   Pourquoy ne peut sa mort me donner de l'amour
   Puisque morte elle peut te donner jalousie?

XII.

Je te veulx mal, Pandolfe, & n'aye point raiſon
Si fier, ſi liberal du mal qui me tormente
Tu te baigne en mes pleurs : je m'y noye & lamente,
Buvant à ſi longs traitz mon amere poyſon.
Je hay' ta blanche main qui tient ma gueriẓon,
Je hay' ton euil flambant dont la [flamme] s'augmente
En triumphant de moy qui peris languiſſante
Et meurs ſoufrant mourir le bien de ma raiſon :
Mais plus qu'à ton bel euil & plus qu'à ta main belle
Je me veus mal à moy qui te ſuis trop fidelle.
Laſche, rends moy mon cœur & pren ſa fermeté
Ou tigre, preſte moy de ce tygre courage,
Qui encheſne mon ame au joug & au ſervage
D'un ingrat ſans amour, tout plein de liberté.

XIII.

Kariclea voyoit ſon eſpoux Theagene
Que de ſon tendre ſain l'on venoit d'arracher,
Et un peuple bigot obſtiné à cercher
Pour elle des honneurs, & pour luy de la peine.
A quel point different le hault deſtin amene
Un couple precieux, par luy gardé ſi cher,
Elle au ſiege royal & luy ſur le buſcher !
Luy devient une hoſtie & elle devient Reyne!
La belle s'eſcria : Vous vous trompeẓ, mortels,
Meneẓ les deus au troſne ou les deus aux autels,
Ma moitié ne ſe peut de ſa moitié diſtraire :
Deus cœurs ſi bien unis veulent un pareil ſort,
Apreſteẓ les linceuls du lict ou du ſuaire,
Il fault vivre en ſa vie ou mourir en ſa mort !

XIV.

Pieça, ton naturel, ton eſtude & ta race
Bien ſage, fort lettree, illuſtre noblement
De bonté, de ſavoir, d'aſſeurance, aiſement
T'a rempli, comblé, peint l'eſprit, le cueur, la face :
Cette bonté, ſavoir, aſſeurance en ta grace
Te fait reveremment, grandement, bravement
Honorer, admirer, redouter meſmement
Au peuple, aux Majeſtez & à cil qui menace,
Et ainſi honoré, admiré, redouté,
Tu vis heureux, conneu, partizant affecté
Au vilage, aux citez, aux cours & à la guerre.
Puiſſes tu, bon ſavant, aſſeuré à jamais
Te voir aymé, cheri, craint par toute [la] terre
Des gens de bien, des Roys & de tous ces mauvais!

XV.

Le plus de moy en moy & hors de moy demeure.
Mon cueur que gemis tu? mes yeux que pleurez vous?
Il n'y a point d'eſpace & de vuide entre nous,
Je vous fuis, je vous ſuis, proche & loin en meſme heure,
Mon cueur ne gemis point, s'apaiſe l'oeil qui pleure
De moy & de mon ame abſent, preſent tousjours.
Ce depart, ce lien eſt tant amer & doux
Que je vis en mourant pour qu'en vivant je meure :
J'ay donc, chere deeſſe, engagé avecq' toy
Et mon ame & mon cueur, les plus grans pars de moy.
Nous demeurons enſemble & ce corps ſeulement
Arraché de fortune eſt une ſouche en flamme,
Mais d'où peult il avoir douleur, ny ſentiment,
N'aiant cueur que ton cueur, ny ame que ton ame?

XVI.

Le feu tire le feu du corps qui eſt ignee,
L'aer par l'aer eſchauffé va fouiller les chaleurs
Dedans un corps meſlé de diverſes humeurs
Et en tire ſubtil la flamme enpriſonnee.
L'ame de l'ame priſe, eſpriſe & enſeignee
Aprend ce qu'il eſtoit, & les doubles fureurs
Des quatre pars du ſang attirent les couleurs
Où la braiſe eſt preſante & la glace eſloingnee.
Noſtre ame eſt feu, ce feu en ſoy eſt enfermé,
Noſtre ame eſt bien amour, l'amour n'eſt alumé
Qu'en ſentant endormy d'un autre amour la flamme.
O beaux yeux par leſquelz nous recevons le jour,
O amour bien heureux qui alumez l'amour,
Bell' ame qui donnez le feu, l'amour & l'ame !

XVII.

Veillans, aiguz, ſubtilz regars, cerveaux, eſpritz,
Tournez, venez voller, voir, ſavoir & comprendre
Ce qu'avez ſans avoir veu, feu, ne peu aprendre,
Eſpié, recherché, entrepris, non apris ;
Au hardy, docte & grand quel loier, gloire & pris
Pourrez vous ſatisfaitz donner, dreſſer & rendre
Que l'aer, le feu, le Ciel ouvre, briſe & fait fendre,
Qui a tant & ſi bien & ſi hault entrepris
Au ſain, ſecret threſor, l'ame, l'aeſle & l'eſchelle
Des Dieux, aſtres & Cieux, haulte, heureuſe, immortelle
Pretend, volle & attaint, fouille, deſrobe & prend
Ce qui peut, donne & fait ayſe doux & utille,
Que l'oeil, le ſens, l'eſprit voit, comprend & aprend
Le hault, le long, l'obſcur, bas & brief & facille.

XVIII.

Du plus subtil, du feu, de l'aer plus agreable,
Du sang plus pur & net, du corps plus pretieux,
Comme un aultre soleil pour esclairer ces lieux,
Tu fus faict à nature un chef d'euvre amyable,
Tu es donq' pur & beau, redouté, desirable
Du sang & de l'humeur, du renom & des yeux
Et ton ame espuisa tous les tresors des Cieux,
Et ton corps, le tresor de la terre habitable,
Mariage trés sainct de Cybelle, du Ciel
Le nectar, l'enbrosie & le sucre & le miel :
O accomply repos d'une grace eternelle
Qui en digne subject espuisant ses thresors,
De feu, d'aer, sang, d'humeur pure, vive, haulte & belle,
Crea, fist, mist, forma ame, esprit, cueur & corps.

XIX.

Prince, jamais ton cueur, ta bouche ny ta main
N'ont essaié le fard, l'erreur ny l'inconstance :
Ils n'ont pensé, promis, ni donné asseurance
De rien qui soit changeant, leger & incertain.
Le cueur qui n'a changé du jour au lendemain,
La parolle qui n'a trompé une esperance,
La main & le serment qui jamais ne balance
Sont les vertuz d'un Dieu, & non pas d'un humain.
Puis que tu es Royal, loyal & veritable,
Use soubz un sort doux, benin & favorable
En joye, en bien, en heur long temps, les jours, les ans.
Sois constant, seur & vray à pencer, dire & faire :
Le cueur, la vois, la foy, font joir, croistre & parfaire
L'honneur, l'heur & le nom des Dieux, des Roys, des Grans.

XX.

JULES CÆSAR SCALIGER

Le soir dont il mourut, dicta à son fils Sylvius les dix vers qui suivent traduits en autant de vers : les quatre premiers du sonnet, ne servent que de preface :

Egredere, ô miseris multis defuncta ruinis,
Egredere & servis servilia regna relinque.
Aude, hospes, tenebris horrendi imponere finem
Exilii, & patriæ speratas quærere sedes.
Tristes exuviæ, falsæque incommoda lucis,
Istic nunc, fera turba, jace : nos, libera Cæli
Pignora, sperato jamjam potiemur Olympo.
Tu modo, nate Deo, rerum pia victima, Jesu,
Aspice nos, qui cuncta animas, spes unica, mortem
Exue morte nova, atque nova vita indue vitam.

Quand le corps delaissoit force & beauté naifve,
 Quand l'acier de la Mort coupoit le dernier fil,
 Lors d'un esprit plus fort, plus libre, plus subtil,
 Ainsi disoit l'Escale à son ame fuitive :
Sors à bout d'habiter ta masure chetive,
 Mon ame, quitte aux serfs ce royaume servile,
 Estrangere changeant ton tenebreux exil
 Au pays habité desja par ta foi vive.
Adieu triste despouille, adieu fausse lumiere :
 Fiers, croupissez ici : & nous, la race chere
 Du Ciel, nous allons vivre au Ciel en nous mourant.
A ce coup, fils de Dieu Jesus, de tous l'hostie,
 Ame de tout, voi' nous ; espoir de l'esperant,
 Tire un mort de la mort, donne au vif l'autre vie.

XXI.

EXTASE.

Ainſi l'amour du Ciel ravit en ces hauts lieux
    Mon ame ſans la mort, & le corps en ce monde
    Va ſoupirant ça bas ſa liberté ſeconde
    De ſoupirs pourſuivans l'ame juſques aux Cieux.
Vous courtiẑez le Ciel, foibles & triſtes yeux,
    Quand voſtre ame n'eſt plus en ceſte terre ronde :
    Devale, corps laſſé, dans la foſſe profonde,
    Vole en ton paradis, eſprit victorieux.
O la foible eſperance, inutile ſouci,
    Auſſi loin de raiſon que du Ciel juſqu'ici,
    Sur les ailes de foy delivre tout le reſte.
Celeſte amour, qui as mon eſprit emporté,
    Je me voy dans le ſein de la Divinité,
    Il ne fault que mourir pour eſtre tout celeſte.

COMPLAINTE A SA DAME [1].

Ne lifez pas ces vers, fi mieux vous n'aimez lire
  Les ecrits de mon cœur, les feux de mon martyre :
  Non, ne les lifez pas, mais regardez aux Cieux,
  Voyez comme ils ont joint leurs larmes à mes larmes,
  Oyez comme les vents pour moy levent les armes,
  A ce facré papier ne refufez vos yeux.
Boute-feux dont l'ardeur inceffamment me tuë,
  Plus n'eft ma trifte voix digne d'eftre entenduë :
  Amours, venez crier de vos piteufes voix,
  O amours efperdus, caufes de ma folie,
  O enfans infenfés, prodigues de ma vie,
  Tordez vos petits bras, mordez vos petits doigts.
Vous accufez mon feu, vous en eftes l'amorce,
  Vous m'accufez d'effort, & je n'ay point de force,
  Vous vous plaignez de moy, & de vous je me plains,
  Vous accufez la main, & le cœur luy commande,
  L'amour plus grand au cœur, & vous encor plus grande,
  Commandez à l'amour, & au cœur & aux mains.
Mon peché fut la caufe, & non pas l'entreprendre;
  Vaincu, j'ay voulu vaincre, & pris j'ay voulu prendre.
  Telle fut la fureur de Scevole Romain :
  Il mit la main au feu qui faillit à l'ouvrage,
  Brave en fon defefpoir, & plus brave en fa rage,
  Brufloit bien plus fon cœur qu'il ne brufloit fa main.
Mon cœur a trop voulu, o fuperbe entreprife,
  Ma bouche d'un baifer à la voftre s'eft prife,
  Ma main a bien ofé toucher à votre fein,

---

1. Cette pièce & les deux fuivantes font tirées d'un volume intitulé *Le Séjour des Mufes ou la chrefme des bons vers* (in-12, Rouen, 1626), communiqué par M. E. Defpois, bibliothécaire à la Sorbonne.

Qu'euſt il aprés laiſſé ce grand cœur d'entreprendre ?
Ma bouche vouloit l'ame à voſtre bouche rendre,
Ma main ſechoit mon cœur au lieu de voſtre ſein.

STANCES.

Ce ſont petits Amours, avortons de mes peines,
Emplumez de deſirs, ſouſlevez des haleines
   Des plus mignards Zephirs,
  Oiſeaux d'une eſſence divine,
  Qui ont eu pour nid ma poictrine,
Et les autres amants les appellent ſouſpirs.
Volez petits Amours, mes poſtillons fidelles,
Au ſein de ma beauté, vollez à tire d'aiſles,
   Parez de vos couleurs :
  Vos plumes & neufves & franches
  Pour preuve de ma foy ſont blanches,
Et d'incarnat au ſang de mes vives douleurs.
Ils avoient bien les traits de leur pere au viſage,
Comme luy peu de force, & beaucoup de courage,
   Lorſqu'en ce rude effort
  Pouſſant dans le Ciel leur volee
  La petite troupe affolee,
Avant la paſle peur ſentit la froide mort.
Ils ſont morts les ſouſpirs qui bravoient la Fortune
L'amas de leurs eſprits dans le Ciel m'importune,
   Leurs corps precipitez
  Me ſont des viſions funeſtes,
  Et je pleure en voyant les reſtes
De ceux qui eſcheloient le Ciel pour vos beautez.
Ah ! ſouſpirs aſſaſſins des enfants de mon ame,
Laiſſez les repoſer, allez trouver Madame,
   Et luy dites le tort

Qu'elle eut de tuër par l'absence
Voſtre amoureuſe outrecuidance,
Et vanger mon amour au prix de voſtre mort.

ODE PLEINE DE PRESOMPTION.

Quand je voy ces monts ſourcilleux
  Butes, boucliers de la tempeſte;
  Qui contre le Ciel orgueilleux
  Dreſſent les cornes de leur teſte;
  Qui chef deſſus chef rehauſſans
  Veulent effrayer mon courage,
  Et faire bleſmir le viſage
  A mes fiers deſſeins rugiſſans :
Quand je voy que par le peril,
  Pour eſbranler mon entrepriſe,
  Ils veulent baigner mon ſourcil
  Et le feu que l'Amour attiſe,
  Mon cœur enflé contre ces monts
  Se fait luy meſme une montagne,
  Si haut, que comme en la campagne
  Il void ces rochers dans un fonds.
Ainſi l'orgueil de la beauté
  Qui me brave de l'impoſſible,
  Se cuide rendre inacceſſible
  Au cœur amoureux indompté :
  Mais ce cœur ſe fait tout pareil,
  Furieux de ſa meſme rage,
  Auſſi beau comme ſon image
  Et orgueilleux de ſon orgueil.
Ce brave cœur ſe trouve en ſoy
  Pour braver ce qui l'eſmerveille,
  Sa flamme à ſa flamme pareille,

A sa legereté sa foy :
Contre son lustre il met au jour
L'esclair de sa belle esperance,
Contre sa peine sa confiance,
Contre sa rigueur son amour.
Au prix d'un bienheureux trespas
Il est temps que hardi je monte,
Que le second plus bas surmonte
Le premier plus haut de mes pas :
Je marque du feu de mes yeux
La plus haute superbe roche,
De mon dessein tousjours j'approche
En approchant tousjours les Cieux.
Mais voicy au commencement
Le premier danger que je treuve,
De venin & de sifflement :
Le pied de ce mont qui se creve
Permet que ces rocs crevassez
Montrent à mes belles pensees
Mille couleuvres amassees
En leurs tourbillons enlassez.
Ainsi je void du premier jour
De ces monstres brulans l'envie
Quitter ma vie & mon amour,
Sans vaincre l'amour ny la vie.
Monstres venimeux furieux,
Vous voulez donc me faire guerre!
Vostre ventre traine par terre,
Je monteray jusques aux Cieux.
Vous serez traitres vipereaux,
Comme brisez à mon audace,
Et vous servirez de carreaux
A ceux là qui suivront ma trace :
Si vous levez la teste en haut,

Enflez d'une petite gloire,
Petits eschelons de victoire,
Vous apportez ce qu'il me faut.
Une puanteur seulement
D'une charongne envenimee,
Au lieu de l'espouvantement
Porte une fascheuse fumee :
Mais j'ay, d'Amour victorieux,
La palme que jamais on n'use,
Qui vaincq la ruse par la ruse,
Et brise les nœuds par les nœuds.
Que veulent ces torrents, ces eaux
Filles des neiges & orages,
Si la rage de leurs ruisseaux
Ne bruit aussi fort que mes rages ?
L'aveugle fureur de ces ours ?
Ces monstres veulent-ils abatre
Celuy qui a pour les combatre
Les feux & les fers des amours?
Je sens de mon front s'escouler
Toutes mes vigueurs travaillees,
Et le feu de moy distiler,
De moy les moëlles distilees;
Je me fonds ainsi que se fond
L'humeur de la force chaleureuse (sic),
Et la moëlle plus precieuse
Du plus precieux de ce mont.
Là d'un remede non commun
Se trouve la source divine
Des eaux d'or, de soulphre, d'alun
Qui naturelle medecine,
D'un pouvoir experimenté,
Donne en vainquant la maladie,
La force au foible, au mort la vie,

Et aux sains laisse la santé.
Mais mon feu qui n'est pas commun,
 Est cent fois plus chaud que le soulfre,
 Et si aigre n'est pas l'alun
 Que l'aigreur qu'en aimant je souffre :
 Coulez en la mer tiedes eaux,
 Cachez vostre Ocean fontaines,
 C'est peine d'esteindre mes peines,
 Et c'est mal de guerir mes maux.
Contre les chaleurs du grand jour
 Je treuve en suivant mon voyage
 Une couverture en amour,
 En la montagne quelque ombrage ;
 Plus haut le rocher montre au jour
 Sa durté, sa blancheur connuë,
 Nulle feulle en la roche nuë,
 Nulle couverture en amour.
Ces monts chauves & sans cheveux
 Que je laisse en bas en arriere,
 Furent des cœurs moins genereux
 Qui ne purent franchir carriere,
 Ils eurent de superbes vœux,
 Le Ciel effraya leur courage,
 Leur brusla l'humeur & la rage,
 Et les pela de leurs cheveux.
Voyez comme à force d'ennuis
 Leurs branches se chargent de mousse
 Et d'un grand mont qui se courrouce
 Leur donne d'eternelles nuicts :
 Comme on voit sortir du profonds
 De leurs ventres creux les nuages,
 Resentent des plus hauts les rages
 Comme valets des autres monts.
Je monte, je rencontre aprés

Du chaud soleil la vive face,
Qui devant moy fait fondre exprez
Les amas de neige & de glace :
Soleils d'amour, fondez aussi
De ma beauté la froide glace,
Qui comme neige & comme glace
Est blanche & froide tout ainsi.
Voicy, si je veux j'ay trouvé
De mon travail la recompence,
Je trouve l'or bien esprouvé,
Qui doit finir mon esperance :
N'est-ce assez de trouver d'or fin
Pour but de mes maux une mine,
Mais mon entreprise est divine,
Et ne doit pas avoir de fin.
Pour le certain faut il mes pas
Poursuivre une chose incertaine?
Mais le nom de tourner en bas
Est pis que l'effet de la peine :
Tout cest or, mon affection
Esprise & non prise, delaisse
Si tost qu'en sa belle richesse
Se perd en la possession.
Voicy au plus haut de ces lieux
La bute, qui sans se dissoudre
Ne sert que d'exercice aux Dieux
Pour apprendre à jetter le foudre;
La braverie de ce mont
A l'ire des Dieux ennemie,
Pour bouclier de sa braverie
Il ne leur montre que le front.
Les rameaux qui naissent là haut
Ne sont jamais sans la froidure,
Et n'ont de chaleur que le chaut

>   Que leur donne la roche dure :
>   Ils ont voulu leurs pieds cacher
>   Au ventre de la roche à peine,
>   Mais la fureur du foudre vaine
>   Là dedans ne les peut cercher.
> De leurs rameaux demy caſſez
>   Des branches ſeiches & menuës,
>   Comme de leurs bras enlacez
>   Ils accolent les tendres nuës,
>   Et leurs pieds verds pour ſe ſauver
>   S'enfoncent en la roche dure,
>   Où la demeure eſt auſſi ſure
>   Qu'elle fut penible à caver.
> Recroiſſez amoureux boutons,
>   S'il eſt qu'un doux vent vous ſouſpire,
>   Faites ſuivre vos rejettons
>   La foudre auſſi qui ſe retire :
>   Auſſi du haut Ciel la vigueur
>   Ne perd que les branches perduës,
>   Et les eſperances eſpanduës (ſic)
>   Trop long du rocher de mon cœur.
> Je n'ay peur qu'au haut de ce mont,
>   De ceſtuy-ci la fiere teſte
>   Ne ſoit que le pied d'un ſecond,
>   Et d'une nouvelle conqueſte :
>   Car de loin je la vis ſi haut,
>   Mon ame ne peut incertaine,
>   Voir par une ſeconde peine
>   De la premiere le deffaut.
> Ainſi l'invincible beauté,
>   Cauſe de ma belle entrepriſe,
>   Fait qu'à ſes pieds eſt ſurmonté
>   Le beau qu'auparavant on priſe :
>   O beaux & valeureux eſprits,

Entreprenez de cette sorte,
Et jamais vostre peine morte
Ne se couronne de mespris.
Mais pourquoy le Ciel poursuivy
A voulu, se voyant poursuivre,
Fuir plus que je n'ay suivy,
Plus monter que je n'ay pu suivre?
Ha! combien l'espoir m'a seduit!
Espoir, entreprise nouvelle,
O du Ciel impuissante eschelle,
Où m'avez-vous en fin reduit?
Le Ciel de soupçon refrongné,
Si puissant n'a-t-il point de honte
De fuyr & s'estre esloigné,
Et monter ainsi que je monte?
Que ce travail me seroit doux
S'il eust demeuré en sa place,
Car auparavant ma pourchasse
Il estoit appuyé sur vous.
En fin il sera dit de moy
Qu'aimant mieux mourir que descendre,
Plustost a manqué le dequoy
Que le cœur d'oser entreprendre :
Mon cœur paroist par le trespas
Que la force & l'espoir assemble,
Si ne pouvois-je, ce me semble,
Mourir plus haut, vivre plus bas.
Si un moins brave & plus heureux
Le paist de chose plus certaine,
Si quelqu'un contente ses yeux
De moins de vertu, moins de peine,
Que je mesprise son plaisir!
Je bruslerois où il repose,
Car un tout, non pas quelque chose,

N'est pas la fin de mon desir.
Ceux là qui nagent à souhait
　　En la paisible jouyssance
　　D'un fleuve de miel ou de laict
　　Sans croistre depuis leur naissance,
　　Croissans, ne croissent qu'à demy :
　　Ils sont en leur aise commune
　　Heureux valets de la Fortune,
　　Et j'en suis le brave ennemy.
Ainsi jamais je n'ay ployé,
　　Rien que le Ciel ne me maistrise,
　　Je tourne mort & foudroyé
　　Le visage à mon entreprise :
　　Le brave mont où je me sieds
　　Toute autre montagne surmonte,
　　On l'abhorre, je n'en say conte
　　Depuis que je le foule aux pieds.
Il manque au brave poursuivant
　　Le sujet, & non l'entreprendre,
　　Au moins on dira qu'en vivant
　　Il n'a sçeu que c'est que descendre,
　　Et mourant je cherche dequoy,
　　Le dernier qui meurt c'est ma rage :
　　Si quelqu'un brave mon courage,
　　Qui meurt plus prez du Ciel que moy?
L'Amour du haut Ciel en courroux
　　Vid cette belle frenaisie :
　　La crainte assaillit le jaloux,
　　Et le craintif la jalousie :
　　Par terre il jetta ses brandons,
　　Il pousse sa troupe en arriere,
　　Et se repentit en colere
　　D'avoir irrité les chardons.
Il vid les Demons parmy l'air

Qui preſtoient au brave rebelle,
Pour au Ciel le faire voller,
Chacun une plume d'un aile :
L'Amour deſcend enveniné,
Trouve ce corps qu'Amour allume
A demy reveſtu de plume,
Le cœur desjà tout emplumé.
De cent chaînons de diamant
 Il mit d'une fine ſurpriſe
 Les pieds & les mains de l'amant
 Hors l'eſpoir de ſon entrepriſe :
Mais moy, malgré tous les efforts,
L'empoignay par ſa bandoliere
Qui porte la fleche meurtriere,
Et ſaiſis l'Amour par le corps.
C'eſt force à l'Amour de choiſir
 De me faire avec ſa retraite
 Voler où vole mon deſir,
 Et m'emporter où je ſouhaitte :
Au Ciel qui de droit m'appartient,
Je veux qu'il m'enleve à cette heure,
Ou en terre il faut qu'il demeure
Où ma foibleſſe le retient.
Alors le Ciel qui lui convient,
 Sa force contre moy n'eſt ſorte,
 Qui vid que vif & en aimant,
 Joint à l'Amour, l'Amour m'emporte,
Le Ciel s'eſcria : vois-tu pas,
Outrecuidance plus qu'humaine,
Que ton entrepriſe hautaine
N'eſt ſi ſeure que ton treſpas.
J'acheve ma courſe en parlant,
 Je n'ay peur qu'à laiſſer ma priſe,
 Et je reſpondis en volant :

Heureuse mort, belle entreprise,
Plus doux, plus heureux le trespas,
Ce sont les Dieux qui me meurtrissent;
L'ame & le corps se desunissent
Avant que de toucher à bas.

QUATRAIN

POUR AVOIR DU BOIS

[Pour de l'argent qui étoit deu au Sieur de la Règle par d'Aubigne] [1].

Ces vers transis de froid tremblent à vostre porte;
Et ne demandent pas ce qu'on vous a presté;
Eschangés en du bois ce prest de telle sorte
Que l'acquit entre nous en demeure aresté.

Responce par le Sieur d'Aubigné au quatrain cy-dessus.

Tes agreables vers qu'on ne peult dire froids
M'adjournent, docte esprit, d'une telle semonce
Que je ne te dis rien pour toute ma responce;
Mais tu auras bien tost de l'argent, ou du bois.

Responce par le Sieur de la Règle au quatrain cy-dessus.

Tes vers tissus d'un art enseigné de Minerve
De ma Muse tremblante ont fondu les glaçons;
Puisque dans Surimeau du gros bois on reserve
Et que tu veux payer de toutes les façons.

---

1. Vers communiqués par M. A. Richard, archiviste de la Vienne.

AUX CRITIQUES.

*Correcteurs, je veux bien apprendre
De vous, je subiray vos loix
Pourveu que pour me bien entendre
Vous me lisiez plus d'une fois.*

POESIES RELIGIEUSES

ET VERS MESURÉS.

L'AUTHEUR AU LECTEUR[1].

YANT trouvé les Pſeaumes qui ont ſervi de ſujet à ces meditations, en vers meſurés, je ne leur ay pas refuſé place en ce recueil : meſme je leur ay donné pour comparaiſon quelques autres pieces de meſme eſtoffe. De là, ſachant que ce genre d'eſcrire eſt gouſté de fort peu de gens, j'ai pris occaſion de dire un mot des vers meſurés françois. Pluſieurs ſe ſont vantés de les avoir mis au jour les premiers,

---

1. Nous n'avons pas cru pouvoir detacher & rejeter parmi les œuvres en proſe cet avertiſſement, qui eſt une explication indiſpenſable des vers métriques ſuivants.

comme Jodele, Baïf, & autres plus nouveaux : mais il me souvient d'avoir veu, il y a plus de soixante ans, l'*Iliade* & l'*Odyssee* d'Homere composees plus de quarante ans auparavant en exametres ou heroïques, par un nommé Mousset, & encore puis-je dire un commencement qui estoit en ces termes :

Chante, Deesse, le cœur furieux & l'ire d'Achilles
Pernicieuse, qui fut &c.

Ce que Jodele en a fait & qui paroist, est bien seant & bien sonnant : ce que je ne dirai pas des fadesses de Baïf, & des premiers essais de mes amis.

MM. de la Nouë & Rapin se sont mis aux champs avec cet equipage, moi leur contredisant, n'esperant jamais qu'ils peussent induire les François à ces formes plus espineuses de rigueur, que delicieuses par leurs fleurs. Aprés plusieurs amiables disputes que j'eus avec ces deux derniers, la derniere raison par laquelle il me sembla les avoir arrestés, fut telle : Que nul vers mesuré ne pouvoit avoir grace sans les accens, non seulement d'eslevation, mais de production; & que la langue françoise ne pouvoit souffrir ce dernier des accens sans estre ridicule, comme il paroist aux prononciations des estrangers, & sur tout des Septentrionaux : de là, & de la quantité immense des Pyrriches, rarité des Spondees, qui mesme ne se font pas par la multitude des consones, tout cela ameina deux coleres, la premiere de leur cofté, & l'autre du mien.

C'eft qu'ils dirent, que ces difficultés ne feroyent propofees ni gouftees que par ceux qui ne les pouvoyent vaincre, & qui pour en eftre incapables, les rejettent. Certes ce deffi efmeut un peu ma bile, & m'envoya de cholere m'effayer premierement fur le Pfeaume 88, & puis fur le troifieme, tels que vous les verrez en ce recueil.

En ayant donc tafté, je puis vous en dire mon gouft: c'eft que tels vers de peu de grace à les lire & prononcer, en ont beaucoup à eftre chantés; comme j'ay veu en des grands conferts faits par les mufiques du Roy, & notamment en un feftin celebre fait par le Sieur Payot en ma faveur, où je menai Monfieur de la Nouë arrivant de Holande. La fymphonie eftoit de prés de cent voix de tout le choix de Paris; là les oreilles, laffees de diverfes & excellentes pieces, furent refveillees & mifes en gouft par un des deux Pfeaumes que j'ay allegués, de la compofition de Claudin le jeune. Ce qui fit que du Courroi (conducteur de cette affaire, & qui n'avoit jamais goufté les vers mefurés), par emulation mit le mefme Pfeaume de Saphiques en mufique & en lumiere, toutesfois fans effacer le premier; & que dix ou douze des principaux muficiens de la France prononcerent, que les mouvements de tels vers eftoyent bien plus puiffans que des rimes fimplement.

Le jugement en demeure libre à ceux qui les voudront essayer. Les œuvres des deux musiciens que j'ai allegués estans donnees au public, je finirai ce discours par cet epigramme que Claudin a voulu mettre à la teste de son recueil de vers mesurés.

Quelque vers a sa mesure,
Et l'autre la va cerchant :
L'un desire, l'autre endure
Le mariage du chant.
Voyez-en la difference,
Et puis vous dirés tousjours :
L'un se joint par violence,
L'autre s'unit par amours.

VERS MESURÉS[1].

PRIERE AVANT LE REPAS

— — ᴗ — — — ᴗ ᴗ — ᴗ ᴗ
— — ᴗ — — — — ᴗ ᴗ ᴗ
— — — ᴗ — — — ᴗ — —
— ᴗ ᴗ — ᴗ ᴗ — ᴗ — —

Bon Dieu benis nous, en recueillant le pain,
La manne qu'eſpend ta favorable main :
Car cette main fend prompte les Cieux
Quand le Ciel eſt penetré de nos yeux.
Toute ame & tout cœur vers le Ciel ont recours,
Auſſi ta bonté leur donne ton ſecours.
Tu vois & ſçais d'un throſne tant haut
Noſtre viande & le pain qu'il nous faut.

---

1. Les vers ſuivants, juſqu'au poeme de *la Création*, à l'exception des trois dernières pièces de vers meſurés & des vers ſur la mort de Jodelle, ſont tirés du petit volume qui a pour titre : *Petites Œuvres meſlees* & que nous réimprimons pour la première fois d'après l'édition de 1630.

PRIÈRE APRÈS LE REPAS.

— — — ◡ ◡ — — ◡ ◡ — ◡ ◡
— — — ◡ ◡ — — ◡ ◡ — ◡ ◡
— — — ◡ ◡ — — ◡ ◡ — ◡ ◡
— — — ◡ ◡ — ◡ ◡

Rendons graces à Dieu, vous toutes nations,
Vous tous peuples ravis en benedictions :
Chantons tant que tout l'air plein resonne en ce lieu
  D'un confert de loüange à Dieu.
Hauſſons l'ame & le cœur vers le Ciel à la fois;
Accordons doucement ame & cœur à la voix;
Chantons comme de Dieu dure à l'eternité
  La clemence & la verité.
C'eſt Dieu dont la pitié au pitoyable ſert :
C'eſt Dieu dont la rigueur l'impitoyable pert :
En ſes faits il paroiſt vrai pere, ou juge à tous
  Entier, ſainct, equitable & doux.

PSEAUME HUICTANTE HUICT.

— ◡ — — — ◡ ◡ — ◡ — ◡
— ◡ — — — ◡ ◡ — ◡ — ◡
— ◡ — — — ◡ ◡ — ◡ — ◡
— ◡ ◡ — —

Sauveur Eternel, nuict & jour devant toi
Mes ſoupirs s'en vont relevés de leur foi.
Sus, ſoupirs, montez de ce creux & bas lieu
  Juſques à mon Dieu !

Au milieu des vifs demi-mort je tranſis :
Au milieu des morts demi-vif je languis.
C'eſt mourir ſans mort, & ne rien avancer,
   Qu'ainſi balancer.
Dans le ventre obſcur du mal-heur reſerré,
Ainſi qu'au tombeau je me ſens atterré,
Sans amis, ſans jour qui me luiſe & ſans voir
   L'aube de l'eſpoir.
Qui ſe ſouviendra de loüer ta grandeur
Dans le profond creux d'oubliance & d'horreur?
Pourroit aux Enfers tenebreux ta bonté
   Rendre ſa clarté.
Quand le jour s'enfuit, le ſerain bruniſſant,
Quand la nuict s'en va, le matin renaiſſant,
Au ſilence obſcur, à l'eſclair des hauts jours
   J'invoque toujours.
Mais voulant chanter je ne rends que ſanglots,
En joignant les mains je ne joins que des os :
Il ne ſort nul feu, nulle humeur de mes yeux
   Pour lever aux Cieux.
Veux-tu donc, ô Dieu, que mon ombre ſans corps
Serve pour chanter ton ire entre les morts,
Et que ton grand Nom venerable & tant beau
   Sorte du tombeau?
Ou que les vieux teſts à la foſſe rangés
Soyent rejoincts des nerfs que la mort a rongés,
Pour crier tes coups, & glacer de leurs cris
   Nos foibles eſprits?
N'eſt-ce plus au Ciel que triomphent tes faits?
N'as tu plus d'autels que ſepulchres infects?
Donc ne faut-il plus d'holocauſtes chauffer
   Temple que l'Enfer?
Mes amis s'en vont devenus mes bourreaux,
Tel flattoit mes biens qui ſe rit de mes maux,

Mon lict est un cep, ce qui fut ma maison
M'est une prison.
Si jadis forclos de ton œil, le berceau
Dur me fut, moins dur ne sera le tombeau.
Or coulez, mes jours orageux, & mes nuicts
Fertiles d'ennuis.
Pour jamais as-tu ravi d'entre mes bras
Ma moitié, mon tout, & ma compaigne? helas!
Las! ce dur penser de regrets va tranchant
Mon cœur & mon chant.

LARMES[1]

POUR SUSANNE DE LEZAI,

Espouse de l'Autheur

Pour attacher à la fin du Pseaume huictante & huictiesme, qui est employé ci-dessus en deux façons.

J'ay couvert mes plaintes funebres
Sous le voile noir des tenebres,
La nuict a gardé mes ennuis,
Le jour mes allegresses feintes :
Cacher ni feindre je ne puis,
Pour ce que les plus longues nuicts
Sont trop courtes à mes complaintes.
Le feu dans le cœur d'une souche
A la fin luy forme une bouche,
Et luy ouvre comme des yeux,

---

1. Quoique cette pièce ne soit pas en vers métriques, nous la plaçons ici sur la recommandation de l'auteur.

Par où l'on void & peut entendre
Le brasier espris en son creux :
Mais lors qu'on void à clair ses feux,
C'est lors qu'elle est demi en cendre.
Au printemps on coupe la branche,
L'hiver sans danger on la tranche :
Mais quand un acier sans pitié
Tire le sang qui est la seve,
Lors pleurant sa morte moitié,
Meurt en esté de l'amitié
La branche de la branche vefve.
Que l'æther souspire à ma veuë,
Tire mes vapeurs en la nuë;
Le tison fumant de mon cœur
Un pareil feu dans le Ciel mette,
Qui de jour cache son ardeur,
La nuit d'effroyable splendeur
Flamboye au Ciel un grand comette.
Plaindroi-je ma moitié ravie
De quelque moitié de ma vie?
Non, la vie entiere n'est pas
Trop pour en ces douleurs s'esteindre,
Souspirer en passant le pas
Par les trois fumeaux du trespas,
C'est plaindre comme il faut se plaindre.
Plus mes yeux assechez ne pleurent,
Taris sans humeur ils se meurent :
L'ame la pleure, & non pas l'œil :
Je prendrai le drap mortuaire
Dans l'obscurité du cercueil,
Les noires ombres pour mon dueil,
Et pour crespe noir le suaire.

PARAPHRASE
SUR LE PSEAUME CENT ET SEIZE.

Saphiques de mesme mesure que les precedents.

J'aime mon Dieu, car lors que j'ai crié.

N'est-ce pour brusler de l'amour de mon Dieu,
Quand du creux infect de ce dangereux lieu
Il mit en son sein ma piteuse oraison
  Pour ma guerison.
Quand la mort pensoit ravager mes esprits,
Quand elle eut mes pieds à sa toile surpris,
Sur ce point mon cœur se reschauffa transi
  A crier ainsi :
Sauve-moi, grand Dieu, seur abord des chetifs,
Gloire des honteux, animant les craintifs :
Aussi tost luisit le secours de nos yeux,
  L'aube des hauts Cieux.
Lors tu as changé de ma nef le compas,
Lors tu as gardé de la fosse mes pas,
Essuié mes pleurs, tu as osté mon corps
  Du roole des morts.
Or de nos forfaits le lien prolongeant,
Quand tu as fermé le sepulchre rongeant,
Il paroist combien precieuses tu tiens
  Les vies des tiens.
Mais de quoi faut-il payer un si grand don?
D'un present tant haut où seroit le guerdon,
Veu que l'homme est faux, & n'a rien que des vœux
  Pour donner aux Cieux?
Or je prends en main le hanap benissant,
Mon palais aux saincts sa loüange unissant

Haut recognoiſtra delivrance & ſanté,
  Dons de ſa bonté.
Puis deſſus l'Autel je depoſe mes ſens,
Doux preſent, plus doux que du veſpre l'encens :
C'eſt ce qu'au grand Dieu de ma mort le vainqueur
  J'offre de franc cœur.
Toi, Sion qui fis ta requeſte pour moi,
Il me faut ces biens recognoiſtre avec toi :
Ouvre moi tes huis, que je double cent fois
  Ton cœur & tes voix.
Gardiens puiſſans du troupeau qui Dieu ſert,
Anges aſſemblés, animez ce conſert,
Monte juſqu'au Ciel d'une ſaincte uniſſon
  L'air de ma chanſon.

PSEAUME CINQUANTE ET QUATRE.

La meſure eſt elegiaque.

O Dieu tout-puiſſant, ſauve-moi.

Sauveur aſſiſte ton oinct, Dieu des Dieux, il ne te faut point
Pour le ſecours d'un Roi, autre ſecours que de toi.
Rien je ne cerche, ſinon que le los & la gloire de ton Nom :
Mais ſeulement cette fois, baiſſe l'oreille à ma voix.
D'un cœur tout furieux, me recerche la bande des haineux :
Gent qui du Dieu Tresfort n'a ſouci, cerche ma mort.
Dieu, le ſupport des ſiens, prend rang dans la troupe des miens :
Sur l'autheur du malheur rendra le mal le Seigneur.
Dieu veritable, deſtruis le meſchant, & je t'offre de mes fruicts,
J'offre de voix & de cœur gloire, loüange & honneur.

Ouy, le Seigneur tiendra son rang à ce combat, & rendra
Sur le detestable chef du malheureux le meschef,
Car d'ennui soucieux retiré m'a : mesme de mes yeux,
J'ai sur l'ennemi veu plus que le cœur n'a voulu.

PSEAUME TROISIEME.

De mesme mesure.

Dieu quel amas herissé de mutins, quel peuple ramassé!
O que de folles rumeurs, & que de vaines fureurs !
Ils ont dit : Cet homme est miserable, le pauvre ne sent prest
Rien de secours de ce lieu, rien de la force de Dieu.
Mais c'est mentir à eux : Dieu des miens contre mes haineux
Est le pavois seur & fort, contre le coup de la mort.
Par lui je hausse le front, lui qui m'entend, lui qui du S. mont
Tant eslevé, chaque fois preste l'oreille à ma voix.
Dont dormir m'en irai ; de tressauts, ni de crainte je n'aurai.
Puis resveillé ne m'assaut crainte, frayeur, ni tressaut :
J'ai de sa main seurté, de sa main m'ont sans peine presté
L'ombre du son le sommeil, l'aube du jour le resveil.
Vienne la tourbe approcher, courir, enceindre, ou se retrancher,
Quand ils m'assiegeront, mille de file & de front,
Dieu qui a veu le dedans du Malin, lui brisera les dents,
D'ire le cœur escumant, langue, palais blasphemant.
Dieu sçaura le salut de Sion bien conduire à son but,
Mesme le cœur des siens remplir & croistre de biens.
Gloire soit au Pere, & Fils & à l'Esprit, source des esprits :
Tel qu'il soit & sera-t-il, aux siecles, ainsi soit-il.

PSEAUME CENT VINGT ET UN.

De mesme mesure que, Rendons graces à Dieu, &c.

Vers les monts je levai mes miserables yeux,
Cerchant quelque secours des plus superbes lieux :
Mais en Dieu, qui ce tout bastit en un moment
  Est mon asseuré fondement.
Par lui ton pied sera trés-cherement choyé :
Dieu a aux bien aimés son bel œil ottroyé,
Qui n'est fermé jamais à qui le sommeiller
  N'empesche un curieux veiller.
Dieu puissant à ta dextre est, & tousjours sera,
Aux grands chauts le Soleil point ne te bruslera :
Morfondante que soit la Lune dans la nuict,
  A ton chef de rayons ne nuit.
L'Eternel de ton ame a le secours de prés,
Il la garde à present, & fera ci-aprés :
Tes faits il benira continuellement
  Au parfaire & commencement.

PSEAUME CENT DIXIESME.

Elegiaques comme Dieu quel, &c.

L'Eternel de sa voix dit à mon Seigneur, à droitte sois mis,
Tant que dessous tes pieds tu voye tes ennemis.
Il fera hors de Sion marcher la bande & battre aux champs,
Tant que le maistre tu sois des odieux & meschans :

D'un franc cœur ta jeuneſſe au jour de la monſtre ſe rendant,
Comme la roſee naiſt quand le jour eſt evident.
L'Eternel jure ſans ſe repentir qu'il t'a deſormais
Oinct comme Melchiſedec ſacrifiant à jamais.
En ſa cholere il ſe tient à ta dextre, & juge de ſes loix,
Rompra la teſte aux Chefs, froiſſera Princes & Rois.
Exerçant jugement ſur tous il briſera des forts
L'Empereur, & pavera toute la terre de morts.
Au torrent du chemin haletant & vainqueur y boira.
Dont ſon chef rayonnant tout glorieux levera.

PSEAUME CENT VINGT ET HUICT.

En tetrametres de la meſure qui ſuit.

∪ ∪ — — ∪ ∪ — —

Bien-heureux eſt qui volontiers
  Va ſuivant Dieu & ſes ſentiers,
  Le labeur doux de ta main vient
  Benit au Ciel, qui te maintient.
Ta femme eſt l'heur de ta maiſon,
  Qui a ſon fruict à la ſaiſon
  Pareille au ſep, où le Seigneur
  Tire ſon fruict s'il le voit meur.
Ta table aura de tes enfants
  Comme un entour d'oliviers francs :
  Et ce grand heur ira croiſſant
  A qui craindra le Tout-Puiſſant,
Qui te donra voir à tes ans

Et les enfans de tes enfans,
Et beniſſant tes heureux faits,
Ta race en fleur, Sion en paix.

PRIERE POUR LE MATIN.

Tiree du Pſaume 143, depuis le huictieme verſet en bas.

Les vers ſont exametres, de meſmes pieds que le precedent, pour ſe ſervir de la muſique de Claudin le Jeune.

Veilles au point du jour, ô Dieu, me preſenter
Ta grace, en qui je ſuis inſtruit de m'arreſter :
Donne à mes pieds le chemin droit, ſi je n'ai foi
    Sinon en toi,
Le ſeul eſpoir de mes ennuis : que ta bonté
Ne me laiſſant ne voye errer ma volonté :
O Eternel, guide mes pas, & deffend-moi
    Logé chés toi.
Redonne encor jour à mes yeux, la vie au mort :
Fais reſſentir que de ton bras le coup eſt fort,
Et ta juſtice ſe montrant, tire mon cœur
    De la langueur.
Que le haineux, qui va cerchant à m'accabler
Fuye, contraint de ſe confondre & de trembler :
Que du parti de tes enfants le renom ſainct
    Ne ſoit eſteint.

PSEAUME SEPTANTE TROIS.

Si eſt-ce que Dieu eſt trés-doux, &c.

— — — — — ⌣ — —

— ⌣⌣ — ⌣ ⌣ — — — — ⌣⌣ — —

— ⌣⌣ — ⌣ ⌣ —

Et ainſi de l'autre moitié du couplet.

Quoi que ce ſoit, Dieu eſt à ſon Iſraël extrememement doux,
Et à qui craint en aimant. Or mes pieds ont eſté tous preſts
D'eſtre coulans & faillir,
Lorſque des inſenſés & meſchants j'ai envié les biens,
Sur la proſperité de laquelle ſe vante le Maudit,
Franc de l'eſtreinte de mort.
Point leur force ne manque, elle perſiſte entiere à touſjours:
Ils ſont francs de l'ahan de travaux, de batures & dangers
Des miſerables humains.
C'eſt ce qui croiſt l'orgueil, ce qui leur eſchaufe les eſprits,
Ainſi qu'un carquant relevant la fraiſe & le menton
Des glorieux violents.
Leurs yeux dehors de la teſte de graiſſe repouſſés,
Par de là leurs penſers & courages ils ſe voyent jouyſſans
D'aiſe, de biens & d'honneurs.
Ils ſont pernicieux & fiers, leur parler eſt enflé,
Vont de la langue trottans en terre, & penſent du haut Ciel
Tout le ſecret deſployer.
Or cela perce le cœur des bons & l'onde de Mara
Donne breuvage de fiel, & vont d'angoiſſe demandans,
Eſt-il croyable que Dieu
Voye du Ciel les humains avec intelligence de leurs faits?

Les vauriens & maraus ravageans la richeſſe de ces lieux
Sont heritiers du bonheur!
En vain ai-je lavé d'innocence ma penſee & mes mains,
En vain ai-je nettoyé mon cœur, pour eſtre de tes mains
Chaſtié journellement.
Mais proferant ce propos je me ſuis veu deſloyal aux miens,
Miens que je voi meſcogneus : car ſans doute les innocens ſont
Ton peuple, quoi que ce ſoit.
J'ai durement travaillé à pouvoir me reſoudre de ces poincts,
Juſques à tant que je ſois entré au ſanctuaire exquis,
Au cabinet du Tréſſort.
C'eſt là que j'ai deſcouvert la fin miſerable de ces gens.
Quoi qu'il y ait, ils ſont condamnés de loger és lieux
Fort perilleux & coulans.
Bien viſte precipités ils s'en vont tranſis & perdus,
Parmi l'air esvanouys, ainſi qu'un ſonge qui n'eſt rien
Lors que l'on eſt reſveillé.
Or quand mon cœur eſtoit percé d'angoiſſes & aigri,
Lors j'eſtois abruti, & n'eſtois qu'une beſte devant toi,
Sans cœur & ſans jugement.
Dieu à la dextre m'a pris à me conduire, & eſtre le conſeil
Prés lequel eſt ſeurté : je ſuivrai ſans en rien abuſer
Pour recevoir gloire, & prix ;
Car quelle divinité pourroi-je en un autre recercher?
Qu'a la terre & le Ciel, qui puiſſe remettre à ſon entier
Mon cœur eſtant abbatu.
Autre que Dieu ne me peut monſtrer un partage bien ſeur.
En toi ſe trouvera mon roc, mon plaiſir & mon but.
Qui ce but eſloignera
Sans doute trebuſchera ; s'eſtant desbauché de tes loix,
Des bien-heureux parvis à jamais ſe trouve retranché,
Et rejetté de ta main.
Quant à ma part, approcher mon Dieu eſt mon ſouverain bien,
Prés de lui m'entretenir pour ſes merveilles annoncer

Mieux ne peut advenir.
Rien ne me peut ſeparer, fer, perte, hauteſſe, ou profondeur :
Tout ce qu'il ordonnera, mort, exil, gehennes, & torments,
Quoi que ce ſoit, ſera doux.

PSEAUME CINQUANTE-UN.

Miſericorde au pauvre vicieux, &c.

En exametres heroïques.

— — — ‿ ‿ — ‿ ‿ — ‿ ‿ — ‿ ‿ — —

Avec la licence des ſpondees & dactiles.

O Dieu, aye pitié du pecheur qui demande ta merci,
Et ſelon elle effaçant mes plus noirs crimes & forfaits,
Purge mon iniquité, abolis le peché qui me confond,
Car je cognois le malheur qui paroiſt ſans ceſſe devant moi,
Troublant à la minuict mes ſens & mon ame de ſon front.
J'ai peché contre la loi en ta preſence & à tes yeux,
Si que donnant jugement tu ſeras pour juſte reclamé.
Car je ſuis en crime né, à peché ma mere m'a conceu.
Voila, tu veux verité, tu veux ſapience & loyauté :
Moi inſtruict de ta main ces vertus n'ont paru en moi :
Pour cela Dieu de pitié, ne delaiſſe à prendre de tes mains
L'hyſſope à me faire net plus blanc que la neige de Salmon.
Fai moi nouvelles ouyr de ma grace, & en la prononçant
Rend ma premiere vigueur à mes os briſés & disjoints ;
Plus ne revoi le procés, ne relis que le titre du pardon :
Vueilles donner, Createur, de nouveau des forces à mes os,
Un cœur net, vif & prompt, & un eſprit bien remis en moi :

Point ne repouſſe ma voix; puis ton S. Eſprit accordé,
Rends la leſſe que j'eus en ton ſalut, & que cet eſprit
Principal, entier & franc conduiſe mon ame à tousjours, mais
J'enſeignerai le chemin aux errans pour ſè repentir.
O Dieu. Lieu de ſalut, que je ſois premier entierement pur,
Puis aprés ouvre ma bouche, elle chantera ta gloire tout haut:
Car tu ne prens plaiſir au ſang, l'holocauſte ne plaiſt point
A toi, qui mieux aimerois l'eſprit tout contrit & froiſſé:
Point tu ne meſpriſeras un bon cœur ſubmis & briſé.
Fai du bien à ta Sion, & rebaſtis ſon mur & ſes tours:
R'aſſeure Jeruſalem, & la ceins encore de rempars.
Là l'holocauſte ſera tout conſumé: là di-je nos vœux
Enfumeront, comme il eſt enjoint, ton temple & ton autel.

PSEAUME CENT TRENTE TROIS.

O combien eſt plaiſant, &c.

Adoniques.

Voici le plaiſir
Entier & parfait,
C'eſt de voir en paix
Freres & voiſins
Tous biens accordés
S'eſgayer entr'eux.
C'eſt cette douceur
Qu'a repreſenté
Un riche parfum

Qui coulait en bas
De la tiare
D'Aaron, & fondant
Parfumoit entier
Barbe & habit sainct
Jusques à ses bords.
Tel bon-heur en paix
Est pareil aussi
A l'humeur, à l'eau
Qui coule d'Hermon
Et roule des monts
Sur Sion en bas :
Car là l'Eternel
Ordonne sans fin
Graces & bienfaits
En vie à tousjours.

CANTIQUE DE SAINCT-AUGUSTIN.

Te Deum Laudamus, &c.

Sur la mesure de, Rendons graces à Dieu, &c.

Grand Dieu, nous te louons, nous t'adorons, Seigneur,
Eternel, Pere haut, terre te porte honneur :
Les puissants Cherubins, tout le Ciel à la fois
    Meslant des Seraphins la voix :
Sainct, sainct, sainct le Seigneur (dit ce volant troupeau)
Sainct des armes le Dieu, Dieu qui pour escabeau
Tiens du monde le rond, soubz qui le Ciel heureux
    Porte un throsne majestueux.

Des Prophetes le chœur, chœur des Apoſtres ſainɛts,
Martyrs veſtus à blanc, Chefs de triomphes ceints
Leur chant victorieux chante de haute voix
   Un Roi prince des autres Rois.
L'Egliſe en l'Univers hauſſe l'Eternité
D'un ſeul Dieu trine & un, l'entiere verité
Par l'eſprit Paraclet nous adorons ravis,
   Confeſſans le Pere & le Fils.
Sauveur, qui de l'humain n'as dedaigné le ſang,
Mais l'as pris d'une vierge au pur & chaſte flanc,
Pour ouvrir de la grace & de ſalut le port,
   Tu vainquis l'aiguillon de mort.
Tu diras de la dextre, où juge tu te ſieds,
L'arreſt des Elements, tes riches marchepieds :
Soit lors ton peuple, dont ta vie fut le prix,
   Gardé cher comme il eſt acquis.
Aujourd'hui jour heureux qu'à bruire nous vouons,
Ton grand Nom de ſiecle en ſiecle nous louons.
Soutiens-nous, que ce jour point ne ſoit entaché
   D'erreur, ni de nouveau peché.
Or donc aye pitié, aye pitié de nous,
Sur nous tourne ton œil favorable & doux.
Confondus ne ſeront ceux qui en autre lieu
   N'ont foi qu'en la faveur de Dieu.
Soit gloire au Pere & Fils, au Paraclet, l'honneur
Deu au Dieu trine & au perpetuel Seigneur.
Dieu tel qu'il fut & eſt ſera ſans finir
   Par tous les ſiecles à venir.

CANTIQUE DE SIMEON.

— ◡ ◡ — ◡ ◡ — ◡ ◡ — — ◡ ◡ — ◡ —

— — — ◡ ◡   .

— ◡ ◡ — ◡ ◡ —

O Createur, tu repais & remets ton serviteur en paix,
Comme promettre te pleut,
Puisque je suis si heureux, si joyeux de cognoistre de mes yeux
Du peuple tien le salut.
C'est le salut mis avant, salut aidant tout peuple vivant,
A qui le voit & le croit :
Des Gentils la lueur, des petits l'heur, Israël au cœur
Gloire & triomphe reçoit.

PSEAUME SEIZIESME.

Sois-moi Seigneur, &c.

En vers mesurés phaleuces.

— — — ◡ ◡ — ◡ — ◡ — ◡

Dieu fort, garde moi qui tousjours me suis mis,
Et tousjours retiré dessous ta bonté.
Ma pauvre ame, tu as dit à l'Eternel :
Tout mon bien ne peut estre haussé vers toi,
Mais bien mon vouloir est d'assister à tes Saincts,
Qui pour vivre bien ont acquesté bon bruit.
Ceux qui ont couru, ou courent abusés,

Prosternés aprés autres Dieux que du Ciel,
Verront multiplier malheurs & torments
Sur leur chef : je ne veux y avoir jamais part
Aux offertes de sang, ni mesmes à leurs noms.
Dieu est l'entiere part de mon lot exquis.
Plus plaisant heritage n'eust peu m'eschoir :
L'arpenteur m'a tracé la fleur du plus beau.
Or Dieu soit loué, qui me conseille ainsi,
Qui m'apprend de jour, & m'esclaire les nuicts.
Sa force est à ma dextre pour me garder :
Mon cœur s'en resjouit, ma langue s'en rit,
Ma chair s'asseure, car tu es le sauveur.
Tu n'abandonneras mon ame au tombeau,
La corruption à ton oinct ne nuira.
Plustost tu me feras cognoistre & garder
Les sentiers de vie & de joye qui sont
Au Ciel, car ta veue est le comble parfait,
En ta dextre logeant le souverain bien.

```
— ᴗ ᴗ — ᴗ ᴗ —
— — — ᴗ — ᴗ — ᴗ — —
— — — ᴗ ᴗ — ᴗ — ᴗ — —
— — — ᴗ ᴗ — ᴗ — ᴗ — —
— ᴗ ᴗ'— —
```

Ha! je me rends, je me rends!
Mon cœur foible ne peult l'Amour repousser :
Las, en terre abatu le triste languist,
Honteux en se mourant de voir cest enfant
      Vaincre triumphant.

Ha! je me rends, je me rends!
Mon cœur traistre ne veult l'Amour repousser :
Captif soubs ce cruel l'aveugle s'en rit,
Il dict qu'il ne pouvoit avoir triumphe
      D'aultre que d'un Dieu.

Ha! &c.
O fier, subtil Amour, le Roy de mon cœur,
Foible ou traistre qu'il est, reçois l' à merci,
Tu vaincras de rechef si tu te fais voir
      Vaincqueur & vaincu.

Nous mettons à la suite cette piece & les deux suivantes de la jeunesse de l'auteur, bien que d'une inspiration toute différente. Elles sont encore un essai de vers métriques.

```
− ◡ − ◡ − ◡ ◡ − −
− ◡ − ◡ − ◡ ◡ − −
− ◡ − ◡ − − −
− ◡ − ◡ − ◡ ◡ − −
− ◡ − ◡ − ◡ ◡ − −
− ◡ − ◡ − ◡ ◡ − −
```

Ceste noire nuict si tenebreuse
Et ce champ sené, sterille, sans fleurs,
Cest Iver qui faict la forest languir,
Et ce siecle vef de la science
En ruine sont à la mort courir
Nostre feu, la fleur, la feuille & les ars.

Mais un astre cler reluit à l'obscur,
Soubs le lis la marguerite florist,
Aux forests je voy le ciprez entier,
Et revivre l'œil de la science :
D'une, tout a, tient, reçoit & reprend
Tant de feu, d'humeur, de vigeur, d'honneur.

Offrez, astres hault, à ce beau soleil,
Fleurs, à ceste fleur espanouissez,
Vous, foretz superbes, reverdissez,
Nimphes, Muses, entonnez à ceste Pallas :
Astres, fleurs, foretz, Muses, presentez
Vos rayons, odeurs, feuillages & vers !

```
- - - ◡ ◡ - - ◡ ◡ - ◡ ◡
- - - ◡ ◡ - ◡ ◡
- - - ◡ ◡ - - ◡ ◡ - ◡ ◡
- - - ◡ ◡ - ◡ ◡
```

A bonts, à petis sautz caprioller je veux
Pour braver l'Amour envieux,
N'ayant loy que mon heur, borne que mon plesir
Ny gesne aultre que mon desir.

J'ay rompu la prison & le lien d'Amour :
O doux, o trop heureux ce jour
Où brisant le filet dont je fus attrapé
J'en ris gay, leger, eschapé !

Où mon ceur amoureux tant de fois a gemi,
De soy mesme dur ennemy,
Mes pieds vont s'esgayant & je repaists de fleurs
Mon ceur qui vivoit en douleurs !

L'HIVER DU SIEUR D'AUBIGNÉ.

Allusion des Irondelles, qui changent de demeure
pour l'hyver, aux desirs lassifs qui s'esloignent
pour la vieillesse.

Mes volages humeurs plus steriles que belles
S'en vont, & je leur dis : vous sentez, Irondelles,
S'esloigner la chaleur & le froid arriver,
Allez nicher ailleurs, pour ne fascher impures
Ma couche de babil, & ma table d'ordures :
Laissez dormir en paix la nuict de mon hyver.

D'un seul poinct le Soleil n'esloigne l'hemisphere,
Il jette moins d'ardeur, mais autant de lumiere.
Je change sans regrets, lors que je me repens
Des frivoles amours & de leur artifice.
J'aime l'hyver, qui vient purger mon cœur du vice,
Comme de peste l'air, la terre de serpens.

Mon chef blanchit dessous les neiges entassees,
Le Soleil qui me luit les eschauffe glacees,
Mais ne les peut dissoudre au plus court de ces mois.
Fondez, neiges, venez dessus mon cœur descendre,
Qu'encores il ne puisse allumer de ma cendre
Du brazier, comme il fit des flammes autrefois.

Mais quoi, ferai-je efteint devant ma vie efteinte?
Ne luira plus en moy la flamme vive & fainche?
Le zele flamboyant de la fainche maifon?
Je fai aux fainchs autels holocauftes des reftes
De glace aux feux impurs, & de naphte aux celeftes :
Clair & facré flambeau, non funebre tizon.

Voici moins de plaifirs, mais voici moins de peines :
Le roffignol fe tait, fe taifent les Syrenes :
Nous ne voyons cueillir ni les fruicts ni les fleurs :
L'efperance n'eft plus bien fouvent trompereffe;
L'hyver jouyt de tout, bien heureufe vieilleffe,
Le faifon de l'ufage, & non plus des labeurs.

Mais la mort n'eft pas loin : cette mort eft fuivie
D'un vivre fans mourir, fin d'une fauffe vie :
Vie de noftre vie, & mort de noftre mort.
Qui hait la feureté pour aimer le naufrage,
Qui a jamais efté fi friand de voyage,
Que la longueur en foit plus douce que le port?

PRIERE DU MATIN.

Le Soleil couronné de rayons & de flammes
   Redore noftre aube à fon tour :
O fainct Soleil des Saincts, Soleil du fainct amour,
Perce de flefches d'or les tenebres des ames
   En y rallumant le beau jour.

Le Soleil radieux jamais ne fe courrouce,
   Quelque fois il cache fes yeux :

C'est quand la terre exhalle en amas odieux
Un voile de vapeurs qu'au devant elle pousse,
  En se troublant, & non les Cieux.

Jesus est tousjours clair, mais lors son beau visage
  Nous cache ses rayons si doux,
Quand nos pechez fumans entre le Ciel & nous,
De vices redoublez enlevent un nuage
  Qui noircit le Ciel de courroux.

Enfin ce noir rempart se dissout & s'esgare
  Par la force du grand flambeau.
Fuyez, pechez, fuyez : le Soleil clair & beau
Vostre amas vicieux & dissipe & separe,
  Pour nous oster nostre bandeau.

Nous ressusciterons des sepulchres funebres,
  Comme le jour de la nuict sort :
Si la premiere mort de la vie est le port,
Le beau jour est la fin des espaisses tenebres,
  Et la vie est fin de la mort.

PRIERE DU SOIR.

  Dans l'espais des ombres funebres,
Parmi l'obscure nuit, image de la mort,
Astre de nos esprits, sois l'estoile du Nort,
  Flambeau de nos tenebres.

  Delivre nous des vains mensonges,
Et des illusions des foibles en la foi :
Que le corps dorme en paix, que l'esprit veille à toi,
  Pour ne veiller à songes.

Le cœur repoſe en patience,
Dorme la froide crainte & le preſſant ennui :
Si l'œil eſt clos en paix, ſoit clos ainſi que lui
　　L'œil de la conſcience.

Ne-ſouffre pas en nos poictrines
Les ſurſauts des meſchants ſommeillans en frayeur,
Qui ſont couverts de plomb, & ſe courbent en peur
　　Sur un chevet d'eſpines.

A ceux qui chantent tes loüanges
Ton viſage eſt leur ciel, leur chevet ton giron;
Abriez de tes mains, les rideaux d'environ
　　Sont le camp de tes Anges.

MEDITATION ET PRIERE.

Pour communiquer à la Cene du Seigneur.

Lors qu'au banquet precieux
　Je ſavoure les viandes
　Salutaires & friandes
Et des Anges & des Cieux,

Adreſſe vers toy mes pas,
Ma main, afin qu'elle touche,
Ton haleine ouvre ma bouche
Pour manger à ce repas.

Que ton eſprit, ó mon Dieu,
Eſprit d'union m'uniſſe;

Et tout entier me raviſſe
De ſi bas en ſi haut lieu.

Hauſſe-moy deſſus le rang
De la pauvre humaine race,
Ma chair de ta chair ſe faſſe,
Et mon ſang de ton pur ſang.

Que ta main tout de nouveau
M'atache, ſerre & arreſte,
Comme le corps à ſa teſte,
Ou la vigne à ſon ormeau.

Que mon cœur enfelonné
Ne s'enfle contre perſonne :
Donne moy que je pardonne,
Afin d'eſtre pardonné.

Comme jadis à l'hoſtic
On arrachoit tout le fiel,
Fay que je ne ſacrifie
Rien d'amer au Dieu du Ciel.

PRIERE ET CONFESSION.

Je porte dans le Ciel mes yeux & mes deſirs,
Joignant, comme les mains, le cœur à ma requeſte,
Je ploye mes genoux atterrant mes plaiſirs,
Je te deſcouvre, ô Dieu, mes pechez & ma teſte.

Mes yeux de mes defirs corrupteurs ont cerché
L'horreur, mes mains le fang, & mon cœur les vengeances :
Mes genoux ont ployé au piege de peché,
Et ma tefte a bien moins de cheveux que d'offenfes.

Si je me defguifois, tes clairs yeux font en moy,
Ces yeux qui percent tout, & deffont toutes rufes :
Qui pourroit s'excufer accufé par fon Roy ?
Je m'accuferay donc, afin que tu m'excufes.

Mais qui cuide tirer un frivole rideau,
Pour celer fes pechez, fe prive de ta face,
Et qui penfe donner à tes yeux un bandeau
Eft veu, & ne voit plus ta face ny ta grace.

Pere plein de douceur, comme auffi jufte Roi,
Qui de grace & de loi tiens en main les balances,
Comment pourrai-je faire une paix avec toi,
Qui ne puis feulement faire trefve aux offences ?

Je fuis comme aux Enfers par mes faicts vicieux :
Je fuis noir & fanglant par mes pechez, fi ai-je
Les ailes de la foi pour revoler aux Cieux,
Et l'eau de Siloé me blanchit comme neige.

Exauce-moi du Ciel, feul fort, bon, fage & beau,
Qui donne au jour le clair, & le chaut à la flamme,
L'eftre à tout ce qui eft, au Soleil fon flambeau,
Moteur du grand mobile, & ame de tout ame.

Tu le feras, mon Dieu, mon efpoir eft certain,
Puis que tu l'as donné pour arre & pour avance :
Et ta main bienfaifante eft cette feule main,
Qui parfaict fans faillir l'œuvre qu'elle commence.

*Ne desploye sur moy ce grand vent consumant
Tout ce qui luy resiste, & ce qu'il veut atteindre :
Mais pour donner la vie au lumignon fumant,
Souffle pour allumer, & non pas pour esteindre.

La langue du meschant deschire mon honneur,
Quand de plume & de voix le tien j'escris & chante.
Delivre-moy de honte, & ne souffre, Seigneur,
Au vaisseau de ta gloire une senteur puante.

Je me sauve chez toy, les mains & le cœur mis
Aux cornes de l'autel; Fort des forts, juste Juge,
Ne souffre par le fer des meurtriers ennemis
Ensanglanter ton sein en brisant ton refuge.

Cet esprit qui me rend haineux de mon peché,
C'est le Consolateur, qui m'apprend Abba pere :
De contraires effects je suis par lui touché,
Car il fait que je crains, & si fait que j'espere.

Tu m'arrouses du Ciel, ingrat qui ne produis
Qu'amers chardons au lieu de douces medecines.
Pren ta gaule, Seigneur, pour abbatre ces fruits,
Et non pas la coignee à couper les racines.

Use de chastimens, non de punition :
Esmonde mes jettons, laisse la branche tendre,
Ainsi que pour chasser l'air de l'infection,
Mettant le feu partout on ne met rien en cendre.*

PRIERE DE L'AUTHEUR

Prifonnier de guerre & condanné à mort.

Lors que ma douleur fecrette
D'un cachot aveugle jette
Maint foufpir emprifonné,
Tu m'entends bien fans parole;
Ma plainte muette vole
Dans ton fein desboutonné.

Je veux que mon ame fuive,
Ou foit libre, ou foit captive,
Tes plaifirs : rien ne me chaut;
Tout plaift pourveu qu'il te plaife;
O Dieu, pour me donner l'aife,
Donne-moi ce qu'il me faut.

Ma chair qui tient ma penfee
Sous fes clefs eft abaiffee,
Sous la clef d'un geolier :
Dont foit en quelque maniere
Cette prifon prifonniere,
Moins rude à fon prifonnier.

Que fi mon ame captive
Eft moins allegre & moins vive
Lors que fes membres germains
L'enveloppent de mes peines;
De mes pieds ofte mes chaines,
Et les manottes des mains.

Mais fi mon ame au contraire
Fait mieux ce qu'elle veut faire

Quand son ennemi pervers
Pourrit au fonds de ses grottes;
Charge mes mains de manottes,
Et mes deux jambes de fers.

Si le temps de ma milice,
Si les ans de mon service
Sont prolongez, c'est tant mieux :
Cette guerre ne m'envie,
Douce me sera la vie,
Et le trespas ennuyeux.

Mais, ô mon Dieu, si tu treuve
Qu'il est temps qu'on me releve,
Je suis tout prest de courir,
De tout quiter pour te suivre :
Le mourir me sera vivre,
Vivre me sera mourir.

RÉVEIL.

Arrieres de moi vains mensonges,
Veillans & agreables songes,
Laissez-moy, que je dorme en paix :
Car bien que vous soyez frivoles,
C'est de vous qu'on vient aux paroles,
Et des paroles aux effects.

Voyez au jardin les pensees
De trois violets nuancees,
Du fond rayonne un beau soleil :

Voila bien des miennes l'image,
Sans odeur, sans fruit, sans usage,
Et ne plaisent qu'un jour à l'œil.

Ce n'est qu'Amour en l'apparence,
Ce n'est qu'une verde esperance,
Que rayons & vives clartez :
Mais cette esperance est trop vaine,
Ce plaisir ne produit que peine,
Et ses rayons obscurités.

Mes desirs s'engayent sans-cesse
De la fureur à la finesse,
Le milieu est des cœurs benins :
On peint la Chimere de mesmes,
On luy donne à ses deux extremes
Ou les lions, ou les venins.

Ce qui se digere par l'homme
Se faict puant; voyez-vous comme
C'est un dangereux animal,
Changeant le bien en son contraire :
Car ce qui est vain à bien faire,
Ne l'est pas à faire du mal.

SUR L'ADIEU DE MONSIEUR LA RAVAUDIERE

Partant pour aller sur mer, & demandant la benediction
de l'autheur.

Allez cueillir sous le Canope
L'or, les honneurs, & les plaisirs,

Puis que les bornes de l'Europe
Ne sont celles de vos desirs.

Au calme, parmi les tempestes,
Et en tout temps, & en tout lieu,
Souvenez-vous bien que vous estes
Dedans le sein de vostre Dieu.

DE LA PAIX.

Voici une suite estrange
D'un desordre, & ses effects :
Il tire Mars, Mars Anange;
Et cet Anange la Paix :
La Paix, qui a pour nourrice
La dure Necessité,
Tire aprés soi la Justice,
Et la blanche Pieté.

LA PRINCESSE DE PORTUGAL,

AVEC SIX FILLES

Estant retiree à Geneve, fut traictee par l'autheur, & en un grand concert de musique les vers qui suivent prononcez.

Vous avez donc, sage Princesse,
Sur le vent mauvais qui nous presse,
Choisi Geneve comme un lieu

Qui jufques au fiecle où nous fommes,
Au prix de la haine des hommes,
A fenti l'amour de fon Dieu.

Voici la cité des merveilles,
Vous avez les Anges pour veilles,
Le guet d'Ifraël eft icy :
Si vous ne trouvez les delices,
L'efclat des pompes & des vices,
Vous ne les cerchez pas auffi;

Pluftoft un' ombre folitaire,
A pourfuivre les pleurs d'un frere
Que les Sainčts pleurent avec vous.
Vos larmes font de tel ufage,
Si douces, comme dit le Sage,
Que le rire n'eft pas fi doux.

Des fept Sœurs la troupe dolente
Verfa tant de pleurs pour Hyante
Et gemit fi amerement,
Que felon les fables anciennes,
Jupiter efmeu de leurs peines
Logea les fept au firmament.

Entre les aftres ou brigades
Des eftoiles font les Hyades,
Qui donnent leur dueil à l'Æther :
Et c'eft cet aftre qui convie
Le Ciel aux pleurs, l'air à la pluye,
Et l'Univers à lamenter.

Six Princeffes de compagnie,
Qui de vous ont receu la vie

Et l'exemple de pieté,
Qui ont eu part à vos desastres,
Avec vous passeront les astres
En lustre, en honneur, en clarté.

O quelles seront ces Estoiles,
Quand sans entredeux & sans voiles,
Elles s'embrasseront à l'œil,
Qui fait les clartez eternelles,
Dieu se faisant un miroir d'elles
Comme des Astres le Soleil.

HYMNE

SUR LA MERVEILLEUSE DELIVRANCE DE GENEVE.

Pour chanter sur le chant : Rendez à Dieu loüange & gloire.

A ce beau jour nous est donnee
Matiere d'exultation :
La voici l'heureuse journee
Où Dieu fit merveille à Sion.
Quittez vos couches emplumees
Au poinct de l'aube, Genevois,
Pour chanter au Dieu des armees
Cantique de cœur & de voix.

Quand les ennemis de vos vies
Vous preparoyent la mort, alors,
Ames & armes endormies,
Vous estiez en estat de morts.
Une confiance mortelle
De mespris vous avoit charmés,
Quand d'Israël la sentinelle
A veillé pour ses bien-aimés.

Venez, tous sexes & tous aages,
Chanter avec nous en ce lieu
Les grands effects des hauts ouvrages,
Et les delivrances de Dieu.
Dieu qui dans les dangers extremes
Dressa nos cœurs & nos esprits,
Et à nous reprendre nous-mesmes,
Et ceux-là qui nous avoyent pris.

Ce n'est pas seulement au Temple,
Vieillards, Seigneurs de la Cité,
Que vous avez servi d'exemple,
De miroir & de pieté :
Mais les premiers à vous resoudre,
Et aux armes plus diligens,
Dieu vous a fait mettre la poudre
Dans le nez de vos jeunes gens.

Soldats, qui ne vous donnez peine
Des ennemis à millions,
Donnez en gloire au Capitaine
Qui d'agneaux vous a faict lions.
Ce fut Jesus doux & propice,
Qui vous esmeut & vous guida,
Lorsque d'agneau du sacrifice
Il se fit lion de Juda.

Meres, matrones venerables,
Prenez vos enfants condamnez
Par les tyrans impitoyables
A mourir, premier qu'estre nés.
Apportez ces cheres enfances
Dedans le temple, Genevois,
Pour accorder vos consonances
Avec leurs innocentes voix.

Et vous, Genevoises fillettes,
Puis que les cordeaux inhumains
N'ont peu garrotter vos mains nettes,
Faites claquer ces blanches mains :
Et que ces voix pures & sainctes,
Qui aux fers des malicieux
Eussent percé l'air de leurs plaintes,
Percent de loüangé les Cieux.

Dites : ô Dieu, tu vois la guerre
De ces geans avantureux,
Fais voir aux enfants de la terre
Que le Ciel est trop haut pour eux,
Fais que ces fols, ces infideles
Brisez de la verge de fer
Trouvent au bout de leurs eschelles
Le cordeau, la mort & l'enfer.

TOMBEAUX

PREPARATIF A LA MORT

En allegorie maritime.

C'eſt un grand heur en vivant
D'avoir vaincu tout orage,
D'avoir au cours du voyage
Tousjours en poupe le vent :

Mais c'eſt bien plus de terrir
A la coſte deſiree,
Et voir ſa vie aſſeuree
Au havre de bien mourir.

Arriere craintes & peurs,
Je ne marque plus ma courſe
Au Canope, ni à l'Ourſe,
Je n'ai ſouci des hauteurs :

Je n'eſpie plus le Nord,
Ni pas une des eſtoiles,
Je n'ai qu'à baiſſer les voiles
Pour arriver dans le port.

POUR METTRE A LA PORTE DU TOMBEAU

Bafti dans un efpron, à la defenfe duquel il vouloit obliger fes enfants.

*Enfans, fi vos ennemis ofent
Travailler où mes os repofent,
Rendez là voftre vie à Dieu,
Donnez au vrai honneur la vie,
Car voftre pere vous convie
De l'accompagner en ce lieu.*

POUR UNE BELLE FILLE

Morte au berceau.

*Cette grand' beauté fi exquife,
En bref temps efclofe & reprife,
Ne fut à nous que par depoft :
Le Ciel la monftra par merveille
Comme une perle fans pareille
Qu'on defcouvre, & ferre auffi toft.*

TOMBEAU DE M. DE LA CAZE

Trouvé en fa pochette quand il fut tué,

(Traduit du latin).

*Paffant ne pleure que pour toi,
Si je paffe en meilleure vie,
Je n'ai befoin de ma patrie,
Mais elle aura faute de moi.*

ELOGE DE SIMON GOULART

SENLISIEN.

SIMON GOULART SENLISIEN ayant employé LX. annees, de LXXXVI. qu'il a vescu, à prescher la verité a Geneve, rempli l'Europe de plusieurs livres, en la doctrine & multiplicité desquels chacun admire celle des dons qu'il avoit receus du ciel, cependant tousjours fourni a sa charge, jusques à la derniere semaine de sa vie : les sept jours du silence de sa chaire remplacez par l'eschole de son chevet : en fin en une saison où les siens avoyent besoin d'exemple de constance, il a justifié ses escrits sur le mespris de la mort par ses contenances joyeuses & propos d'exultation continuez parmi les hoquets & derniers fumeaux :

> *Ainsi la mort le delivre*
> *Plein de joye & nous d'ennuy ;*
> *Lui rassasié de vivre*
> *Et nous affamés de lui.*

EPITAPHE

DE M. D'AUBIGNÉ OCTOGENAIRE.

Passant, arreste & voy que tout se passe,
Que le naistre est au mourir engagé,
Puisqu'icy gist en un corps tant aagé
Une vertu plus tost morte que lasse.

Vers funebres
DE TH. A. D'AUBI-
gné Gentil-homme
Xantongois.

SUR LA MORT D'ESTIENNE
Jodelle Parisien Prince des Poëtes Tragiques.

A PARIS
Par Lucas Breyer Libraire tenant sa boutique
au second pillier de la grand salle du Palais.
1574
Avec Privilege.

Tu as ce me semble grand tort,
Aubigné, de pleurer Jodelle,
Ta plainte est si docte & si belle
Qu'elle faict oublier sa mort.

VOLUSIEN.

Vers funebres

DE TH. A. D'AUBIGNÉ

SUR LA MORT D'ESTIENNE

Jodelle Parifien Prince des Poëtes Tragiques.

ODE.

Trottez Iambes eſtoffez
De creve-cœur & d'amertume,
Faictes regorger à ma plume
Les motz qui vous ont eschauffez :
Esclatez ma juſte querelle,
Ridez voſtre face d'horreur,
Pleurez de fureur la fureur,
Et de vers le vers de Jodelle.

Mon ode enſanglante tes doitz
Des plaies de ta chevelure,

Grave en ta face ceste injure,
Qu'on la lize de tous endroitz :
Que ta juste forcenerie
Contraigne forcener de pleurs
De tes zoiliques moqueurs
La zoilique moquerie.

Ce papier soit le porte-fais
Qui patira de ta colere ;
Fais lui porter la folle enchere
Des folles plaintes que je fais :
Et si la douleur te surmonte,
La douleur me surmonte aussi,
Je te laisseray le soucy
De racompter ce que je conte.

Chante donc, Chetive, comment
C'est de la perte de la France,
De la gloire de l'ignorance,
Qu'est conceu mon juste tourment :
Je me plains de voir l'avarice
Regner en ce siecle tortu,
Je me plains de voir la vertu
Foulee aux pieds du cruel vice.

Si le docte n'est artizan,
Il meurt pauvre avec sa doctrine ;
Ou s'il ne scait feindre la mine
Et le masque d'un courtizan :
On mesprise l'homme de guerre,
Le scavoir nous est ennemy,
On fische le coude endormy
Sur l'or qu'on a caché en terre.

Le peuple n'orne sa victoire
De lierres ny de lauriers :
Le peuple ne marque sa gloire
Ny des letrez ny des guerriers :
Heureux celuy seul qui peult faire
Sa course sans l'aide d'autruy ;
Heureux celuy seul aujourd'huy
Qui ne scait rien, sinon se taire !

Siecle malheureux & maudit,
Où Mammon pour seul Dieu s'adore :
Siecle plus miserable encore
Cent mille fois que je n'ay dit :
La noblesse demeure serve
Soubz le populaire ennobly ;
Noz services sont en oubly :
Les pourceaux enseignent Minerve.

Jodelle est mort de pauvreté ;
La pauvreté a eu puissance
Sur la richesse de la France ;
O Dieux, quelz traictz de cruauté !
Le Ciel avoit mis en Jodelle
Un esprit tout autre qu'humain ;
La France lui nia le pain,
Tant elle fut mere cruelle.

La Mort pleura de son tourment,
Luy faisant office de mere,
Et pour l'oster de sa misere
Luy ravit le corps seulement :
L'esprit aux ombres plutoniques
Se faict de l'Enfer adorer,

Le faict pasmer, le faict pleurer
Au son de ses plaintes tragiques.

La Mort a desbandé ses yeux,
Quoyque les poëtes vueillent dire;
Puisqu'elle a si bien sceu eslire
Tout ce que nous avions de mieux :
O mortz, n'ayez donc plus d'envie,
Ayant avec vous nostre honneur,
De revenir en la douleur
D'une si detestable vie !

Amys, ne pleurons plus le sort
De ceux qui ne sont plus en estre :
Nostre vie commence à estre
Mille fois pire que la mort :
La mort ne scauroit estre pire ;
Mourons, nous serons immortelz ;
Et noz escriptz nous feront telz
Que nostre siecle voudra dire.

Je ne fonde pas ma douleur
Sur la mort de ce grand Jodelle;
Car si je me complaignois d'elle,
Je serois marry de son heur,
Mais que ceux que la perte touche,
Desja ingratz ont oublié
Celuy qui avoit deslié
Tant de filetz dedans leur bouche.

Si on reproche la grandeur
A Jodelle, & qu'il fut trop grave;
Puisque l'esprit estoit si brave,
Pouvoit il avoir autre cœur ?

*Quelque abatu de confcience
Euft deguifé ce qu'il fçavoit,
Mais Jodelle ne le pouvoit
Avaler d'un poltron filence.*

*Cela ne debvoit point ofter
Aux doctes efpritz de la France
La pitoiable fouvenance
De celuy qu'ils debvoient chanter :
Si peu jamais ne debvoit faire
Le moindre de tous commencer,
Mais j'ay mieux aymé m'avancer,
Pour garder quelqu'un de fe taire.*

*Lors que les petiotz enfans
Crient au tombeau de leur pere,
Cefte douleur eft plus amere
Que le defefpoir des plus grandz,
Bien qu'ils ne logent dans leur cœur
Un fi grand amas de trifteffe :
Peult eftre que ma petiteffe
Servira de telle couleur.*

*Va, mon Ode, pour refveiller
Du dormir quelque docte ouvrage,
Le trifte effroy de ton orage
Les gardera de fommeiller :
Abreuve de pleurs l'Univers,
Fay faigner ta jufte querelle,
Que mes vers vivent par Jodelle,
Jodelle vivra par mes vers.*

SONNETS.

Quand Jodelle arriva fouflant eñcor fa peine,
Le front plein de fueur des reftes de la mort,
Quand dis-je, il eut attaint l'Acherontide bord.
Attendant le bateau, il reprint fon haleine.
Il trouva l'Acheron plus plaifant que la Seine,
L'Enfer plus que Paris : auffi l'air de ce port,
Quoy qu'il fuft plus obfcur, ne luy puoit fi fort
Que luy faifoit ça haut une vie incertaine.
Le Paffager le prend au creux de fon bateau.
Et Jodelle eftonné difoit en paffant l'eau :
Pourroy-je me noyer, qu'encor un coup je meure,
Pour proffiter autant à mon fecond trefpas
Que j'ay fait au premier; mais il ne pouvoit pas
Augmenter fon bonheur pour changer de demeure.

Au faillir du batteau où l'ame fe defole
D'un ufurier tranfi, d'un Epicurien
Pleurans leur bien paffé, Jodelle n'ayant rien
Regretté à Paris fit une capriole :
Mais s'il eftoit joyeux, plus le fut la carole
De tous ceux qui avoient en leur temps ancien
Efpanché les threfors de l'antre Thefpien,
Du Canope incognu jufques à l'autre Pole.
Tous les Rois qui avoient favorifé les vers
Environnoient fon front de mille rameaux vers,
De mirthe, [de] ciprés, de lierre, & d'efrable,
Heureux qui le pouvoit couronner de fes doits!
Voyez donc comme il eft honoré des grands Rois :
Il n'euft ofé vivant aprocher de leur table.

Jodelle errant aux bors de la rive cruelle,
Treforiere de l'or & de l'heur des François,
Se plaint qu'il a efté la gloire de noz Rois,
Et que noz Rois n'ont peu cognoiftre leur Jodelle.
L'Enfer creux retentit de fa jufte querelle,
Tous blafment noftre France & d'une mefme voix
Les mirthes ombrageux, rives, rochers & bois
Blafonnent noftre temps d'une injure nouvelle.
Ils oyent attentifs que Jodelle difcourt,
Comment il eft mort pauvre, & comment à la court
On cache la vertu pour eftaler le vice :
Il eft mort pauvre, ayant enrichi l'Univers
De ce qu'il poffedoit : Jodelle mit aux vers
Sa richeffe, fon cueur, fon or, fon avarice.

Riche eft-il mort, mais quoy? où eft cefte richeffe?
Qui en eft heritier? J'ay peur qu'avecques luy
Son trefor fe pourrit, je ne voy aujourd'huy
Aucun qui le poffede, aucun qui le careffe :
L'un en tient un lopin, dont il bave fans ceffe,
L'autre en tient un cayer enfermé dans l'eftuy,
Un autre à qui l'argent ne feroit tant d'ennuy,
Le vent à beaux teftons pour mettre fur la preffe.
Pauvres vers orphelins, voftre pere eut grand tort,
Ne vous laiffant au moins nourrir aprés fa mort
A quelque bon tuteur, mais quand bien je regarde,
Il vouloit que fon temps & le voftre fuft un,
Pource qu'il ne voyoit autour de luy aucun
Qui meritaft l'honneur d'une fi chere garde.

*Il y a quinze jours que je te mauzolise,
Jodelle, j'ay pincé la plume de trois doits,
Je l'ai prinse cent fois, & remise cent fois,
Autant de fois failly que de fois je l'ay prise.
Je ne puis voir comment ma faute je desguise,
Jamais pour un subject ma plume je n'avois
Importuné ainsi : mais qvoy? Je ne pouvois
Choisir de tes vertus celle que plus je prise.
J'eusse bien dit comment tu avois honoré
La France en luy donnant le cothurne doré
Que la Grece gardoit plus cher que ses deux yeux :
J'eusse bien dit encor ce qui rend immortelle
Ta vie aprés ta mort, mais je n'ay peu, Jodelle,
Pour louer ta fureur estre assez furieux.*

---

*Les corps qui sont nés de terre
S'eternizent par la pierre :
Mais les celestes espriz
S'eternizent par escriz.*

AUBIGNÉ.

LA CREATION

[Poëme inédit, publié d'après le manufcrit original de la collection Tronchin. Mss. d'Aubigné, T. X, f° 1]

LA
CREATION

CHANT PREMIER.

DE L'ETERNITÉ ET PUISSANCE DE DIEU.

Quoyque le tems chenu d'un superbe pouvoir
  Semble bien trionpher de tout ce q'on peut voir,
  Et que l'home, Seigneur de la terre & de l'onde,
  Soyt reduyt par sa faux en la fosse profonde,
Bref que tout soyt submis à la rigueur du temps
  Comme dominateur, toutesfoys je pretens
  Monstrer, soyt par les Cieux & leur grand exercite,
  Soyt par les deux flambeaux, du monde la conduyte;
Aussi par l'air sutil espars en chacun lieu,
  Et par ce monde rond, planté ferme au milieu
  Avec cent mille corps, qui sans qu'aucun moyssonne,
  Sont nouris des presans que la terre leur donne :

Surtout voyant le cœur de l'home eſtre affecté
  D'un naturel inſtingt à une pieté,
  Qu'il eſt un Souverain, un Dieu lequel preſide
  Sur tout, et qui d'un frain droyturier ce tout guyde.
Que ſi quelque corps eſt par le fier temps dompté,
  Cela provient de luy & de ſa volonté,
  Tellement qu'il convient ſoubz ſon pouvoir ſupreſme
  Que toute choſe ploye avecques le temps meſme.
Ce grand & puiſſant Dieu duquel parler j'entens
  C'eſt cetuy là qui eſt, c'eſt l'Eternel ſans temps,
  Et lequel par le tems, d'une gloyre admirable
  Monſtre qu'aprés le temps ſon eſtre eſt perdurable.
Tel donc eſt l'Eternel du tems rongeait dompteur,
  Duquel je veux chanter l'excellance & hauteur,
  Les merveilleux effectz telz qu'il les faict paroyſtre,
  Tant en ce Ciel voulté comme en ce val terreſtre.

Divine Muſe, vien eſpendre deſſus moy
  Tes graces & faveurs, & me donne de quoy
  Exalter par mes vers & par ces miens cantiques
  De ce grand Dieu des Dieux les actes magnificques.
Mays quoy, dira quelq'un, c'eſt beaucoup entrepris,
  Tes cordes ſonnent bas & l'œuvre eſt de grand pris :
  Quiquonques l'entreprend, atendu ſa hauteſſe,
  Qu'il ſoyt doncques ſemblable à David en ſageſſe.
A mon vouloir qu'il fuſt ainſi que tu le diz,
  Toutesfoys comme on voyt és orgues des petiz
  Tuyaulx deſquelz le ſon n'eſt pourtant inutille,
  J'en peux dire de meſme au reguard de mon ſtille,
Lequel quoy qu'il ſoyt bas & mene peu de bruyt,
  J'eſpere neanmoins qu'il fera quelque fruyt :
  Joint que le tout Puiſſant qui mes ſens ayguillonne
  Eſt le mouvement ſeul de ma volonté bonne.

C'eſt ce qui m'enhardiſt en cela que je fais,
 M'aſſeure de ne point ſucomber ſoubʒ le faix.
 Son ſecours me ſera plus pront à le bien dire
 Que je ne rendré preſte à ce faire ma lire.
Debout, reveille toy, ma lire, & commençon
 En ton armonieux ceſte miene chanſon,
 Faiſon la reſonner toute autre en melodie,
 Car c'eſt au Dieu vivant auquel je la dedie !
C'eſt à ce Dieu duquel les actes merveilleux
 Dignes de tout honneur ſe monſtrent à nos yeux,
 Ce Dieu duquel l'eſprit pleinement nous informe
 Qu'il eſt le Createur en matrice & en forme,
Que tout ce qui s'eſt veu & qu'on voyt aujourd'huy,
 La cauſe efficiente & finalle eſt en luy,
 Que toutes choſes ſont, ſoyt en forme & ſuſtence,
 Comme elles reſidoyent en ſa ſeule puiſſance.
C'eſt ce Dieu qui a ſeu creer & metre à point
 Ce qui au par avent en eſtre n'eſtoit point,
 De rien faire un ſubject, d'une choſe eſtant vuide
 Et ſans forme en tirer une choſe ſolide,
D'une choſe eſtant vacque & ſans nul ſentiment
 Creer & faire un eſtre avecques mouvement,
 D'une choſe confuſe & du tout inutille
 Seu le tout diſpoſer d'une ordre tant gentille :
Ce Dieu qui ſans conſeil, ſans moyen, ni ſecours
 Fiſt le Ciel & l'enclos d'iceluy en ſix jours,
 A ſon mendement ſeul, car la parolle dicte,
 Ce qui eſt receut lors eſſence auſſi ſubite,
Lors & au tems prefix qu'il avoyt reſolu
 Et ſelon le protraict en ſoy meſme voulu,
 Monſtrant là un pouvoir glorieux & inſigne
 Et lequel à bon droyt eſt de l'ouvrier bien digne.
Que cela ne ſoyt vray, l'oeil ſans eſtonnement
 Peut-il bien contenpler ce large firmament

Semé & enrichi de mainte estoylle belle,
Voyr la lune en son plain & le decours d'icelle,
Voir aussi du soleil l'aler & le retour,
Borne de l'an fuyart, des saysons & du jour,
Peut-il (dis je) les voir, sans juger en courage
Qu'il y a un principe, auteur d'un tel ouvrage?
Si mesmes on reguarde aux mouvemens divers
De ces celestes corps entourans l'Univers,
Haut & clair on entant combien cest exercite
Raconte en tout endroyt la gloyre qu'il merite.
S'il est ainsi que l'air se puisse transpercer
Par le vol de l'oyseau, d'autre part balancer
La terre en iceluy, masse pesante & large,
Qui le faict subsister soubz si pesante charge?
Quel est ce naturel en l'home qui l'induyt
A recongnoystre Dieu? Quel object le conduyt
A croire que du Ciel il ayt pris origine
Sans se persuader une essence divine?
S'est il jamays congneu aucune region
Qui se soyt seu passer d'une religion?
L'insullayre eslongné, voyre des plus sauvages
Ne se sont point trouvez sans genie ou images.
Qui presse l'idollatre, ores qu'il soyt hautain,
Faire homage à l'image, œuvre estant de sa main?
N'est ce à la verité une force divine
Qui sur l'afection naturelle domine?
Joint qu'il ne peut souffrir qu'il luy soyt imputé
D'estre sans sentimant d'une Divinité,
Ce qui demonstre bien l'humaine creature
Avoir un Dieu en elle inprimé de nature.
Bien qu'elle & ces haux Cieux merveilleux & luysans
Soyent aux homes tesmoins trop plus que suffisans,
Il s'est, luy liberal & d'amour non petite,
Manifesté à eux par sa parolle escripte

En laquelle on aprend à le congnoitre mieux.
  On y voyt d'autre part qu'il se presante à eux
  Asiduellement, affin qu'en asseurence
  Sur luy on se repoze en toute obeissence :
Là dedans on y voyt aussi comme ce Dieu
  Est d'essence infinie en tous lieux & sans lieu,
  Que tous les Cieux des Cieux avecques cete terre
  Ne le sauroyent comprendre & moins tenir en serre :
Que c'est le Dieu, le fort, impassible, immortel,
  Juste, inconprehensible. Outre plus il est tel
  En soy, qu'il n'a nul corps ou semblable figure
  Pour le represanter comme une creature,
Laquelle a forme & corps mais bien diversement,
  Car le vent furieux, le feu, chaut element,
  Legers ont corps ayré : l'eau, element humide
  Et froid est faict d'un corps trensperceant & liquide :
L'home, image de Dieu, oyseaux volans en l'air,
  Tous animaux aussi, ont un corps faict de chair :
  L'Ange, l'ame de l'home & Diables miserables,
  Comme ce sont espriz, ont corps à eux semblables.
Dieu seul reste sans corps, mesmement c'est celuy
  Qui ne peut endurer division en luy.
  Infini comme il est, cete nature est telle
  De ne pouvoir souffrir division en elle :
Or qu'il soyt veritable en ce que nous dison
  Dieu estre de nature infini, avison
  De n'imaginer chose en nostre intelligence
  De charnel au reguard de la divine essence ;
Pour la rendre espenduë en quelque infini lieu
  Contenant un' espace infinie où ce Dieu
  Infini se contint, or il est necessaire
  Que deux infiniz soyent, sy cela se peut faire,
L'un contenant en soy & l'autre contenu,
  Que Dieu se puisse enclore ou estre retenu

En quelque espace & lieu, tant grand sauroyt il estre,
Rien moins qui peut enclore un qui comprend tout estre.
Ce que je dis n'empesche aucunement que Dieu
 Ne face sa demeure en quelque certain lieu,
 Ainsi qu'il le peut faire en ses esleus par grace,
 Vrays temples d'iceluy quand foy leurs cœurs enbrasse.
Autre chose est de Dieu, considerans ses faictz,
 Sa grandeur, sa vertu, dont on voyt tant d'effectz
 Merveilleux & hautains dont à pene du moindre
 Le foyble sens humain n'est capable d'atteindre.
La terre, mer & Cieux de sa Divinité
 Sont remplis & n'y a lieu de vacuité,
 Qui plus est, on y voyt quelle est sa providence
 Et des points excellans de sa beneficence.
Tel qu'il estoit jadis, tel il est orendroyt :
 Il n'est point en un lieu plus qu'en un autre endroyt,
 Il est tout en tous lieux, en mesme estat & sorte,
 Sans que mutation aucune le transporte :
Et d'autant qu'il n'est pas possible à nos esprits
 Le dire tel qu'il est, en soy mesme compris,
 La grandeur nous contraint le declarer par choses
 Lesquelles sont de luy, & non en luy encloses.
Comme cil qui diroyt ceste terre qui est
 En toute espace & lieu où la terre aparoyst
 Se monstre en quelque endroyt de plus grande estendue
 Qu'en l'autre, ce qu'on juge ayfement par la veuë.
Une isle ne peut estre en forme ny grandeur
 Comme toute la terre esparse en sa rondeur;
 L'humeur vital à tous general se remontre,
 Foyble dedans un corps, fort en l'autre il se monstre.
L'oeyl general du monde autour du jour espend
 Sa lumiere par tout, mays comme elle despend
 D'iceluy, la clarté en son corps plus abonde
 Qu'elle ne sauroyt estre en nulle part du monde.

L'air lequel est de soy inpalpable & leger
  Se peut en petit lieu enclore & se renger,
  Encores que du tout la terre il environne
  Et qu'à tous animaulx loy de respirer donne :
Ce qui demonstre bien un corps estre en son tout
  Plus grand & en partie estre moindre en beaucoup.
  Mays o Dieu! tu es tout & partout en toy mesme,
  Seul tu es en la terre & seul au Ciel supresme!
Or luy comme eternel, ranpli de magesté
  Avecques la parolle en tous tems a esté;
  Elle estoyt dedans luy eternelle & divine
  Dont tout ce qui se voyt a pris son origine.
Combien que cela soyt, il ne faut toutesfoys
  L'imaginer semblable à nostre humaine voyx,
  Laquelle ains que d'avoir ses effectz est formee
  Au cerveau, puys aprés en l'esprit imprimee :
Et lors le jugement prononce & met avent
  Sa conception prise en luy au par avent,
  Afin que ses dessaings il puisse faire entendre
  Par le son de la voix qu'on oyt par l'air s'ependre.
Rien moins que cela soyt en ce Dieu souverain,
  En luy, esprit qu'il est, n'a teste, bras ni main,
  Non plus de langue & bouche & autant peu d'aureille,
  Ni parolle qui soyt à la nostre pareille :
Et en cela deffaults sont signes evidans
  Que Dieu n'a pas besoign de tous ces accidans.
  Mays quoy! peult il penser en son intelligence
  Chose aucune où le tout consiste en sa presance?
Peut il avoir un cœur poussé d'affection?
  Peut il avoir l'esprit saysy de passion?
  Peut il se declarer avecq' une voix, comme
  Nous l'oyons retentir de la bouche de l'homme?
Toutes ces actions, telles proprietez
  Ne luy conviennent point, non plus les qualitez

De le juger avoir parolle en luy mentale,
  Ou qu'elle soyt escrite, ou comme on dict, vocale.
Cela est trop absurde & ne peut avoir lieu
  Au reguard de l'essence eternelle de Dieu,
    Et quand ce mot parolle est leu en l'Escripture,
    La cause est en nos sens grossiers de leur nature
De rechercher en Dieu aucun parler charnel.
  Rien moins il n'est en luy autre qu'essenciel,
  Incongneu de nous tous jusques au tems & heure
  Que nous possederons l'eternelle demeure.
En attendant ce jour & heure, fayson mieux :
  Adorons le d'esprit sans estre curieux
  De savoir quel il est, aprenans soubz silence
  Posseder nos esprits avecques patience.
Car cil qui tasche entrer au dedans des profonds
  Secrez de l'Eternel, qui n'ont rives ni fonds,
  Ressemble le poylier qui bat la poylerie,
  Qui martelant sans cesse, au grand bruyt perd l'ouye :
Ou comme l'hydropicque alteré qui ne prend
  Playsir qu'à boyre bien, va tousjours enpirent
  Plus il cuyde estancher la soyf qui tant l'opresse :
  Le boyre cause en luy plus grande saycheresse.
Ainsi cil qui s'enquiert trop curieusement
  Et plus qu'il n'apartient, y perd l'entendement :
  Plus il y est entré & plus il s'en enqueste,
  Plus d'alteration son esprit il moleste.
Celuy qui tascheroyt de mettre Maine à sec,
  Outre Sarte & le Loyr qui se joignent avec
  Y voulust faire entrer le grand fleuve de Loyre,
  Un tel entreprenant n'est il pas fol notoyre?
Comme il est à bon droyt, ainsi est il de ceux
  Qui guidez d'un esprit leger & curieux,
  S'enquierent où estoit la divine prudence,
  Ains que la terre & Cieux fussent en evidence.

O que c'eſt grand' ſageſſe à l'home de pouvoir
Et vouloir ignorer ce qu'il ne faut ſavoir!
O combien eſt heureux celuy qui ſe contente
De ce que l'Eſprit Saint par eſcript luy preſente!

CHANT SECOND.

DE LA CREATION DE LA LUMIERE ET DE L'AIR.

Du Souverain chanté la grandeur par mes vers,
   Ores je veux toucher de ce grand Univers
   Et la creation des choses qui ont estre :
   Comment, à quelle fin tant de corps il fist naistre.
Or comme il soyt un Dieu à nul autre pareil,
   Et qu'il eust de tout temps preveu en son conseil
   Ceste creation, luy de vertu supresme
   Crea cest Univers pour l'amour de soy mesme.
Pour l'amour donc de soy il crea les haux Cieux,
   L'home & tout animal vivant en ces bas lieux,
   Le Levant, le Ponnant & l'un & l'autre Pole,
   Pour demonstrer en eux l'effect de sa parole,
Pour monstrer la grandeur de sa Divinité,
   Pour monstrer qu'il est Dieu rempli de magesté,
   Pour monstrer qu'en luy seul consiste toute chose
   Et que dedans son sein toute estre estoyt enclose.
De faict, que pouvoit il en ce caos avoir
   D'excellant qui le deust aucunemant mouvoir,
   Veu qu'il ne s'y trouvoyt que tenebres epesses,
   Au lieu de la matiere à creer tant d'especes?

Ce tout fut donc de Dieu basti & façonné,
  Voyre selon le temps qu'il avoyt ordonné,
  Il le fist voyre tel à ce que nul n'ignore
  Que le but & la fin tend à ce qu'on l'honore.
Or luy qui prevoyt tout fist son œuvre au parfaict
  Sans qu'il y manquast rien, ains que l'homme fust faict,
  Pour luy estre logis & à ce qu'il ne pense
  Avoyr en rien aydé à faire quelque essence,
Car l'homme de nature audacieux & fier
  Eust ozé dire ainsi pour se glorifier :
  Je suys premier creé pour estre faict un ayde
  A creer l'Univers, bien que Dieu y preside.
Combien qu'il soyt de soy d'esprit ingenieux,
  Prompt, imaginatif, d'un soign laborieux
  A rechercher les ars avecques diligence,
  L'office de creer ne gist en sa puissance.
Tant bien apris soyt il, en savoir nonpareil,
  Sa force ne s'estant à faire un tout seul poil;
  Il est pour cest effect, quoy qu'il soyt trés abille,
  En tout art & science impotent & debile.
Que peut l'home bastir & faire dextrement,
  S'il n'a quelque subject avecques instrument ?
  Un paintre ne sauroyt sans un crayon protraire,
  Ou matiere qui soyt propice pour ce faire.
Quoy que le menusier bon ouvrier sache bien
  Bastir quelque beau lict, sans boys il ne peut rien;
  Et lorsque le subject defaut, le meilleur maistre
  Au reguard de son art inutille on voyt estre.
Mesmes souventesoys on voyt comme il ne peut
  Le dessain entrepris acomplir quand il veut,
  Temongnage asseuré & qui demonstre comme
  L'office de creer ne consiste dans l'homme.
Ce point là gist en Dieu qui seul a le pouvoir
  De donner à tous corps le sousle & le mouvoir,

Tout ainsi qu'il est Dieu & la vie eternelle,
De luy depend toute estre & entretien d'icelle.
D'autre part quand on vient à mediter en soy
Ce monde & son enclos pareillement, de quoy
Tout est & comment faict, sur quel plant & modelle
L'edifice fut pris, certes la chose est telle
Que soudain elle esmeut tous nos sens & le cœur
Pour dire & confesser q'un Dieu en est auteur,
Aussi que l'œuvre est tel & de telle nature
Qu'il est digne d'un Dieu, non d'une creature.
Mesmes sy on avise à l'ordre maintenu,
En cela pour certain l'ouvrier est recongneu
Puissant & souverain, ayant faict la lumiere
Mere de jugement & d'ordre la premiere :
Non sans occasion telle je la maintien,
Veu qu'on ne peut jouyr sans elle d'aucun bien.
Où les tenebres sont & la lumiere encloze,
L'oil ne sauroyt au vray dicerner quelque chose,
Tout luy est interdict, tout plaisir escarté;
Sans estre prevenu de lumiere & clarté,
Quelque chose que puisse un excellant orfeuvre,
Où la lumiere cesse aussi cesse son œuvre.
Ainsi cete lumiere à bon droyt l'ornement
Et la grande beauté du large firmament,
Dieu qui savoyt combien elle estoyt necessayre,
Avent que rien creer, il la voulut bien faire.
Premiere elle fut faicte & le soleil aprés,
Ce que l'Eternité establit tout exprés
A cause que tout homme aysement atribuë
La force aux instrumens qui au seul Dieu est deuë.
Ce vice est àparent, voyre au plus grossier oeyl,
D'enclore la puissance & force en ce soleil,
De tout iluminer comme cause premiere
Et principal object de toute la lumiere,

CHANT SECOND.

Que la terre s'echauffe en sentant ses chaleurs,
　Faict l'erbe verdoyer, espanouir les fleurs,
　Faict produire les fruytz, les cuist & asesonne,
　Que tout est infertille où sa chaleur ne donne :
Somme ces insencez font le soleil auteur
　Des biens que rend la terre, & non le Createur,
　Lequel comme il soyt Dieu auquel tout est notoyre
　Seut prevenir ce mal pour maintenir sa gloyre.
Car premier, il crea l'arbre avecques son fruyt,
　Semblablement l'arbage & la plante il construit,
　Leurs fleurs, feilles & fruytz avecques vie & estre,
　Avent que le soleil fist ses rayons paroystre :
Non pas mesme creé, en cela on peut voir
　Que c'est le tout Puissant qui seul a le pouvoir
　D'iluminer la terre & la faire produyre,
　Sans que dessus icelle un soleil vienne luyre.
Non que je veille dire ou nier qu'il n'ayt heu
　De ceste Éternité pour acroyst la vertu
　D'eclarer ces bas lieux, & sa chaleur utille
　Pour eschaufer la terre & la rendre fertille :
Aussi que ses rayons ne rendent l'air plus pur,
　Le tems clair & serain plus plaisant que l'obscur,
　Que luy faisant ses tours par la zone celeste,
　L'an, les saysons, les mois il ne nous manifeste.
Cela est trés certain, mays de croire autrement
　Que ce soyt rien de luy autre q'un instrument
　Establi pour ce faire, on feroyt grand outrage
　A Dieu duquel il est comme la vive image
Laquelle chacun jour se presante à nos yeux,
　Afin qu'en le voyant nos sens contemplent mieux
　Combien est grand l'ouvrier qui seut tirer de l'onde
　Et d'un obscur manoyr la lumiere du monde,
Pour laquelle creer tout aussi tost qu'il heut
　Dict : Que lumiere soyt, promptement elle fut

Sa majesté alors d'icelle s'environne :
Ce faict, il la benist voyant qu'elle estoyt bonne.
Comme ceste lumiere heust son entier effect
    Du soir & du matin le premier jour fut faict,
    Et Dieu appella jour cette clarté tant belle,
    L'obscurité contrayre au jour nuyct il apelle.
L'air, corps de la clarté, necessayre element
    A tous pour respirer fut faict semblablement.
    Quant à son naturel il est chaut & humide
    Pour estre entre le feu & l'ocean liquide.
En cest ayr espendu on voyt plusieurs effectz
    Qui sont par le moyen des sept planetes faictz,
    Et du vent froyt & sec, comme l'eclair, l'orage,
    La gresle, les frimatz, les pluyes & la nege :
Parce que le cœleste alanbic de soy chaut
    Tire de la grand'mer maintes vapeurs en hault ;
    Alors le vent s'y mesle, & comme le temps porte,
    Saillent en la nuee en l'une & l'autre sorte.
Tout ainsi que tu voys comme d'un mesme laict
    Les caillés, le fourmage & le beure se faict,
    Ou que d'un mesme sucre on voyt l'apoticayre
    Un liquide sirop ou des penides faire :
Bien que d'une main mesme & suget ils soyent faictz,
    Different neantmoins tant en formes qu'effectz ;
    Sy tu cherche la cause, il est aysé à dire
    Le temps, le mouvement & la façon de cuyre.
De là vient notenment cete diversité :
    Aussi quand le soleil remplit d'humidité
    Par sa chaleur de l'air la region moyenne,
    Le vent allors y entre & de sa froyde halene
Caille le tout ensemble, & de cela se faict
    Nege, gresle, frimatz, comme le temps permet.
    Puys la nuee estant pesante de sa charge,
    Agittee du vent, en terre se descharge.

Auſſi ſemblablement de la fouldre ou eſclair :
L'impreſſion s'en faict en ce lumineux air
De l'inflamation d'vn eſprit ou fumee,
De quoy ſe faict vn feu ſortant de la nuee.
C'eſt la raiſon pour quoy ce qui peut reſiſter
Pour ſa grand' dureté, on le voyt moleſter
De l'eclatente fouldre, alors que Dieu la lance
De ſon bras indigné d'vne juſte vengence.
Auſſi que quelques foys, voyre & le plus ſouvent,
On la voyt preceder ou ſuyvre du fort vent
Qui faict que ce qui doyt eſtre touché d'icelle
Tombe bas, ou du corps tout eſbranlé chancelle.
Outre de ce grand Dieu la puiſſance on peut voir
Creant tous elemans par ce qu'il ſeut pourvoir
A les unir ſi bien que la choſe contrayre
En nature eſt à l'autre entretien neceſſayre,
Et où leur naturel eſt eſlongné d'acord,
Tant y a qu'on les voyt rengés ſans nul diſcord,
Eſtans du tout Puiſſant reduys & mis en ſorte
Que diferans d'effectz, l'un l'autre ayde & comporte.
Meſmes l'excés de l'un ſert ordinayrement
Pour eſtre à ſon contraire un vray temperemment,
Et le mal que l'excés violant pouroyt faire
Se convertiſt en bien voyre par ſon contrayre.
Le froyt ne peut ſans chaut, ſec ſans humidité,
Quoy qu'ilz ſoyent diferans en tout de qualité.
Le chaut pouroyt ſans froid corrompre la nature,
L'humide ſans le ſec n'eſt rien que pouriture.
Le froyt guaſte les nerfs s'il n'eſtoyt temperé
Du chaut, & l'humide eſt par le ſec alteré
Pour coriger le reume où nature eſt encline
Quand l'humeur billieux dedans le corps domine.
Ores que les uns ſoyent aux autres oppoſez,
Cependant on les voyt ſans eſtre diviſez

Enſemble compatir en meſme lieu ſans eſtre
En rien endommagez du propre de leur eſtre.
Que cela ne ſoyt vray, on voyt le chaut & froyt
Eſtre avecques humide & ſec en ung endroyt;
Du feu, de l'air, de l'eau ſe trouvent dedans terre,
Outre dedans ſon ventre elle conçoyt la pierre,
Luy donne acroyſſement d'autant que c'eſt ſon os
En laquelle il ſe trouve avoir un feu enclos
Qui n'eſtant tiré d'elle, o ſecret admirable!
Ce feu, quoy qu'il ſoyt feu, n'eſt à rien dommageable,
Mays tiré de ſon lieu, cela qu'il conſervoyt
Entier auparavent conſommer on luy voyt.
Il ſe trouve de l'eau és puys, creux & fonteines
Que la terre y tranſmet par ſes ſources & veines.
Qu'il y ayt en la terre un ayr humide & chaut,
Les exallations qui s'elevent en haut
Par la force du clair & chaut ſouleil font preuve
Que l'air ſemblablement en la terre ſe treuve.
Quand nous conſiderons & voyons un chacun
De ces quatre elemans divers reduiyz à un,
Sans que l'eau face au feu ſon ennemi la guerre,
Que l'air ſubtil & chaut n'ofence point la terre,
N'eſt ce un faict merveilleux & de quoy s'eſtonner
Et digne de celuy qui les ſeut ordonner,
Et ſi bien qu'un chacun publiquement confeſſe
Que Dieu eſt en ſes faictz d'admirable ſageſſe?

CHANT TIERS.

DE L'ESTENDUE DU CIEL, SEPARATION DES EAUX.

La lumiere eſtant faicte, il voulut des Cieux haulx
 L'eſtenduë creer, & ſeparer les eaux
 Qui ſoubz icelle eſtoyent des eaux au deſſus d'elle.
 Dieu dit Que cela ſoyt & la choſe fut telle.
Dieu donc fiſt l'eſtenduë & Ciel il l'appella.
 Or ſa toute puyſſance on peut remarquer là
 Plus qu'en nul autre lieu, auſſi par excellance
 La parolle le dict ſiege de ſa puiſſance.
Lors du ſoir & matin fut faict le jour ſecond,
 Puys Dieu diſt: Que les eaux qui deſoubz ce Ciel ſont
 Se rengent en un lieu & que le ſec paroyſſe.
 A cete voix ſoudain l'amas des eaux s'abeſſe.
Le ſec lors aparut, ſavoir eſt les mons haux,
 Les colines, les prez, les plenes & les vaux.
 La riviere & la mer du ſec eſtant bornee,
 Du ſoir & du matin fut la tierce journee.
Cela faict, il voulut le ſec terre nommer
 Et des eaux l'aſſemblee il l'appella la mer,
 Mer du tout inconſtante, horrible & furieuſe
 Et en ſes actions eſtrange & perilleuſe.

Qui vouldroyt enplement de cete large mer
  Les effectz merveilleux deduyre & exprimer
  Et les corps monstrueux & autres qu'elle enfante,
  Je croys que n'y a langue au monde suffisante.
Or comme elle soyt mere & source de toute eau
  Et que toute eau s'y renge ainsi qu'en un vaisseau,
  Comment se faict cela que d'une grosse pierre
  Elle donne de l'eau pour abreuver la terre?
De qui prend la fontaine un mouvement & cours
  Dont procedent tant d'eaux qu'elle rend tous les jours?
  Outre plus qui lui faict comme source premiere
  Engendrer le ruisseau qui cause la riviere,
La riviere le fleuve, & le fleuve en la mer
  D'un cours impetueux tomber & s'abismer,
  Laquelle toutesfois, quand bien toute eau y entre,
  N'a jamais d'un seul point enflé son large ventre,
Non plus forcé le lieu qui luy est pour arest
  Donné du Souverain depuys que le monde est,
  S'estant toujours tenue au dedans de sa rive
  Soyt d'arene ou de roc prisonniere & captive?
Et ores que ses flotz grands & impetueux
  Heurtent contre ses bords simplement areneux,
  Mesmes quand sa fureur de submerger menace
  Ceste terre, on la voyt consister en sa place.
Qui faict que cela soit? La parolle de Dieu
  A dict : Que toutes eaux demeurent en leur lieu.
  Luy puissant en parolle & du tout inmuable
  Il veut que son arest demeure irevocable.
Sy on entre aux effectz differans qu'ont les eaux
  Selon leurs qualitez, argumans tous nouveaux
  Se viennent presanter avecques des merveilles
  Où l'Immortel faict voir ses vertuz non pareilles.
Quand d'un ordre incongneu tu voys d'un mesme lieu
  Sortir une froyde eau, l'autre chaude que feu,

CHANT TIERS.

Une non seulement par sa chaleur cuysante,
Mays d'elle on aperçoyt sortir la flame ardente,
Une dont la vertu ses ruisseaux au sortir
L'argille molle faict en pierre convertir,
Une qui se congelle en sel, manne trés bonne,
Pour autant qu'à tout vivre un bon goust elle donne,
Une qui vaguabonde ores croyst, puys decroyst,
Et comme va la lune en mesme estat elle est,
Une dont le limon & desbord de son onde
Sert de gresse à la terre & la rend trés feconde,
Une qui sent le souffre ou l'alun ou l'ayrain,
Une bonne à uzer, l'autre qui ne vaut rien,
Une ayant l'eau fort claire en son fond & rivage,
Une estant limoneuse, en ses bords force herbage,
Une qui au printems s'enfle & l'esté avec
Ores que les torens d'alentours soyent à sec,
Par contrayre en l'autonne & l'iver tousjours besse,
Quoy que plusieurs torens tombent dedans sans cesse,
Une qui en ses bords paisiblement se tient
Et là maint bon poysson se nourist & maintient,
Une à nourir poysson n'est nulement encline,
Une par trop s'enplir gaste tout & ravine.
Le Sodomite lac un bitume gommeux
Produyt : semblablement il croyst en plusieurs lieux.
D'une fontaine on voyt outre son eau courente
A gros bouilons sortir une poix trés puente.
Or si en poursuyvant nous venons à parler
De l'abisme profond, & ce qui faict aller
Par un departement les eaux en terre, comme
Le foye faict le sang dans les veines de l'homme,
Comme est ce que la mer qui les donne & produyt
A seu faire & percer leur canal & conduyt,
L'un large, l'autre estroyt, qui incite la Dive
Jetter à gros bouilons une eau tant excessive?

Qui pouce le ruisseau de Varains à courir
   Troys heures sans cesser & par troys se tarir?
   Qui cause l'Ocean d'eslever sans orage
   Ses ondes au milieu & basses au rivage?
Or si de telz effectz & secrez merveilleux
   Je t'enquiers pour savoir l'entiere rayson d'eux,
   Pour m'en voyr resolu, je crain bien une chose,
   Que je face de toy une methamorphoze :
Savoir est un poyson, non de corps toutesfoys,
   Mays bien que tu perdras la parolle & la voix,
   Pour autant que je sens nos espritz trop debilles,
   Cause qui rend souvent muetz les plus habilles.
S'il quelques foys avient que te prene un desir
   De visiter les piez par esbat & plaisir,
   Caressant tes discours, si cela (dis je) arive
   Que tes pas soyent dressez joygnant l'herbeuse rive
De quelque fleuve grand, marche un petit tout beau,
   Conquerant à toy mesme & di : qui pouce l'eau,
   Qui la tire du sein de ceste large terre,
   Quelle cause l'esmeut à courir si grand erre?
D'autre part considere où est ce celier grand
   Auquel tant d'eau s'asemble & qui tant d'eaux nous rend,
   Sans jamays s'epuiser, quoy que tousjours il tire
   De ses profonds vaisseaux autant d'eaux qu'on desire.
Cela bien medité, considere au surplus
   Veu que jà par le temps de cinq mil ans ou plus
   Loyre, Maine & le Touet courans aval sans cesse
   N'ont ilz esté reduyz à quelque seicheresse,
Ou que le lieu auquel leur eaux se vont renger
   N'est par le laps du tems plain jusqu'à regorger :
   Note aussi d'autre part, quoy qu'il hume & engoulle,
   Pour ceste quantité ses bords il ne refoulle.
Outre considerons les grands biens & tresors
   Qu'on peut prendre & tirer de son large & grand corps,

Seulement en un point pour nourir la perfonne,
Quelz prefans & quelz metz eſt ce qu'elle [nous] donne.
Contenplon d'autre part quelles commoditez
　Ceſte nature humaine en ſes neceſſitez
　Reçoyt par chacun jour au moyen du commerce
　Q'un traficqueur marchant deſſus ſon dos exerce :
Meſmes que tout pays, tant habondant ſoyt il,
　Ne peut qu'en quelque choſe il ne ſoyt infertil.
　Pour à ce ſupleer, une affection renge
　L'habitant faire voyle en quelque terre eſtrange.
De laquelle aſſeuré qu'en ce qui leur deffault
　Il trouvera remede autant que luy en fault,
　Faict ſingler ſes vaiſſeaux ſur l'onde & là il tire
　Sans crainte pour avoir la choſe qu'il deſire.
Auſſi ſouventefoys on a veu ariver
　Par l'injure du tems entierement priver
　De tout grain un pays, lors au travers de l'onde
　Pluſieurs cherchent les lieux où plus de grain habonde,
Et ceux là qui n'avoyent par la calamité
　Autre eſpoir que ſe voir à telle extremité
　D'eſtre en bien peu de tems acablez de famine,
　De toutes pars leur vient des grains par la marine.
Bref le monde ſans eau conſiſter ne ſauroyt,
　Et ſans ceſt elemant tout eſtre periroyt.
　D'eau s'empaſte le pain, outre elle eſt propre à boyre,
　Entretien de ce corps ſingullier & notoyre.
La terre d'humeur vuide à cauſe des chaleurs
　Ou du vent froyt & ſec, les herbages & fleurs
　Flaytriſſent ſur le pié, toute verdure eſt paſle
　Sans pouvoir profiter à cauſe du grand haſle.
Que ſi la pluye vient ſur elles degouter
　En tems & en ſayſon, on les voyt profiter,
　Cauſe un acroyſſement & les fruytz aſſaiſonne,
　Eſmeut la terre ronde aux biens qu'elle nous donne.

Outre plus le coural dont on orne le col
  Et bon medicament en mer croyſt tendre & mol,
  Autant ployable qu'eſt un petit jetton d'arbre
  Qui ſurpris de l'air prend un corps dur comme marbre.
Si d'un chien enragé quelq'un ſe trouve mords,
  L'eau de mer luy eſt propre en s'y baignant le corps.
  Par art l'eau de la mer en douce eſt convertie
  Dont au beſoign la ſoif de l'home eſt amortie.
De noſtre temps on a ce qui au par avent
  N'eſtoyt congneu, congneu pour faire voylle au vent
  Et du grand Ocean fendre l'ecumeuſe onde,
  Deſcouvert maints treſors, trouvé un nouveau monde.
Concluſion : les eaux faictes du Dieu des Dieux
  Sont une ocaſion de grands biens en tous lieux,
  D'icelles en partie on y aperçoyt comme
  L'Eternel ſeut pourvoir de ce qu'il faut à l'homme.

CHANT QUATRIESME.

DE LA TERRE ET DES PIERRES.

Tout ainsi que des eaux les effectz merveilleux
 J'ay cidessus chanté, le semblable je veux
 Faire de cete terre & des biens qu'elle ameine
 D'un assidu travail pour la nature humaine,
Monstrer que si l'eau est un benefice heureux
 Aux humains, beaucoup plus la terre est envers eux
 Nourice favorable & qui de sa mamelle
 Les soulle, & loge aussi comme enfans issuz d'elle.
Le mesmes elle faict envers tous animaux
 Ranpens dessus sa face és plaines, monts & vaux,
 Car selon que l'espece & diverse nature
 Desire l'alimant, elle y trouve pasture,
En sorte qu'il n'y a creature qui n'ayt
 Senti du Souverain la faveur à souhayt,
 Leur preparant la terre, ayant charge & office
 De les entretenir comme mere & nourice.
Au centre de ce rond & hautain firmament,
 L'Ouvrier de tout seut bien assoir cest element
 Qui ressemble à le voir jardins qui en l'air pendent
 Ou qui entre les bras de cete mer s'estendent.

En ce superbe ouvrage apert le doy de Dieu
   Pour le voir balencer justement au milieu
   Du Ciel & sans apuy, qui plus est en son estre
   Fixe & sans se mouvoir à dextre n'à senestre.
Quand je viens à penser comme sur l'air ou l'eau
   Peut ferme consister un si pesant fardeau,
   Tant plus je peust avoir quelque raison conceuë
   De ferme en cest endroyt, & moyns j'y trouve issuë.
Lors comme le pillote & bien expert nocher
   Cherchant nouvelle terre, aperçoyt le rocher
   Ou quelques bancs couvers en l'incongneu rivage
   Faict ourse à l'autre part craignant faire naufrage.
Ainsi en delaissant ce que je ne puys pas
   Bien comprendre, atendu l'excellence du cas,
   Je demeure là court en disant à moy mesme.
Combien sont merveilleux les faitz du Dieu supresme,
Combien est le bras fort qui soutient un tel faix !
   En elevant mes yeux au Ciel j'entre aux effectz
   Produyz par cete terre, aussi à sa largesse,
   Mere & source à bon droyt de toute la richesse,
Car de son abondence arive un entretien
   Tel que tous animaux n'ont faute d'aucun bien.
   Que si sa face est veuë à l'homme favorable,
   Le dedans n'est pas moins envers luy profitable;
Que si le dessus donne habondence de fruitz,
   De ses entrailles sort l'or & l'argent produytz
   Et plusieurs mineraux, mesmes dans sa poytrine
   Toute pierre de pris naist & prend origine.
C'est à la verité tant dedans que dehors
   Un grenier fournisseur de tous biens pour le corps,
   Qui ne se diminuë encore que tout estre
   Se jete en iceluy affin de s'y repaistre.
Or la necessité nous faict apercevoir
   Quelles commoditez on en peut recepvoir :

Encores qu'elle foyt froyde & feche, elle engendre
En fon fein caverneux la pierre dure & tendre
D'un limon plus terrestre & trouble en fon endroyt,
Que non pas aquatique, & neantmoins le froyt
Vehement l'endurcit qui tient plus de l'humide
Que non pas de la terre en foy feche & aride.
Ce limon endurci poucé à l'air faict lors
Que d'un humeur pierreux la pierre prend un corps
Dont aucunes on voyt obstines & pefantes
Creer d'humeur vifqueux d'autres qui font luyfantes,
Prenans luftre d'une eau fort pure, & la chaleur
Du foleil leur depart le luftre & la couleur.
La terre donc de foy les concoyt & enfante,
Du chaut & froyt provient la caufe efficiente.
Quoy que la pierre foyt dure de qualité
Par fa creation d'extrefme ficcité,
Et qu'à faute d'humeur elle foyt infertille,
Ce nonobftant elle eft aux hommes trés utille.
Car comme il foyt foubmis dés fa nativité
Et donné comme en proye à la calamité,
Pour bien fe garentir du mal qui luy faict guerre
Au tems injurieux, il ufe de la pierre
De laquelle il baftit mayfons, villes & fors
Pour luy eftre retraicte encontre les effors
Qui pouroyent furvenir, comme il fayt qu'à toute heure
Il avient : joint auffi qu'il y faict fa demeure.
La meule brife grain eft de piere, & un bien
Neceffayre à la vie & propre à l'entretien
D'icelle, car eftant foyt de vent ou riviere
Efmuë, rend le grain en farine legere,
Dequoy le pain eft faict, nourriffon & fuport
De cefte vie humaine & qui rend l'homme fort,
Suject d'un petit corps, mays ayant une grace
Qu'en benediction tout alimant furpaffe.

De l'eau on voyt fortir du gros & dur rocher,
    De quoy l'homme en tout temps peut fa foif eftancher.
    Il n'eft pas jufqu'au feu au corps humain propice
    Que la pierre n'en donne avecques artifice.
Davantage d'un roc une claire huylle fort
    Chaude de qualité & d'odeur affez fort.
    Pour les nerfs refroidiz elle eft grandement bonne
    Car fon naturel chaut une chaleur leur donne.
La pierre au lieu de boys mefmes eft à beaucoup
    Utille à faire feu, au forgeron fur tout,
    D'autant que fa chaleur rend le fer mol & tendre
    Plus que charbon qui foyt, & mieux fe laiffe eftendre.
Le fuperbe palais & le royal manoir
    Sont du marbre luyfant, foyt de blanc ou foyt noir
    Baftiz, l'enphiteatre auffi on voyt conftruyre
    Et fes arcs enrichiz d'un jafpe ou de prophire.
De pierres & caillouz deffoubz au feu fe faict
    Par art ingenieux le voyre clair & net.
    Il s'en baftit maint vaze excellant en ouvrage,
    Le miroyr qui au vif defmonftre le vifage.
L'azur, l'orpin, la craye & femblables couleurs
    Par la varieté de certaines chaleurs
    Et exalations qui leur divers taint donne,
    La terre les conçoyt, nourift & affaifonne :
Et combien qu'elle foyt d'un corps fort tenebreux,
    Tant y a qu'il fe trouve en fon eftomac creux
    La pierre q'un chacun repute precieuze,
    Dont l'afpec nayf rend la perfonne joyeufe
Voyant une eau tant belle, ün taint fi gracieux
    Qui tire l'homme à foy pour contenter fes yeux,
    Car de les contempler peu fouvent il fe laffe,
    Tant il trouve ce taint remply de bonne grace.
Ainfi comme la vierge en la fleur de fes ans
    De fa rare beauté ravit efprit & fens

*Du jouvenceau peu fin, tant plus il la regarde
Et plus il prend plaifir en fa grace mignarde.*
Le gage de la foy au mariage pris
*C'eft l'aneau, auquel eft une pierre de pris,
De la feme reçeu en figne & temongnage
De ne point violler les loix de mariage.*
Le royal diadefme & des Ducs les chapeaux
*Dignes font enrichiz de pierres & joyaux.
On voyt auffi combien femmes font curieuzes
De parer leurs beautez de pierres precieuzes.*
Nature a des effectz merveilleux & divers
*Qui font jufqu'à prefant aux homes fort couvers
Es pierres mefmement, car l'une a une chofe,
L'autre directement contre icelle s'opofe.*
Eft il homme qui puiffe au vray bien propofer
*La caufe qui les faict l'une à l'autre opofer,
Ny moins bien declarer les vertuz naturelles
Et fecrez merveilleux enclos dedans icelles?*
Une pierre eft utile & propre à guerifon
*Qui broyee fur bronze eft mortelle poyfon.
Une de fa nature eft poyfon trés mortelle,
Une autre prife en poudre eft la cure d'icelle.*
N'eft ce point un fecret merveilleux & bien grand
*Qu'une pierre dans l'eau mife, le feu s'y prend?
Aucontrayre fy toft qu'elle eft d'huylle tout oincte,
Quoy qu'elle flanbe fort, eft auffi toft eftaincte.*
Une jettee au feu brule foudeinnement,
*L'autre y peut confifter fans aucun detriment :
En l'autre on aperçoyt d'une vertu fecrete
Tirer le fer à foy, l'autre qui le rejette.*
Par la pierre de touche on peut à l'aife voir
*Le fin d'or ou d'argent & ce qu'il peut valloyr :
Tant du vray que du faux elle eft le certain juge
Et l'orfeuvre doubteux a vers elle refuge.*

De rendre la raiſon de ces effectz divers,
  Qui en ſayt le pourquoy? L'auteur de l'Univers
  Seul le ſayt & congnoyſt, cependant ſachon comme
  Les pierres ſont de Dieu & pour ſervir à l'homme.
Au ventre obſcur & creux de cete terre ſont
  Engendrez tous metaux dont les artiſans font
  D'ouvrage infini nombre, eſtranges d'artifice,
  Et comme le requert l'home pour ſon ſervice.
D'elemantayre humeur tout mineral eſt faict,
  Et comme il eſt plus pur d'autant plus eſt parfaict,
  Et que la quantité & qualité des choſes
  Sont en proportions eguallement encloſes,
Puys le chaut qui ſurvient les cuyſt par ſon ardeur
  Et le froyt les congelle avecques ſa froydeur
  Et ſelon que leur mere acorde à leur eſſence,
  Tant plus le mineral y croyſt en habondence.
Entre tous mineraux l'or eſt le plus exquis
  Qui d'excés exceſſif eſt des homes requis,
  Et combien que par luy on change tout à l'aiſe,
  La convoytiſe rend la bonne œuvre en mauvayſe.
L'argent, mineral clair, tient le lieu aprés l'or,
  Non pas moins recherché pour en faire treſor,
  Bien moindre quant au pois, toutesſoys neceſſayre,
  D'autant qu'il eſt de l'or le changeur ordinayre.
D'argent l'orfeuvre expert baſtit pluſieurs vaiſſeaux,
  Semblablement de l'or chaines, carquans, joyaux
  Qui d'induſtrie & d'art ſi richement façonne
  Que le ſubject n'eſt rien au pris de la beſongne.
L'or & l'argent ſont bons & creez du grand Dieu
  Pour le ſervice humain, mais le mal eſt qu'au lieu
  D'en uzer comme il faut on ſe rend d'eux eſclave,
  Et forcé, plus que n'eſt la beſte qu'on entrave.
L'home trop deſireux du periſſable argent
  Se vend à qui plus donne & faict voylle à tout vent.

Tousjours il diſſimulle & faict plus de viſages
Q'un Prothee n'en prit onq' aux marins rivages.
Qui faict que la Juſtice eſt muette au jourd'huy ?
 L'argent, car pour certain la cauſe en eſt en luy;
 Rien autre que l'argent ne la chaſſe de terre
 Eſtabliſſant au lieu procés, larcin, & guerre.
Qui donne pris à tout, qui rend ſy dilligent
 Le marchant au trafic ? Convoytiſe d'argent.
 Tout pour l'avoir s'employe & tout par ſes mains paſſe;
 Rien n'eſt tant dificille à l'argent qu'il ne faſſe.
Bref ces deux mineraux l'home troublent beaucoup
 Et le rengent en fin qu'il n'eſt rien & eſt tout.
 Il eſt maiſtre de tout, tout ploye ſoubz ſa dextre;
 Cependant il eſt ſerf & le ſerf eſt le maiſtre.
Le terroyr de Lemnos une terre nouriſt
 De laquelle le corps enpoyſonné gueriſt,
 Qui rare eſt en eſtime & de pris, apellee
 Pour le ſeau qu'elle a la terre ſigillee.
La petite Armenie auſſi ſemblablement
 Dedans ſes flancs conçoyt certain medicament :
 Ores que ce ne ſoyt qu'une terre rougeaſtre,
 Elle reſtraint le ſang, auſſi propre en enplaſtre.
De quelque terre auſſi deſtranpee avec eau
 Le rouetant potier en baſtiſt maint vaiſſeau,
 D'icelle meſmemant la plate tuille eſt faicte
 Dont la maiſon au lieu d'ardoyſe on voyt couverte.
Le chatouilleux ſejour de ce large element
 L'home riche de biens fort dificillement
 Le laiſſe ſans regret & ſans qu'il ne murmure,
 S'il n'eſt faict par l'eſprit nouvelle creature.

CHANT CINQUIESME.

DES ARBRES, PLANTES, HERBES ET CE QUI EN DEPEND.

L'Ocean retiré en ses profonds vaysseaux,
   La terre s'aparut pour limites des eaux,
   N'ayant dessous sa face autre taint ni painture
   Fors celle qui luy fut aquise de nature.
Neantmoins peu aprés Dieu qui se delectoyt
   En l'œuvre de ses mains vit que cela estoyt
   Bon, dist : Qu'elle ayt en soy de produire puissance
   Arbres, herbes, verdure, ayans fruyt & semence.
A ce commendemant la terre sans arest
   Faict sortir de son sein l'ombrageuse forest,
   Tout arbre portant fruyt, plantes, herbes, verdure
   Avecques leur semence en eux selon nature,
Au reguard de l'espece en nombre merveilleux
   Et autant de sujez aparans à nos yeux,
   N'ayant mesmes effectz, ne de forme pareille,
   De troncs, de fleurs & fruytz, moins encores de feille.
Tout ainsi que tu voys plusieurs enfans conceuz
   Et faictz d'un mesme sang, d'un mesme ventre issuz
   Suceant un mesme [laict] de leur unique mere,
   Ce nonobstant chacun en naturel differe.

Le ſemblable ſe voyt : aucuns ayment les vaux,
  L'un deſire la plaine, un autre les mons haulz;
  Aucun le terroir gras, un le deſire aride,
  Un autre temperé, l'autre froyt & humide.
Le pays chaut aucuns deſirent, non le froyt,
  D'autres ne peuvent pas vivre hors certain endroyt.
  Vers en tout temps les uns, les autres en autonne
  Perdent leurs vers cheveux que le printems leur donne.
Pluſieurs ſe trouvent bas ſur un large & gros tronc,
  Aucuns cherchent la veuë & droyz plantez q'un jonc;
  Non touffuz autrement q'un peu de chevelure
  Nee pour paremant plus que pour couverture.
Il y en [a] auſſi de nature touffuz
  Et leur branchage long en un rond non confus :
  Soubz leur ombre ſouvent Zephyr bruyt & ſonne
  Qui au laſſé paſſant le frais & repos donne.
D'une eſpineuſe rame aucuns ſemblent armés
  Contre le nuyſant brouſt des troupeaux affamez.
  Un qui de pié en cap eſt couvert par nature
  D'un branchage en un rond tiré d'ordre & meſure.
Choſe non moins plaiſante à l'oeil que quand tu voys
  Le poyl blond de la vierge eſpars en tous endroys,
  De ſon corps droyt q'un pin qui ondoyant l'enſerre
  Juſques au demy pié aprochant de la terre.
Un qui au lieu de branche a le fellage long
  D'ombrage gracieux partant du cœur du tronc,
  Ayant ce naturel que tant plus on le force,
  Plus il reſiſte au faix, meſmes il ſe renforce.
Certes pour le reguard de leur acouſtrement
  Leur mere s'eſt portee envers eux ſagement,
  Prevoyant les dangers que le tems plein d'injure
  Leur pouroyt aporter tant par chaut que froydure.
Ainſi que notre corps n'aime le froyt glaçon
  Ou trop aſpre chaleur, eux de meſme façon :

Sur cela elle donne aux uns l'ecorce tendre,
Aux autres une epeſſe & propre à leur deffendre.
Comme le naturel des arbres eſt divers,
Tel leur fellage auſſi, pource qu'aucuns ſont vers
En tout tems, ſans tomber; l'autre chacune annee
Au choir change ſon vert en couleur baſanee.
De forme tout ainſi, car l'un eſt eſpineux,
Un comme un jont picquant, l'autre rond & nerveux.
Un large & dur en main, l'autre epés, l'autre large,
L'autre grand à merveille & faict comme une targe.
Un l'a petit & dur qui ſe ronpt au plier,
L'autre long & poly, fort doux au manier;
Un menu retranché vient en rameaux s'etendre,
L'autre ſans ſe picquer à peine ſe peut prendre.
S'ilz different en feille, autant eſt il du fruyt,
Car toute eſpece en ſoy ſon propre fruyt produyt
Et peu ſouvent voyt on qu'en gouſt, couleur & forme
On puiſſe voir l'un d'eux eſtre à l'autre conforme.
Pluſieurs d'eux ont le fruyt veſtu de ſimple peau,
Pluſieurs l'ont fort epeſſe, autres ſont en noyau,
Pluſieurs ont le noyau dedans eux dur & ferme,
Les autres ont pepins où conſiſte leur germe.
Arbres on voyt parez en tout temps de leurs fleurs
Avecques doubles fruytz, differans en couleurs.
L'un vert pour n'eſtre pas aſaiſonné encore,
L'autre doré par cil qui talonne l'Aurore.
Aucuns ont cocque & peau où le fruyt eſt enclos,
Un l'a dans une canne ou pour mieux dire un os.
Aucuns ont peau aride, un l'a ſur tous poygnante,
Mieux peau d'un heriſſon que de fruyt d'une plante.
Un a outre ſa cocque un habit gros & roux,
Pluſieurs ont un poyl ras, au maniment fort doux;
Beaucoup ſe ſont armez d'ecaille forte & dure,
Autres de grains ſerrez enſemble par meſure.

Sur la feille d'aucuns la rouzee du Ciel
  S'afiet & se congelle en un corps doux que miel
  Que le medecin sage assez souvent ordonne
  Pour mieux chasser le mal qui presse la personne.
Le naturel d'un arbre est tel qu'il ne produyt
  Quant il vivroyt cent ans, qu'une seule foys fruyt
  Lequel, quand il seroyt en l'arbre qui le donne
  Plusieurs ans & saysons, jamais ne s'assaysonne.
D'un arbre peu touffu & qui a le tronc creux
  S'engendre un certain vin au palais amoureux :
  Tiré frays de son lieu, mays guardé quelque espace
  Toute chose aygre au goust en aygreur il surpasse.
Leurs fruiz semblablement en couleur sont divers,
  Car les uns sont dorez, les autres blancs ou vers,
  L'un rouge, l'autre roux ou couvert de floree
  Laquelle au manier est de peu de duree.
De forme & de façon aucuns sont platz & ronds,
  Beaucoup sont faictz petitz, quelques grandement longs,
  Les uns en tous sens ronds, autres tienent l'ovalle
  Et plusieurs la rondeur non en tous sens egalle.
Le semblable est au goust, car tous l'ont diferant,
  Pource qu'aucuns l'ont doux & odoriferant,
  Plusieurs sans grand odeur sont d'une saveur bonne,
  Les autres ont un suc qui tout le goust leur donne.
D'autres, quoy que le suc soyt petit dedans eux,
  Leur chair est delicate & d'un goust amoureux;
  Aucuns ont le suc froyt, l'autre aygre ou de chair rude,
  Aucuns semblent bien beaux, mays plains d'une acritude.
Aucuns s'ilz ne sont molz sont facheux au manger,
  De quelque autre on ne peut user sans grand danger,
  Un suc d'aucuns on tire & faict on du bruvage
  Que l'home au lieu du vin aplicque à son usage.
En plusieurs lieux un fruict se mange comme bon,
  Qui en quelque pays est mortelle poyson,

Ce qu'on voit en *Damas* où la *Perſicque* eſt telle
Que c'eſt une poyſon à l'home trés mortelle.
Un arbre pour tout fruyt produyt un gros noyau
A merveilles rempli d'un cothon blanc & beau.
D'un autre une noix fort d'une groſſeur eſtrange
De laquelle la chair en un clair laict ſe change.
Aucuns, ſoyt de nature ou d'une ſiccité,
Portent fruitz qu'on dict clouz aſpres en qualité.
Une petite noix certain arbre nous donne
Tant en pouldre qu'en huylle utile à la perſonne.
Contre le mal nuyſant de la belle *Cipris*
Un arbre eſt fort utile en decoction pris.
Un autre infructueux nous fourniſt d'une eſcorce
D'un odeur ſingullier, d'un bon gouſt avec force.
De ce nombre tant grand il s'en voyt l'un d'entr'eux
Duquel le tronc recent eſt d'odeur gracieux.
Un porte meſme nom, de ſenteur non eſgale,
Qui n'eſt moyns eſtimé en pouldre cordialle.
Certain arbre eſt ſi hault & brancheu tellement
Que cent hommes ſoubz luy s'onbragent ayſement,
Qui de ſon naturel le camphre gommeux donne
En ſa blancheur luiſant & d'une ſanteur bonne.
La meleze, arbre fort, produyt un excrement
Qu'on appelle boulet, bon en medicament,
Propre pour le cerveau, les ſens auſſi il purge
Et pour l'humeur viſqueux on a vers luy refuge.
Un profitable fruyt croyſt d'un arbre petit
Qui vert pris au repas donne à l'home apetit,
Mays outre d'iceluy on tire & ſe diſtille
Avecques artifice une claire & bonne huylle.
Aucuns ne portent fruyt, neantmoins ſont gommeux,
Les uns ont faculté de produyre les deux.
L'ancens, le benjouin, ſtyrax, terebentine,
L'adragant, l'arabic, maſtic, poix & rezine

Des arbres font produyz, non fans utillité,
  Dont bien fouvent l'home uze en fa neceffité.
  D'aucuns la fenteur eft fort facheufe & puante,
  Des autres au contrayre agreable & plaifante.
Rien de l'arbre il ne fort qui foyt à rejecter,
  Car jufques au fellage il peut mort profiter :
  Mis en tas à pourir, les fcillons on en greffe,
  Efchauffez, lors des grains ilz donnent à largeffe.
Nul ne fauroyt des fruitz dire ce qui en eft,
  Non plus nombrer tout corps qui d'iceux fe repaift[1]
. . . .
. . . .

L'home vray heritier de tout ce qu'on peut voir
  Luy eftre neceffaire en ce large manoir,
  De l'arbre il fayt baftir pour fon bien maint ouvrage
  Soyt mayfons, foyt vaiffeaux propres à fon ufage.
Outre cela on voyt l'efquif long tiré d'eux
  Dont le navire eft faict prompt & aventureux,
  Qui animé du vent lors qu'és voyles il entre,
  Faict cefte mer terrible efcumer foubz fon ventre.
Somme toute, il n'y a és arbres tant foyt peu
  Qui ne foyt pour fervir, ne fuft qu'à faire feu
  Propre à cuyre tout vivre & contre la froydure
  Ennemye des nerfz tendres de leur nature,
Sur tout à la vieilleffe où la challeur defaut
  Pour n'avoir plus en elle un fang bouillant & chaut :
  Bref l'home ne fauroyt confifter, car fa vie
  Sans feu feroyt à maux infiniz afervie.

---

1. Les deux vers fuivants ont été effacés, de même qu'une ébauche de correction; le tout eft illifible à travers les ratures.

CHANT SIXIESME.

DES PLANTES ET HERBES ET DE LEURS QUALITEZ.

De la plante & de l'erbe ores il me convient
  Declarer par mon chant le bien qui en revient,
  Leurs vertueux effectz & le commun uzage
  Soyt de la domesticque ou qu'elle soyt sauvage.
Sy l'argument est beau, plus il est copieux,
  Car cent mile sugetz se presantent aux yeux
  D'effectz & qualitez fort differens en somme,
  Creez de l'Eternel au service de l'homme:
Car encores qu'il soyt sain de corps & bien né,
  Parce qu'il est mortel, Nature a ordonné
  Qu'il fust pour ce reguard subject à medecine.
  Au simple il a recours soyt de feille ou racine.
D'un petit arbrisseau contemptible à nos yeux
  Naist & voyt on couler le baulme precieux :
  D'un petit plant le vin, liqueur tant celebree,
  Sort, dont le plaisant goust le cœur humain recree.
Outre ce friant goust, ceste noble liqueur,
  Vray soustien de la vie & entretien du coeur,
  Engendre un sang bien pur, le cerveau mondifie,
  Donne courage à l'home & ses sens vivifie.

D'une canne aquatique un suc naist entre tous
 Agreable & begnin pour autant qu'il est doux :
 D'iceluy maint ouvrage excellant on voyt faire,
 Simple pour la santé de l'home necessaire;
Un foyble & petit plant des grapes il produyt
 En nombre coppieux, és quelles pend son fruyt
 Qui sont petiz grains noirs, ridez, d'un chaut extresme,
 D'un goust brulant en bouche, en l'estomac de mesme.
Sur un pié tendre & foyble aucunes plantes sont,
 Ayant selage large & le branchage long
 Qui rempans sur la terre ou montez sur les treilles,
 L'un aporte long fruyt, l'autre gros à merveilles.
D'iceux en general on en peut sans danger,
 Soyt qu'ilz soyent cruz ou cuiz, modestement manger.
 Leurs graines, bien que soyent d'une froydeur insigne,
 D'icelles bien souvent on uze en medecine,
Pour la masse du sang, le cerveau & le coeur
 Purger de tout collere & flegmatique humeur.
 Le felage d'un plant petit qui porte gousses
 Comme un croyssant est bon & ses actions douces.
Certaine graine croyst dedans un petit plant
 Duquel la feille picque, outre il porte du gland :
 Une rouge couleur de ceste graine est faicte
 Non moindre que le pourpre & de beauté parfaicte.
D'une plante commune il se cueille une fleur
 D'une senteur fort douce & plaisante en couleur,
 Simple utille en plusieurs medicamens qu'on donne
 A l'home indispozé, l'eau de santeur fort bonne.
D'une plante ayant feille espesse en demy rond,
 Longue & verte en tout temps & dentelee au long,
 Des feilles il en sort certaine amere gomme
 Rousse & fraille, fort propre à l'estomac de l'homme.
De ces plantes il sort un bon nombre de fleurs
 D'un odeur singullier & rares en couleurs,

Aucunes non és fleurs, mays bien en la racine
Qui saichee au temps chaut eſt d'odeur trés begnine.
Soubʒ deux petitʒ plants ſont un nombre de meſtiers
Urgens, & ce qui ſort d'eux l'home volontiers
Faict le premier habit qui ſon corps envelope:
Eux avecques le vent font voguer la chalope.
De vouloir rechercher chacun ſimple herbageux
Cete carriere eſt longue où entrer je ne veux.
Je quite ceſt honneur au docte Mathiolle,
Car le nombre me faict perdre cœur & parolle;
Seulement pour donner gloyre à Dieu de ſes faitʒ
Et luſtre à mon ouvrage, il me faut les effectʒ
Des ſimples plus exquis dicter & les merveilles
Qu'on voyt ſoyt en leurs fleurs, grains, racines & feilles.
Qui ſauroyt contempler les larges champs couvers
Et tappiſſeʒ d'un nombre infini d'epiʒ vers
Uniʒ en leur hauteur, ſans joye, quand l'aleine
D'un Zephire à plaiſir ondoyans les pourmene?
Lors que le grand flambeau celeſte vient forcer
Cete terre au primptems pour ſon germe avencer,
Et baſtir d'un vert guay l'unie & large pree
Et de tant belles fleurs richement diapree,
Qui ſemble, tapiſſee ainſi de tant de fleurs,
Un relief emaillé de dix mille couleurs,
Je ne ſauroys penſer que l'oeyl humain le voye
Sans que le cœur ne ſoyt eſmeu de quelque joye.
Ores que de ſes fleurs le taint ſoyt tout divers,
Leurs fruytʒ ſemblablement ſoyent jaunes, blans ou vers,
Ou quelque autre couleur, cela ne part au reſte
Que d'un meſme ſoleil, d'une meſme eau celeſte.
Venons à leurs effaictʒ & voyons le ſecours
Que l'home peut avoir de l'herbe chacun jours,
Meſmes les animaux dont la part la plus grande
Font d'herbes & des grains ordinayre viande.

La vigueur de ce corps ne sauroyt consister
  A pene un jour, si faim vient à le molester :
  Dun tel mal le remede est au pain qui a force
  Non seulle à le nourir, mays sa force il renforce.
Le pain se faict de blé que l'herbe nous produyt,
  Et là Dieu se congnoyst quand d'un sy abject fruyt
  Et corps inanimé il anime nostre ame
  Qui autrement seroyt en peu dessoubz la lame.
Davantage au pays auquel le blé deffaut,
  Comme aux lieux où l'home est tout basanné de chaut,
  La terre leur produyt & donne une racine
  Qui seichee au soleil se reduyt en farine
De quoy leur pain se faict, assez bon à menger
  Et propre à leur uzage en ce qu'il est leger,
  D'autant que le climat mal aysemant endure
  Un estomac repeu de grosse nouriture :
Et combien que ce pain leur soyt utile au corps,
  L'herbe est de soy maligne à cil qui n'en met hors
  Un suc aspre & mordant que s'il n'est tiré d'elle,
  Son effect est toujours comme poyson mortelle.
O combien admirable est le secret de Dieu
  Qui sayt la vie & mort enclore en mesme lieu,
  Qui en mesme suject, l'entretien de la vie
  Peut renger & celuy duquel elle est ravie!
La terre outre le blé aporte plusieurs grains
  Creez pareillement pour estre aux corps humains
  Un vivre nourissant & propre à leur uzage :
  D'aucuns ilz font du pain, des autres du potage.
Plusieurs medicamens d'iceux aussi sont faictz
  Pour avoir de nature en eux divers effectz :
  Par leurs decoctions souvent le mal se cesse,
  Apliquez sur douleur chassent aussi l'opresse.
Un fruyt d'un petit plant est d'un goust odorant,
  Rouge aussi de couleur qu'un printems meur nous rend,

*A cela propre en luy que ſa ſemence il porte
Sur ſoy, non au dedans : bien peu ſont de la ſorte.*
Aucune herbe ſe trouve amere juſqu'au bout
 *Qui l'apetit perdu faict recouvrir du tout :
 D'icelle on faict du vin dont la force conſomme
 Tout colericque humeur en l'eſtoumac de l'homme.*
Un petit ongnon roux diſpozé par coſtons
 *Tout ainſi comme un pin ayant ſeleiges longs,
 Troys rouges fillamens de ſa fleur on voyt naiſtre
 Dont toutesfoys le taint eſt jaulne de ſon eſtre.*
Tout herbage ayant laict que la terre ſouſtient,
 *Hors le nombre de cinq, venimeux on le tient :
 Des cinq on peut uzer, les autres ſont en ſomme
 D'un ſuc pernicieux pour le reguard de l'homme.*
Aucunes herbes ſont manifeſte poyſon,
 *Autres, ayant effect d'en donner, gueriſon.
 Quel effect merveilleux eſt ce quant à nature
 De deux herbes qu'on voyt pareilles en ſtructure,*
De tiges, feilles, fleurs ſe reſſembler ſy bien
 *Que l'une à l'autre n'eſt diſſemblable de rien,
 Fors un peu en hauteur, l'une eſt mortelle peſte,
 L'autre ſon anthidote & cure manifeſte!*
Tout poyſon ſe peut bien manier ſeurement,
 *Mays l'herbe de Mailherne on ne peut aurrement
 Du bout du doyt touſcher qu'eſcarre ne ſoyt faicte
 Au menbre, tant elle eſt de ſa nature infecte.*
Manger l'hironque verte enpoyſonne le corps,
 *Qui cuite ſous la brayſe ou bien boullie, eſt lors
 Pure de tout venin : ſa decoction miſe
 Avec certain poyſſon luy ſert de ſauce exquiſe.*
Une racine d'herbe on cueille l'an troys foys
 *Faicte par petiz neudz de longueur de troys doys :
 Lorſque ſa feille eſt ſeiche, elle eſt mure & propice
 A mettre en confiture & bonne à faire eſpice.*

Au pays de Sugguir aspre & tout montueux,
  Une racine croyst en nombre copieux
  Qu'on aporte en Aleps : elle est en medecine
  Excelante en bonté & sur toutes begnine.
Entre tous les effectz que la terre produyt
  Un grand & merveilleux se voyt en quelque fruyt,
  Lequel en terre enclos se concoyt sans semence,
  Sans fillets, sans racine, ains de sa seule essence.
D'autres semblablement de la terre on peut voir
  Sans semence sortir, & sans racine avoir
  Non autre qu'une bulbe au pié qui les sustente :
  De l'un on peut manger, l'autre poyson nuysante.
L'alanbic convertist les feilles de plusieurs
  En liquide & claire eau : pareillement les fleurs
  Des unes on en faict aussi de la conserve,
  Affin que de ce corps la santé se preserve.
Beaucoup d'erbes de goust sont bonnes à menger :
  Aucunes le gros sang elles peuvent purger,
  L'une pour rafreschir le foye est propre & bonne,
  L'une est aperitive, l'autre cause le somne.
Des graines & racine & des feilles & fleurs
  L'apotiquayre en uze encontre les douleurs
  Et toute maladie à la santé contraire,
  Par juillepz, par siropz & huylles qu'il sayt faire.
Somme cete terre est un magasin de biens
  Dont l'Eternel songneux entretient tous les siens,
  Mere qu'elle est begnine, elle donne & entasse
  Tous biens aux animaux sans que jamays se lasse.

CHANT SEPTIESME.

DES LUMINAYRES ET DE LEURS ACTIONS.

Quoy que du tout Puissant la lumiere eust esté
   Esparce en tout endroyt de la concavité
   De ce rond firmament faict, les jours ordinayres
   Jà coulez, il crea & fist les luminayres,
Voyre en nombre si grand qu'inpossible est aux yeux
   Mortelz le raporter, tant il est coppieux.
   De leur rare beauté la magesté divine
   Orna son pavillon & celeste courtine.
Es Cieux donc Dieu posa la lune & le soleil
   Duquel la resplandeur sert à ce monde d'oeyl :
   Tous deux il les crea & ordonna pour estre
   Distinction des temps, pour mieux les recongnoystre,
Pour estre mesmement, les estoylles avec,
   Cause du froyt, du chaut, de l'humide & du sec,
   Cause semblablement utille à geniture
   Et de coruption des choses en nature.
Comme le clair soleil enfante par son cours
   L'an entier en troys cens & soyxante cinq jours
   Et six heures avec, aussy la lune oppacque
   Les moys en vingt & neuf & quelques heures marque.

Ainſi les moys, les ans l'un & l'autre faiſans
  Ce ſoleil comme auteur des jours beaux & luyſans
  Nous aportent ce bien de ſavoir & comprendre
  Par memoyre les tems & les dattes entendre :
Soyt combien il y a que le monde eſt planté,
  Ou que le Meſſias d'une vierge enfanté
  Voulut venir au monde ; outre ilz nous font congnoyſtre
  Quand toute monarchie heut en iceluy eſtre.
Bref ilz nous font ſavoir mainte commodité,
  Soyt qu'ilz ſoyent vrayz teſmoings de la Divinité,
  Soyt par la loy moralle ou politicque, en ſomme
  Tout cela qui retient en ſocieté l'home.
Ce flambeau faict auſſi, tant il eſt viſte & promt,
  En un jour naturel l'enceinte de ce rond
  Elemant terrien, l'eclayre & ſi amene
  Le jour aux habitans de ce large domene.
La lune, non de ſoy, faict bien eſtat pareil,
  Illuminant la nuyt, empruntant du ſoleil
  La clarté qu'elle rend, pource que de nature
  Le corps d'icelle eſt faict d'une nature obſcure.
Ceſte borne des jours toute eſtoylle en grandeur
  Surpaſſe, & pluſieurs foys la terre en ſa rondeur,
  Corps ardant compoſé d'un feu qui d'ordinaire
  Echauffe temperé tout corps elementaire.
Outre pour engendrer, pour nourir & donner
  Aux corps acroiſſement & tout aſſeſſonner,
  Des aſtres, en cela ayde, il y a beſongne,
  Comme de luy chacun d'eux s'aproche ou s'elongne
De là vient qu'il nous marque avec ordre & maintien
  Quatre ſayſons en l'an par le mouvement ſien,
  Et ſelon qu'il eſt proche ou loign de nous, il borne
  Printems, l'eſté, l'autonne & le froyt Capricorne.
Tout ainſi qu'il eſchauffe & deſayche emplement
  Les elemans, les jours, comme commencement

Au monde de chaleur, la lune qui preſide
Deſſus l'obſcure nuyt la rend froyde & humide.
Oultre ces deux flambeaux, cinq autres moindres ſont,
Erratiques nommez ou planettes, qui ont
Un cours divers entr'eux, environnant ce monde,
Centre du ciel baſti comme une boule ronde :
Et comme à leur lever ou coucher on peut voir
Leurs conjonctions eſtre ou autre aſpect avoir
En l'aſtre ſignalé, tous en ce qu'ilz s'enclinent
Les jours brefs & coulans endurent qu'ilz dominent.
Que ſy l'un tend au ſec, un autre bien ſouvent
Rend le tems pluvieux ou bien concoyt le vent,
Un autre la chaleur vehemente au poſſible,
L'autre au glacé yver ennuyeux & nuyſible.
De là donc il s'enſuyt que du corps qui ſe faict
Inpreſſions en l'air ſont la cauſe & l'effect,
Bien que ces meſmes corps puys aprés aparoyſtre
Autres cauſes nous ſont plus proches de noſtre eſtre.
Leur mouvement journel eſt utille & plain d'heur.
Obſerve de bien prés ſur tous au laboureur
Qui ruzé ſayt tenter la ſaiſon oportune
Par le cornu croyſſant ou decours de la lune :
Soyt qu'il dreſſe jardins ou veille enſemencer,
Il cherche le decours pour mieux les avencer,
Mays s'il deſire enter ou que l'arbre il tranſporte,
Il reguarde au croyſſant & la lune un peu forte.
Par quoy en obſervant leur cours il ſert auſſi
A ceux qui deſireux de ſavoir, ont ſouci
Les cauſes de Nature & raiſon de toute eſtre,
Autant que l'Eternel leur permet d'en congnoyſtre.
Meſmes il eſt beſoing pour l'entretenement
Du corps humain ſavoir leurs cours & mouvement.
Le medecin expert en l'art jamays ne donne
Rien ſans neceſſité, ſy la lune n'eſt bonne.

L'experience enseigne aux corps inferieurs
  Despendre aucunement des corps superieurs.
  Le croyssant peut donner par humide sustence
  Propre à luy un acroyst de vigueur & puissence.
Somme les astres sont enseignes qui ont sus
  La region moyene influence au par sus.
  L'air en tutelle tient toute temperature
  Et le temperemment les mains de la Nature.
Mays quelle utillité en l'observation
  De leur cource recoyt la navigation!
  Il est certain qu'il a de tous ces luminayres
  Beaucoup de surs moyens en leur art necessayres.
Cil qui veut voyager dessus la large mer
  Et faire ses vaisseaux sur son dos escumer,
  La hauteur du soleil au parfaict lui enseigne
  Le moyen de tenir une route certaine.
Le pillote rusé note diligemment
  L'ombre que le soleil faict en son mouvement,
  Ores qu'il coure au Nord, ou Sud, ou vers la ligne
  Dicte Equinoxialle, affin qu'il ne decline,
D'autant que la hauteur par icelle il congnoyst
  Prise au midi presis, en remarquant où c'est
  Que ce flambeau se voyt; l'ombre aussi du mast veuë
  Est la regle sur tout des hauteurs entenduë.
La raison qui l'induyt à chercher la hauteur
  Tend à voir s'il est prés ou loign de l'Equateur,
  Ce qu'il sayt surement pour entendre le nombre
  Des degrez qu'il congnoyt aparoystre par l'ombre.
Quant aux declinaysons l'ombre aussi en fay foy,
  Le soleil estant hors par le cours propre à soy
  Du susdict Esquateur de six moys vers l'Artique
  Et pour le mesme temps vers le pole Antartique.
On peut aussi juger du temps par ce soleil:
  Lumineux au lever, à son coucher vermeil

Amene le temps sec, & sy ses rayz il cueille
Au Levant ou Ponant, la pluye il apareille.
S'il est net en son rond, presage de beau tems,
S'il se leve estant creux, pluye ennuyeuse & vent;
Estant environné de nuees, il apreste,
Tant moins a de clarté, une forte tempeste.
Sy le bord d'iceluy est circuy de blanc,
Il denote le mesme en la nuyt ensuyvant.
Que si le temps est chaut, ce n'est que vent sur terre;
Jaulne pale au lever, gresle, pluye & tonnerre.
Alors que la nuee est des ardans rayons
Du soleil traversee estenduz & fort longs,
Au sortir de sa couche, il nous annonce pluye.
Voir ses rayz ains qu'il sorte, eau & vent signifie.
La lune or qu'elle soyt variable en son cours
Faict que le laboureur peut presager des jours.
Mesmes au marinier souvent ce luminaire
Faict qu'il juge au certain du tems qu'il poura faire.
Comme la lune rouge aporte un tems venteux,
Noyre est signe evidant qu'il sera pluvieux.
Sy ses cornes croyssant grossieres elle aporte,
N'esperez rien du temps q'une tempeste forte.
Sy lors qu'elle est nouvelle, à son lever elle a
La corne de dessus tenebreuse, il pleuvra.
Sur le dernier quartier, sy c'est la corne basse
Avent qu'entrer au plain, de pluye nous menace.
Sy on luy voyt dresser ses cornes contre mont,
Sur le quatriesme jour vens presagez nous sont.
Sy au sixiesme elle est d'une couleur ardente,
On se peut asseurer d'une grande tourmente.
Or combien que ces deux flambeaux soyent lumineux,
Ils peuvent s'eclipser par la terre & l'un d'eux
Prés la ligne eclipticque eux conjoints, l'autre cause
C'est quant en mesme lieu l'un à l'autre s'oppose,

Car quoy que ce foleil foyt aftre trés ardant
  Et de lumiere auteur, tombe en ceft accidant,
  Lorfque la lune obfcure eft droytement tenduë
  Au devant de fon corps fplandide & noftre veuë.
Auffi quand ce flambeau eft au corps tenebreux
  De la lune oppofé, la terre entre les deux
  Directe empefche lors qu'il ne luy communique
  Sa clarté, fi elle eft prés la ligne eclipticque.
Outre en ciel d'afur on voyt de toutes pars
  Reluyre autres flambeaux deçà delà efpars,
  Lefquelz n'y font pofez fans qu'aucun ne nous face
  De leurs uniz pouvoirs fentir quelque efficace.
Non que je veille dire aucun d'eux pouvoir rien
  De foy caufer à l'home afpect de mal ou bien,
  Mays bien l'ouvrier d'iceux tout puiffant & tout fage
  Comme il luy femble bon il les met en ufage :
Car c'eft une folie à l'home de penfer
  Que l'aftre puiffé l'un plus que l'autre avencer.
  L'orofcoppe trompeur ne peut en affeurence
  Affoir un feur deftin fur l'home à fa nayffence :
Pour autant que des lieux aux aftres affignez
  Jadis, ores ilz font d'iceux fort eflongnez,
  Mefme que le foleil en pourfuyvant fon erre
  D'un grand nombre de lieux s'eft abeffé en terre.
Ainfi l'orofcoppeur ne peut juger par eux
  Surement du deftin, car n'eftans plus aux lieux,
  Leur afpectz ne font telz comme autre foys ils furent
  Dont il s'enfuyt qu'ilz n'ont pareilz effectz qu'ilz eurent.
Que fi cela euft lieu, qui pouroyt empefcher,
  Quand à mefme heure & jour on voyt naiftre au porcher
  Un enfant, l'autre au roy, d'avoir à leur naiffance
  Semblable traictement, tel heur, telle abondance :
Mefmes que le malheur avient bien fouvent
  L'home pour fon forfaict d'eftre pendu au vent,

L'autre né à mesme heure & jour, heureux ne cesse
En grands honneurs haulcer, plain de toute richesse.
Dison semblablement tout astre n'avoir lieu
Ny pouvoir sur les meurs de l'home, ains le seul Dieu
Qui les sayt policer plus outre que nature
Par loix, enseignemens & bonne nouriture.
De ces moindres flambeaux estincelans aux Cieux
Entre tous le naucher en a remarqué deux,
Pour luy estre guidons tant vers le Pole Artique
Que tirant au Midy pour trouver l'Antartique :
L'un estoille du Nord, petite Ource autrement,
Seure marque du Pole Artique, mesmement
Des heures de la nuyt, & quant à l'Antartique
Droyt au pié du croyzé Canope il se pratique.
Ces Poles ne sont corps, mais points imaginez,
Qui leur sont par ces deux estoylles enseignez
Et par l'emanté dart enclos en la boussolle,
Lequel sans decliner poursuyt l'Artique Pole,
Tellement qu'on ne peut se jeter à l'escart
De la route qu'on tient : Pillote, par ce dart
Il faut trouver les ports, s'enboucher aux passages,
Aborder en seurté aux incongneus rivages!
Conclusion : ces corps celestes & luysans
Sont au service humain faicts aptes & duysans
Par le Dieu qui tout peut, entretient & domine
D'empire souverain cete ronde machine.

CHANT HUYTIESME.

DES POYSSONS ET DE LEUR NATUREL.

Dreſſé qu'euſt l'Eternel en ordre & bataillon
   Cete brillante troupe en ce haut pavillon,
   Et que jà par cinq foys la clarté vint paroyſtre,
   Au monde il fiſt des eaux poyſſons & l'oyſeau naiſtre,
Pour leſquelz eſtablir il fiſt commendement
   Aux eaux de les produyre : elles tout promptement
   Oyans ce gros tonnerre eſclater obeirent,
   Lors poyſſons de leur ſeins grands & petiz produyrent.
L'ame eſtant dedans eux, on les voyt par les eaux
   En nageant ſe jouer par troupes & monceaux,
   Et Dieu prenant plaiſir grand en ſa creature
   Les benit, les rendit propres à geniture.
Tant eſt de ces poyſſons le nombre merveilleux
   Que c'eſt vn vray miracle aparent à nos yeux,
   Et ce que plus j'admire & de prés je contemple
   En chacun, c'eſt l'ydee à quoy Dieu print exemple
Pource qu'entr'eux on voyt grande diverſité,
   Non ſeullement en forme ains en la qualité.
   La veuë en peut juger : l'un a petit corſage,
   Un l'a moyen, l'autre eſt un monſtre à l'aventage

Ce Createur puiſſant, merveilleux en ces faictz,
 A voulu qu'en nature on congneuſt ſes effectz,
 Meſmement és poyſſons : car qui ſauroyt comprendre
 Ce que la mer en ſoy, non de ſoy elle engendre,
D'autant que le moyen de leur creation
 Eſt merveilleuſement divers en action,
 Car un peut, en frayant coquille ſur coquille,
 Engendrer d'un humeur viſcueux qui luy diſtille.
Un poyſſon long produyt des oeus telz que ſon corps
 Foyble pour leur groſſeur ne les peut jeter hors,
 Ains le ventre luy part pour les lacher en terre,
 Mays enfantez qu'ilz ſont, la playe ſe reſerre.
Miracle merveilleux, atendu la façon
 Telle que ſans moyen il s'engendre un poyſſon
 Duquel juſqu'au jourd'huy on ignore ſon eſtre,
 Auſſi ſon origine en verité congnoyſtre.
Les uns par le tems doux ont eſtre & mouvement,
 Les autres d'un limon ou ſable ſimplement.
 Un en raclant ſa peau contre un roc, ſa raclure
 Suffit pour l'entretien de l'eſpece en nature.
Quelques poyſſons auſſi deſchargez de leurs oeus,
 Le maſle par ſon ſouffle admet la vie en eux.
 Une faiſant ſes oeus, le maſle lors delivre
 Son laict ſur eux, moyen ſeul pour les faire vivre.
Entre tous un ſeul eſt qui en la terre enclos
 Laiſſe ſes oeus un an avent que d'eſtre eclos.
 Aucuns en quinze jours, les autres en cinquante,
 D'autres en moins de troys ſont en ame vivante.
Aucuns ne font petiz l'an q'une ſeule foys,
 Pluſieurs plus abondens produyſent tous les moys,
 Les uns de troys en troys, autres ſix foys l'annee,
 L'un au printems les faict, l'autre la glace nee.
O ſingulier effect & merveilleux à voir,
 Q'un rocher froyt & ſec puiſſe en ſoy concepvoir

Poyssons, & les nourir vivens en sa poytrine,
Qui croyssans, ce rocher leur faict place & se mine!
Un laceant de ses piez les nareaux seullement
  De sa femelle en ruyt concoyt sans autrement
  Frayer; un autre rend seconde sa femelle,
  Se baisans bec à bec comme la colombelle.
Tout animal marin estant de poyl vestu,
  A de son naturel ceste propre vertu
  Que son fruyt est vivant au partir de son ventre,
  Dont l'un s'il n'a dix jours, jamays en mer il n'entre.
Bien souvent il avient par accidant qu'un d'eux
  Est contraint agité des florz lacher ses oeus,
  Et qu'un d'une autre espece espendra sa semence
  Sur eux dont il provient poyssons contre l'essence.
Tout ainsi que le Dieu tout puissant & tout bon
  Par moyens incongneuz entretient le poysson
  En leur forme de corps entr'eux fort dissemblable,
  Il ne s'est moins monstré de grandeur admirable
En ce qu'aucuns sont faictz ronds de corps & fort longs,
  D'autres larges & platz, d'autres en tous sens ronds.
  Aucuns ont le dos rond, le ventre plat au reste,
  Et le plus de leur corps consiste dans la teste.
D'autres sont platz & ronds, le dos gibeux un peu,
  Aucuns longs & quarez qui se peschent au feu,
  Autres dont teste & piez on voyt conjoins ensemble,
  Un en forme de corps à une roe il semble.
Outre on en voyt de gras beaucoup plus que pourceaux,
  Lesquelz d'une fureur se lancent hors des eaux,
  D'autres qui sont d'un corps de grandeur merveilleuse
  Dont souvent la rencontre aux nefz est perilleuse.
Un ressemble au cheval, l'autre au loup, l'autre au veau,
  Un le belier cornu. Dans la mer de nouveau
  Un grand poysson s'est pris, demy poysson & moynè,
  Avec un capichon & quelque forme humaine.

Du tems que Charles-Quint vint France traverſſer
   Pour le peuple Guantoys ſoubʒ ſon ſeptre abaiſſer,
   Il luy fut preſanté, luy eſtant à Brucelle,
   Une ſeraine vive & de ſexe femelle.
Somme tout corps qui peut s'aparoyſtre à noſtre oeyl
   Deſſus terre, la mer enfante le pareil,
   Juſqu'à repreſanter l'arbre, l'erbe & la plante
   En corps dont aucuns d'eux ſont en ame vivante.
Aucuns ont muſeau long, tout autour dentelé,
   L'autre l'a faict en glaive eſtroyt & affilé
   Et d'icelluy court ſus aux vivres qu'il prochaſſe.
   Un autre a [un] bec tel que porte la becaſſe.
Pluſieurs on voyt careʒ de corps, ou peu s'en faut,
   Qui ont le ventre plat, le dos quelque peu hault,
   Leur dos & queuë armeʒ d'eſpines par ranc miſes,
   D'autres ont en leur lieu taches rouſſes & griſes.
Quant à leurs peaux & fors dont ilʒ ſont renpareʒ,
   Ilʒ furent à chacune eſpece prepareʒ
   Ainſi que l'Immortel congneut leur eſtre utille,
   Soyt qu'elle aye peau dure ou bien tendre & debille.
D'eſchardes ſont couvers poyſſons une grand part
   Où Nature n'a heu tousjours au corps eſguard,
   Car l'un veu ſa grandeur petite eſcharde porte,
   L'autre moindre beaucoup l'a plus grande & plus forte.
Quelques uns ont le corps du tout environneʒ
   De trés pougnans picquons par rancs bien ordonneʒ,
   D'autres auſſi couvers d'eſcaille ſaiche & rude.
   Un a receu un fort puiſſant pour habitude.
Aucuns ſont entre deux eſcalles enfermeʒ,
   Pluſieurs d'entr'eux auſſi de coquilles armeʒ,
   Tous differans de forme au regard du corſage;
   Telʒ animaux ſouvent demeurent au rivage.
En mer maints animaux ſont de poil tout couvers,
   N'ayans un taint eſgual, mays chacun l'a divers.

Aucuns ont peau non peau, & d'autres l'ont gliſſante,
Autres pour leur grandeur l'ont epeſſe & puiſſante.
Le taint de leur habit differe tellement
Qu'on les peut dicerner l'un de l'autre ayſement,
Car l'un eſt argenté & rayé ſur l'eſchine
D'un vert guay rehauſſé d'une candree fine.
Autres d'un tanné brun & quelque peu doreζ,
Aucuns tout argenteζ & d'autres bigareζ
D'un blanc & rouge au dos, l'un de couleur obſcure
Et avecques cela meſlé d'une verdure.
Beaucoup ont le dos roux, le ventre gris ou blanc,
Un noir en tout endroyt, l'autre rouge que ſang.
Aucuns ont le dos noir ou gris, ventre blanchaſtre,
Un changeant en couleur, l'autre clair comme albaſtre.
Merveilleux ſont tes faictζ, ô Dieu! quand par chaleur,
On voyt certain poyſſon prendre taint & couleur,
Qui aſſailly du froyt regette ſa parure
Et la change ſoudain en nouvelle tainture!
Aucuns ſont marqueteζ de tanné gris & noir,
D'autres le dos rayé d'un or pale on peut voir.
Somme il eſt impoſſible entierement deſcrire
Le taint de tout poyſſon qu'on voyt des eaux produyre.
Or combien que le ſang ſoyt du corps nouriſſon
Et des corps la vigueur, il ſe trouve poyſſon
Conſiſter & mouvoir, quoy que de ſon eſſence
Il n'y ayt ſang en luy ni ſemblable ſuſtence,
Comme auſſi en ſon corps on ne voyt rien qui ſoyt
Qu'on peut dire eſtomac qui le vivre recoyt,
Et d'inteſtins non plus où l'excrement ſe range :
Pour tout il n'a au corps q'une eau noire que fange.
Or ce qui eſt en eux plus à conſiderer,
C'eſt qu'on les voyt és eaux ſans poulmons reſpirer,
Le deffaut d'eux n'enpeſche en eux d'avoir halaine,
Leur ouyë en faict foy, veu qu'elle ſe demeine.

Rien n'eſt ſoubz ce ſoleil où du Seigneur le los
Ne ſoyt autoriƶé, meſme en ce que ſans os
Ny areſte un poyſſon, de ſon naturel tendre,
Le cours des eaux tant royde il peut forcer & fendre.
Or entre ces poyſſons il y en [a] *beaucoup*
Fort gros qui n'ont en eux q'une areſte pour tout,
Comprenant tout le corps peu eſpineux au reſte :
Leur liayſon conſiſte en leur peau & areſte.
Auſſi pluſieurs d'entr'eux outre l'areſte ilƶ ont
Des coſtes par meſure ainſi que leurs corps ſont.
Les autres ont la chair de nature epineuſe,
Aucuns monſtres ont os de grandeur merveilleuſe.
Comme tous les poyſſons, ſoyt d'eau doulce & de mer,
Ne ſauroyent ſans moyen en icelles ramer,
Dieu leur a eſtabli nagoyres pour ce faire,
Selon qu'il a congneu leur eſtre neceſſaire.
Aux uns, quoy qu'ilƶ ſoyent grands, il n'en donne que deux,
A pluſieurs autres quatre & le dos eſpineux,
Aux autres du tout point, aux uns doubles & jointes
Avecques une queuë aſſeƶ large & deux pointes.
Aucuns n'en ayant point ont pieƶ longs & crochuƶ,
D'autres ſemblablement les ont longs & fourchuƶ,
Et meſmement ceux là auquelƶ Nature baille
Un rempart à leurs corps d'une aſſeƶ dure eſcaille.
Certain poyſſon ſans yeux conſiſte & peut mouvoir.
Un quoy qu'il en ayt deux, hors de l'eau ne peut voir,
Pource que ſur ces yeux deux ecailles s'abeſſent
Qui remis dedans l'eau ſoudain en haut ſe dreſſent.
D'autres ne peuvent pas vivre ne conſiſter
Un long temps hors des lieux qu'on leur voyt habiter.
Aucuns, [bien] *que l'eau ſoyt leur domicille & giſte,*
Roydes on voyt lancer à l'air & voler viſte.
Tous poyſſons de nature habitent dans les eaux,
Aucuns ce nonobſtant portant poil en leurs peaux,

Se logent dans des creux comme connilz sauvages
Par eux mesmes suyz, joygnant quelques rivages.
La mer large & profonde est nourice de tous
Excepté quelques uns suyvant les fleuves doux,
A rayson que chacun y trouve la viande
Comme le naturel propre à eux le demande.
L'un se paist de limon bourbeux, l'autre poursuyt
Et faict guerre aux poyssons moindres desquelz il vit,
L'un ayme le gravier avecques l'eau courante,
L'autre une terre franche & l'eau calme & dormante.
Plusieurs prennent leur proye en nageant de costé,
Plusieurs aussi auxquelz tout moyen est osté
De vivre, s'ilz ne sont à l'envers, car leur bouche
Est assize si prés du ventre qu'elle y touche.
Un se paist en roulant, car tel est son nager;
Un aussi bien souvent par trop viste & leger
Faut à saisir sa proye, allors sans la poursuyvre,
La laisse depité pour quester autre vivre.
Aucuns monstres ayant humé d'eau quantité,
Engloutissans leur vivre ont ceste faculté,
Que par conduys qui sur leurs fronts se manifestent,
Comme d'une seringue en haut ilz la rejectent.
Entr'eux il y en a qui sans autre aliment
Qu'à sucer de l'eau claire ont vie & mouvement.
D'autres, quoy qu'en l'eau soyt leur demeure, ilz ne laissent
De courir sus à l'erbe & blez dont ilz se paissent.
Ores que des poyssons le genre doux ne soyt
Capable de rayson, tant est qu'on apercoyt
En plusieurs une astuce & prudence bien telle
Qu'il y a quelque point de raison naturelle.
De faict il y en a de sy fins & prudens
Qui pris à l'ameçon coupent la corde aux dens.
Quelque autre pris vomit ses boyaux & en tire
Le crochet, cela fait, à soy il les retire.

Congnoyſſant un poyſſon deſſus ſa queuë avoir
  Un ayguillon nuyſant, lors qu'il ſe veut pourvoir
  Court ſus à tout poyſſon de ceſte arme mechante,
  Qui d'icelle navreʒ meurent & s'en ſuſtente.
Un ſachant de nature avoir ceſte vertu
  Que tout cela qu'il touche eſt ſoudain abatu
  D'un certain tremblement, le poyſſon il eſpie
  Et touché court l'areſte & en maintient ſa vie.
Mays quoy, il y a plus, luy pris à l'ameçon,
  Tant grande eſt ſa vertu qu'à pene ſauroyt on
  Tirer la corde à ſoy qu'un tremblement n'aborde
  Et ſaiſſiʒe le bras duquel on tient la corde.
Si la mer entretient en ſoy de bon poyſſon,
  Ne laiſſe d'en nourir aucuns plains de poyſon :
  Le reguard de l'un d'eux faict que la femme enceinte
  Par un vomiſſement d'enfanter eſt contrainte.
Aucuns poyſſons marins ont entr'eux amitié,
  Les autres au contraire ont telle inimitié
  Que ſans relaſche ilʒ ont entr'eux la guerre eſmuë,
  Dont ſouvent il avient qu'un des deux l'autre tuë.
Où eſt celuy qui puiſſe entendre la rayſon
  Pourquoy la peſche d'eux a ſon temps & ſayſon,
  Qui faict, quand le ſoleil entre au Bouc, mettre en voye,
  Remonter devers nous l'aloʒe & la lanproye ?
De la plus grande part des poyſſons ſans danger
  L'homme, comme eſtans faictʒ pour luy, en peut manger,
  Meſmes le delicat gouſt plain de friandiſe
  L'invite & ce luy eſt viande trés exquiſe.
C'eſt grand cas que la perle, en forme, luſtre & taint,
  Surpaſſe tout joyau, d'autant qu'elle n'a point
  Ses dons par artifice, ains receus de nature,
  Et toutesfoys elle eſt de huyſtre geniture.
Que ſi ceſte huyſtre tient de la mer le profond,
  Mieux la perle eſt nourie & plus belle s'y font ;

Telle huyſtre aſſez ſouvent en produit & ameine
Dans ſon creux eſtomac juſqu'à une douzeine.
Il ſe trouve poyſſons avoir puiſſance en eux
De guerir du ſerpant le mors pernicieux.
La coquille des uns reduyte en pouldre fine,
D'elle ſouventefoys on uze en medecine.
Bien que le pourpre ſoyt de tout tems en grand pris,
D'un coquillart poyſſon il eſt tiré & pris,
Qu'on peſche devers Tir, taint que ſi on l'egalle
A quelque autre couleur, il la rend bleſme & pale.
O ! que l'home eſt heureux lorſqu'il voyt tant d'effaictz
Que Dieu pour ſon uſage en ces poyſſons a faictz;
Et meſme quand il voyt leur naturel eſtrange,
Il luy en rend de cœur & de bouche louange !

CHANT NEUFUIESME.

DES OISEAUX,
DE LEUR BEAUTÉ ET CHANT.

L'Immortel pourſuyvant ſon œuvre fiſt des eaux
  Sortir pareillement toutes ſortes d'oyſeaux
  Surpaſſant en beauté tous poyſſons, toutes beſtes,
  Ayans cela de plus en eux qu'ilz ſont celeſtes
A cauſe de leur vol, en quoy le Dieu vivant
  Demonſtre ſa vertu quant à l'air & au vent.
  On voyt ces corps mouvoir, s'y maintenir en ſorte
  Qu'ailez pour fendre l'air, l'aile en l'air les ſuporte.
Quoy qu'eux & les poyſſons d'un meſme corps ſoyent faictz,
  Different neanmoins de nature & d'effectz,
  Car l'un ſurpris de l'air il faut ſoudain qu'il meure,
  A l'autre l'air luy eſt ordinayre demeure.
Outre plus le poyſſon eſt muet & ſans ſon,
  L'oyſeau va guaſouillant mainte douce chanſon,
  Fredonnant de la gorge avecques harmonie,
  Heur qu'à tous animaux le naturel denie.
Et quand il n'y auroyt que le pannage beau
  Marqueté de couleurs dont eſt veſtu l'oyſeau,
  Et comme il ſe maintient net de corps, il merite
  Eſtre, comme j'ai dict, des animaux l'elite.

Davantage l'oyseau comme il sayt bien voler,
 Il peut auſſi par art & ſiffler & parler,
 Meſmes il contrefaict, qui veut prendre la peine
 De le veiller un peu, au vif la voix humaine.
L'entretien de leur eſtre eſt commun par entr'eux
 Et le ſeul moyen eſt de produyre des oeufs
 Qui, couvez quelque temps par une challeur lante,
 L'eſpece ſe conçoyt, puys faict ame vivante ;
Non que cela leur ſoyt en meſme quantité,
 Mays comme ilz ſont remplis d'une fecondité,
 Car telz airent troys foys durant qu'on voyt la lune
 Renouveler cinq foys, les autres n'en font qu'une.
Aucuns chautz de nature ont petitz tous les moys,
 Aucuns foybles de corps font quinze oeufs à la foys,
 Un grand & fort en faict troys ſeullement, puis ceſſe,
 Le commun quatre ou cinq, ou plus ſelon l'eſpece.
Un d'entr'eux paſſager a ceſte aſtuce en luy
 Que, lorſqu'il veut ayrer, il pond au nid d'autruy
 Et ce qui ſort de l'oeuf, de nature rapaſſe,
 La vie de celuy qui l'a noury prochaſſe.
A la plus grande part on voyt leur nid planter
 Sur l'arbre ou ſur le roc dificile à monter ;
 Aucuns dedans l'herbage ilz le font & leur ayre
 Les autres és ſablons ou creux baſtiz en terre.
Aucuns viennent vers nous anoncer le printems
 Leſquelz on voyt ayrer és maiſons, non és chams.
 Un en l'arbre le faict ſuſpendu & penſille
 Sur la branche qu'il voyt eſtre la plus debille.
La crainte que l'oyſeau a de perdre ſes oeus,
 Le plus ſouvent il niche en l'arbre haut & creux,
 Ou bien és fors buiſſons, comme garde trés ſeure
 Contre la main qui veut ravir ſa geniture.
Combien que l'home ſoyt d'eſprit & aviſé,
 L'oyſeau ſe faict un nid tellement diſpoſé

Qu'à pene sauroyt-il ce petit edifice
En rondeur & mesure imiter d'artifice,
Comme à la verité il est si dextrement
Agencé de tous poins & conjoint tellement
De poil, de mousse & laine & foin liez en serre
Qu'impossible de mieux, l'un est luté de terre.
En quantité de corps tous oyseaux ne sont pas
Esgaulx, car les uns sont de corps soybles & bas;
Entr'eux il y en a debilles de corsage,
Eslencez sur un grand & fort gresle janbage.
Plusieurs d'eux au contrayrè ont un janbage court,
Ores qu'ilz soyent de corps merveilleusemant lourd.
Un est d'une grosseur & de grandeur extresme
Lequel selon le corps a la jambe de mesme.
On voyt que de nature aux uns sont deniez
En leur creation les jambes & les piez,
Pour tout ont obtenu au costé quelque serre
Pour se griper aux murs, car ils ne vont sur terre,
A cause qu'estans bas, ilz ne peuvent aller
Ni s'elencer de terre s'il est besoing voller,
Quoy que leur aille soyt merveilleusement royde.
Criars vivent en l'air, fuyent la sayson froyde.
Dedans l'isle Espagnolle, & non ailleurs, se voyt
Un oyseau plus petit que n'est le moindre doyt
D'un enfant de six ans : au reste de corsage
De tous poins bien formé, vestu d'un roux pennage.
Or est l'oeyl tant subtil qui seust bien dicerner
Au vray le vestemant que Dieu leur seut donner,
Pincelé de couleurs sy luysantes & belles
Que tout esmail ternist estant aproché d'elles.
Et sy du plus petit on reguarde au plus grand,
L'ordre & la grace est telle en eux que cela rend
Estonnez les espris, car plus on les contemple,
Plus Dieu demonstre là une vertu trés emple.

Que cela ne soyt vray, venons au plus petit.
  On voyra que celuy qui pend à l'air son nid
  Avoir un taint sy riche au vestemant qu'il porte,
  Qu'il n'est jaulne, bleu, rouge, au monde de la sorte.
Sy on vient à celuy qui a d'Argus les yeux,
  Son habit est bien plus splandide & precieux
  Que n'est celuy du Roy, car il a de nature,
  Et le Roy au moyen de la manufacture.
L'email tant soyt il haut en couleur est terni,
  Non seullement l'email, mays aussi l'or bruni
  Seront trouvez obscurs sy on les aconpare
  Au lustre merveilleux de ce vestement rare.
Au reguard du total, leur habit est divers
  A cause qu'on en voyt de rouges, jaunes, vers,
  De blancs, roux, gris & noirs & d'une couleur persse
  Comme le naturel à chacun le disperse.
Chacune espece en soy a un humeur à part :
  Un desire un pays, l'autre habite autre part,
  Aucuns sont passagers sans certaine demeure,
  L'un venu devers nous retourne en temps & heure,
L'un comme confiné habite un seul endroyt,
  Les autres en tous lieux, soyt qu'il soyt chaut ou froyt :
  L'un ayme le taillis, l'autre un deser sauvage,
  L'un ayme le champ large & l'autre un marescage.
Le vivre & entretien à la plus part d'entr'eux
  Sont les grains espendus aux champs de laboureux,
  Ou de grains par trop secs qui ors de l'espic sortent
  Quand pour les entasser des chams ils les transportent.
Plusieurs pour vivre avoir courent sus aux poyssons,
  Les autres vont de nuyt par les boys & buissons
  Chasser aux oyseletz : autres menent la guerre
  Tant aux barbotz qu'aux vers qu'ilz trouvent dedans terre.
Aucuns d'eux ont le vol sy soudain & leger
  Qu'ilz prenent en volant leur boyre & leur menger.

Pour ſe repaiſtre aucuns la charongne ils prochaſſent,
Aucuns vivans de proye à tous oyſeaux ilz chaſſent.
Le veneneux reptille eſt aux uns alimant
Sans que leur venin face à leur corps detriment,
Meſme il n'enpeſche point que la chair n'en ſoyt bonne
Et de quoy ſans denger peut uzer la perſonne.
Un ſeul menge le fer, le digere & reduyt
En un mol excrement; autres vivent de fruyt,
Pluſieurs outre le grain mengent petites pierres
Que ça & là vaguans ilz trouvent par les terres.
Quelque naturel propre on y voyt qui les rend
N'eſtre tous d'un humeur, mays beaucoup diferent,
Car on voyt les pigeons des uns bourer & prendre
Où l'autre comme amy viſte les vient deffendre.
Aucuns d'eux vivent peu, aucuns aſſez long temps,
Un eſt qu'on dict pouvoir vivre du moins cent ans,
Et combien qu'en leur vivre il y ayt modeſtie,
Leur corps eſt toutesfoys ſujeƈt à maladie.
Ayſemant maint oyſeau aprivayſer ſe peut
Où un ſa liberté aſſubjetir ne veut,
Ores que pour ce faire on le reſerve en cage,
Ayme mieux depité mort que d'eſtre en ſervage.
D'innimitié qu'aucuns ont de leur naturel
Dreſſer entr'eux on voyt combat perpetuel.
Les uns tant ſeullemant pour la proye combatent,
Aucuns à pourſuyvir chaſſeurs aux champs s'ebatent.
D'aucuns la prudence eſt grandemant à louer,
Car eſtans aterrez crainte les faict veiller :
Pour guet, peur de dormir, d'un pié tient une pierre
Pour s'eveiller au bruyt quand elle tombe en terre.
L'oyſeau royal eſt tel qu'il ne peut endurer
Ses petiz eſlevez prés de luy demeurer,
De crainte que la terre en laquelle il habite
D'oyſeaux deſquelz il vit ne ſoyt par eux deſtruyte.

L'orphraye est un oyseau d'un humeur non pareil :
S'il voyt que ses petiz n'endurent du soleil
La clarté sans flechir de leurs yeux, mays qu'ilz pleurent,
Du nid les jete en bas affin qu'au choir ilz meurent.
Certaine espece en troupe amassee, leur voix
Croassente & criarde anonce quelquefoyz
La tempeste prochaine; autres la pluye enseignent
Quand dedans les ruisseaux leur corps lavent & baignent.
Qui peut sans s'estonner ouyr la charité
D'un oyseau envers ceux lesquelz luy ont esté
Peres & nourissons, quand vieux il leur aporte
Vivres & sur son dos à l'esbat il les porte.
En cecy tout enfant un jugement reçoyt
(Comme ame raysonnable) un blasme, quand il voyt
La beste sans rayson estre passionnee
D'une amitié vers ceux dont elle se sent nee.
Aucuns n'ont point de fiel & de langue non plus.
Un comme s'il mordoyt prend son boyre au surplus,
Un depuys quelque temps en recherchant les terres,
Dict l'oyseau de Dieu, s'est trouvé sans piez ni serres.
Primptems venu, l'oyseau de changer ne faict cas
De famille pour soy, chose que ne faict pas
Durant le temps que vit la grise tourterelle,
Et veufve se maintient sans que rien entre en elle.
Un d'un panage blanc & d'un corps grand & fort,
Au lieu de peur il chante aprochant de la mort.
Autres au pas de mort de leurs ailles se batent,
Eux fors contre l'effort de la mort ilz conbatent.
La mousche à miel je laisse au Mantuan chanter :
De mieux faire que luy je n'oze me vanter,
Mays bien les papillons, petites creatures
Qui en moins de six moys changent de cinq figures.
Aucuns ont bec crocheu, barbe en rond & gros yeux,
Les sourciz elevez & le reguard hideux,

Qui en geſtes du corps & ſurtout de la teſte
Surpaſſent le bouffon tant en mine qu'en geſte.
Venu le primtemps guay, un oyſeau entre tous
Faict en ſon chant couler mile fredons tant doux
Qu'il n'y a inſtrument en cela qui le paſſe,
Ny meſme l'armonie avoir de telle grace.
Pluſieurs chantent ſans ceſſe en cage ou ſoyt au champ,
Et le tems n'a pouvoir leur oſter voix ne chant,
Ce que n'ont pas aucuns qui vers le temps d'autoune
Ceſſent juſques au moys que le primtems retourne.
Aucuns ſont enrouez, autres muetz du tout;
Un croyaſſe, ou les uns ſont criars juſqu'au bout,
Les uns au cry d'un d'eux qu'entre tous ilz congnoyſſent
S'amaſſent en un rond, ſi rengez qu'ilz ſe preſſent.
La graiſſe de pluſieurs eſt utille en onguent
Et pour le mal des yeux des uns on prend le ſang.
A l'home extenué d'un mal qui le penetre
Les teſticulles d'un ſont bons pour le remettre.
Le lion furieux on voyt s'epouvanter
Oyant certain oyſeau de nuyt & jour chanter :
Domeſtique qu'il eſt le ruſtique le loge
Pour autant qu'il luy eſt une trés ſeure orloge.
A parler rondement & à la verité,
Entre tous animaux l'oyſeau a merité
Le pris pour avoir faict à Noé le meſſage
De la retraicte & fin de l'Univers naufrage.
Au deſert le Prophete heut de l'oyſeau le pain.
Au bateſme de Criſt on vit du Ciel hautain
Sur le chef d'iceluy le Saint Eſprit deſcendre :
Pour ce faire il voulut le corps de l'oyſeau prendre.
Alors que de Brennus, roy Gauloys, Rome fut
Prinſe & le Cappitolle eſchaller il voulut,
Les chiens furent muetz au lieu deſquelz un oye
Criant fiſt eveiller à point la morte paye.

Le premier Roy Tartare en bataille deffaict
   Et tous ſes combatans reduyʒ juſques à ſept,
   Remis en un halier, un duc ſur luy ſe perche,
   Cauſe que le vainqueur n'y fiſt nulle recherche.
Somme toute il nous ſault confeſſer les oyſeaux,
   D'autant qu'ilʒ ſont de l'air, de la terre & des eaux
   Habitans, eſtre plus excellans en leur eſtre
   Que n'eſt tout animal aquatique ou terreſtre.

CHANT DIXIESME.

DES BESTES A QUATRE PIEZ ET DES REPTILES.

Tout poyſſon, tout oyſeau des mers tirez & pris,
 L'Eternel, pourſuyvant ſon deſaign entrepris,
 Voulut ſemblablement de cette terre ſombre
 D'autres corps tous nouveaux tirer infini nombre,
Par le meſme moyen duquel au par avant
 Il avoyt le poiſſon faict animal vivant,
 Et heurent eſtre allors qu'Aurore ſafranee
 Vint au monde enfanter la ſixieme journee.
Ainſi, dis je, creez furent tous animaux
 Qu'on voyt marcher ſur terre, és mons, prez, chams & vaux;
 Tous avecques une ame, ores qu'elle ſoyt vive
 Et mouvente elle n'eſt autre que ſanſitive,
Et combien qu'en aucuns on puiſſe apercevoir
 La faculté d'entendre & congnoyſſence avoir,
 Tant y a que rayſon en eux n'eſt la metreſſe,
 Mays dons particuliers que nature leur laiſſe
Pour le ſervice humain, car tant grans que petiz,
 Le tout Puiſſant les fiſt pour eſtre aſugettiz
 Soubz le joug & pouvoir de l'home ſon image,
 Sans nul en excepter juſque au lion ſauvage.

Or tous ces animaux, voyre jufque aux rampans,
Marchent fur quatre piez, hors mis quelques ferpans
Qui au deffaut d'iceux vont coulans fur l'arene
Avecques un' alleure aucunement foudaine.
La forme de leurs piez differe fort entr'eux,
Pour autant que plufieurs les ont fenduz en deux,
Aucuns non : toutesfois tous [*folez*] *d'ongle forte,*
Fors un qui non ongle, cinq cloux de corne porté.
D'autres ont plufieurs doytz au bout defquelz ilz ont
Ongles ronds & pointuz defquelz aucuns d'eux font,
Comme ilz vivent de proye, aux animaux la guerre,
Les autres à grater leur logis dedans terre.
Des uns la jambe eft large & courte vers le corps,
Et telz font au travail ordinayrement fors :
On les voyt en apis qui tirant la charuë,
Fend du contre tranchant la terre & la remuë.
Aucuns d'eux, quoy qu'ilz foyent fur janbes haut montez,
Sont pour porter fardeaux bons quand ilz font domtez :
De cefte ordre font ceux qui portent comme un cigne
Un col long, recourbé & fourcilleufe efchine.
D'autres moindres en force & de corps neantmoins
Agilles & puiffans, au fervice non moins
Profitables à l'home, à caufe qu'il en tire
Continuel travail & tel qu'il le defire.
Cefte efpece de foy, non fans un jugement,
Son maiftre recongnoyt & ceux femblablement
Qui rempliffent fa creche & de la main la traictent,
Ce qui le faict foubmetre à tel point qu'ilz fouayrent.
Un animal moyen en Afrique eft trouvé
D'un long janbage ayant fon devant eflencé,
Cil du derriere court & fa croupe fy baffe
Que fa forme le rend d'affez mauvayfe grace.
Ainfi que la nature en foy mefme a congneu
Fift felon fon vouloir aux uns le chef cornu,

Armes au general utilles pour deffense,
Soubmission des uns au joug d'obeissence.
D'icelles l'assiette est commune, tous les ont
   Sur le sommet, fors un qui la porte en son front.
   Un aussy l'a au bout de son gros mufle asize
   Que, s'il faut se combatre, aux pierres il aguyse.
Une seule espece est dont les cornes souvent
   Sont contraires en ply, les unes en avent
   Se courbent, autres sont qui tirent en ariere,
   Autres tendent au front, autres vers la lumiere.
Une autre espece on voyt agille de son corps,
   Que comme elle est petite elle reçoyt ses cors.
   Un seul est qui les a longues & deliees
   Qui de nature sont l'une à l'autre liees.
Le montagnart chamoys craignant d'estre surpris
   Par le ruzé venneur, de nature est apris
   De ses cornes se pendre à quelque haute roche
   De difficile accés, s'il congnoyst qu'il aproche.
Les bennes on voyt choir à l'un quand printems vient,
   Que s'il n'en sayt avoir d'autres, honteux se tient
   Caché, la crainte seule à ce faire l'incline;
   De luy jeune la corne est bonne en medecine.
Quelques bestes les ont pliees en un rond,
   Faisant tour & demy aux deux costez du front;
   Au contrayre on en voyt les ayans recourbees
   Vers le dos, aux surplus de bout en bout ondees.
Couvers de peaux & poil ilz sont pour resister
   A l'injure du temps qui peut les molester.
   Aux uns le poil est court, aux autres long & royde.
   Quelques uns l'ont pendant mesme en region froyde.
Les tatouz d'Arabie, les rinocerous fors
   Ont armé, non de poil, d'escailles tout le corps.
   Le lezard Nillien qui seul espend ses larmes
   Quand à l'home il court sus, porte pareilles armes.

L'Afrique, pays grand, en ſes plus deſers lieux
   Eleve des dragons, monſtres trés furieux,
   Armez ſemblablement d'ecailles dont la force
   Reſiſte au fier eſtoc qui contre elles s'eforce.
Il y en a auſſi d'aguillons tous couvers :
   Ces armes rendent l'un ſy mechant & pervers
   Que ſi l'home s'avence à luy faire nuyſance,
   Royde contre iceluy ſes gros picons il lance.
Des animaux le roy & le plus fier de tous
   Sur ſon devent il a un long poil & rebous,
   Le reſte de ſon corps n'a autre couverture
   Qu'un poil eſpés & court couché de ſa nature.
De poil l'un a le corps couvert & toutesfoys
   Sa queuë eſt ecaillee auſſi comme tu vois
   Une carpe moyene en groſſeur, qui au reſte
   A le gouſt de poyſſon plus que de chair de beſte.
En ce nombre aucuns ſont d'une grande beauté
   Pour ce qu'ilz ont le poil divers & marqueté
   De taches en bon ordre : aux uns la tache eſt noyre,
   Aux autres elle eſt rouſſe ou blanche comme yvoyre.
Ceux qui l'ont rouſſe ont poil plus que la neige blanc
   Au ventre, & ſa blancheur obtient le premier ranc.
   D'autres ſont ſur le dos marquetez à leur naiſtre
   Et neant moins ce taint s'evanouyſt au croyſtre.
De ceſte troupe grande aucuns d'iceux voyt on
   Reveſtuz d'un poil long & barbuz au menton.
   Comme l'un ſoyt privé, l'autre eſt autant ſauvage,
   Difficile à dompter & reduyre en ſervage.
La generation eſt cauſe bien ſouvent
   D'un changement de poil, car tous ne vont ſuyvent
   Leurs peres en couleur qui, blancs de leur nature,
   Engendrent des petitz gris ou noirs de tainture.
Les uns ſont blancs du tout, autres blancs & tannez,
   Aucuns ſont noirs & blancs ou un peu baſanez;

Toutesfoys plusieurs sont qui leurs couleurs ne changent
Et ceux là volontiers au joug point ne se rangent.
Comme un cameleon prend le taint tel qu'il veut,
Nature en une beste un cas semblable peut
Que sy quelque subjet se presante à sa veuë
Son poil naturel lors en mesme taint se muë.
Je ne trouve qu'en terre un autre ayt son pareil,
D'autant que vers la teste on voyt coucher son poil.
On en voyt de petitz & doux qui portent laine
Necessayre à couvrir ceste nature humaine.
L'artifice qu'on faict de leurs toysons & peaux,
Soyent sarges, draps, tapiz excellantement beaux,
Chapeaux, bonnetz, ribans, mitaines & fourure,
Et de leurs cuyrs tennez le nombre est sans mesure.
O paisible animal, des biens que tu espens
Combien d'hommes mortelz vivent à tes despens!
Combien voyt-on d'estaz que de toy l'home exerce
Et quel profit luy vient au moyen du commerce!
Des animaux le genre en estre se maintient
Selon qu'un naturel les pouce & entretient,
Faisant que toute beste à quatre piez soyt telle
Qu'en soy elle s'echauffe à sentir sa femelle.
Pour parier les uns à l'envers sont couchez,
D'autres sont cul à cul quelque temps atachez.
Pour joindre leur femelle aucuns sont en maniere
Qu'eslevez sur leur piez l'embrassent par derriere.
Aucun à parier fecond va tour par tour
Ses femelles saillir, cela fait, sans sejour,
Retourne à la premiere & tousjours continuë
Tant que chacune soyt de semence pourvuë.
Un animal parie à tourner seullement
Le cul vers la femelle; aucuns qui nullement
Ne laissent aprocher les males qui prochassent
(Estans plenes) les joindre, ains au loin ilz les chassent.

Nature n'eſt ſemblable en tous quant à l'effect,
  Pour ce qu'un animal à voir ſemble qu'il n'ayt
  Receu de concepvoir de luy ſeul la puiſſence,
  D'autant que ſans le batre il ne retient ſemence.
D'autres ſont tant ſeconds & promps à concepvoir,
  Quoy que leurs fans au ventre on ſente jà mouvoir,
  Ne laiſſent d'engendrer tous les moys & de ſuyte.
  Aucun de ſa nature eſt faict hermafrodite.
Plus l'animal eſt grand & moins de fans il faict.
  Plus l'animal eſt gros avent qu'eſtre parfaict,
  Dedans le ventre enclos plus longtemps il demeure
  Et pour s'en decharger plus aſprement labeure.
L'animal furieux qui debout peut marcher
  Donne à ſes fans la forme à force de lecher,
  Car le fruyt qu'il produyt & qui fort de ſa hanche
  A le voir n'eſt un corps, mays lopin de chair blanche.
Tous animaux ayans les piez fenduz en deux
  N'engendrent volontiers qu'un fan, hors mis l'un d'eux
  Lequel en peut avoir quatre d'une littee :
  N'en ayant rien que deux c'eſt ſa droyte portee.
Ceux qui ont pluſieurs doyz en portent beaucoup plus,
  Car aucuns juſqu'à douze ils en ont au ſurplus :
  Ils ont cela qu'ilz ſont de promte delivrance.
  Aux uns leurs petiz ſont aveugles de naiſſance.
Les uns portent petiz de ſix moys en ſix moys,
  Aucuns qui plus hatifs en ont de troys en troys,
  Autres les portent neuf, l'autre l'annee entiere,
  Un ſans faire petiz ne laiſſe un moys ariere.
Quelque fan eſtant né eſt deux moys ſans mouvoir,
  Et peu ſouvent chemine ſur ſes piez ſans avoir [sic]
  Six moys, & s'il ne ſent ſes ongles durs de pointe,
  Car de les eſpointer il eſt tousjours en crainte.
Un autre de ſon fan amoureux outre bord
  Par trop fort embraſſer ſouvent il le rend mort.

Ung perdant sa littee, animal fier & viste
A toute outrance il faict de ses sans la poursuyte.
L'un d'eux de sa femelle est tellement jaloux
 Qu'au lieu que comme pere il deust estre aux siens doux,
 S'il sent un masle né de nouveau en la troupe,
 Saisi qu'il l'a des dens, ses natures luy coupe.
Aux uns le naturel ne permet en tous lieux
 Vivans se maintenir ; aucuns vivent tant vieux
 Qu'ilz en perdent les dens. Un est qui souvent passe
 Un siecle, voyre plus, l'autre vit peu d'espace.
Pour vivre aux uns le broust est de grand apetit,
 Les autres vont pinceant le serpolet petit.
 L'herbe courte à plusieurs est pasture plaisante,
 L'erbe bonne à beaucoup leur est indifferante.
Le grain est à plusieurs un nourissement bon,
 Aucuns nageans és eaux se paissent de poysson,
 Les uns vivent de fruyt, un vit, sy faim le presse,
 L'iver suceant le sang de ses ongles sans cesse.
Le naturel contraint tout animal d'uzer
 De viende à luy propre, outre de reposer
 Et dormir : or l'un d'eux, autant que la froydure
 Presse ses tendres nerfs, autant son dormir dure.
Rien moins qu'il mange ou boyve autant de temps qu'il dort
 Non plus que s'il estoyt estouffé par la mort,
 Ce pendant ce dormir tant s'en faut qui l'abesse
 Qu'il le rend en bon point & donne haute gresse.
Tous animaux en somme ont besoign de menger :
 Pour ce faire ils ont dens pour mascher & ronger.
 Celuy qui vit de proye en rugissant gourmende,
 Mais le paisible ronge à l'aise sa viende.
Combien qu'à mesme fin tout animal ayt heu
 Les dens, ce nonobstant comme Dieu a vouleu
 Subvenir à l'espece, il les a dispencees
 Et toutes par bon ordre en leur lieux agencees.

Un seul sans dens consiste & n'a qu'un os entier
 Autant utille qu'est la dent & le dentier.
 Plusieurs n'ont dent dessus qui nonobstant ne laissent
 De briser & pincer l'erbe dont ilz se paissent.
Le reste & plus grand part, autant petitz que grans,
 Ont desus & desous, selon leurs corps, les dens.
 Defences aux costez aucuns ont qui hors sortent
 Et d'autres au devant fort tranchantes les portent.
Cil qui au sens humain semble aprocher beaucoup
 Et qui ce qu'on luy monstre entent & retient tout
 A des dens aux costez d'une grandeur notoyre
 Et d'icelles se faict le net & blanc yvoyre.
D'une chevre sauvage est le vray musc produyt
 Comme un humeur bourbeux, en vessies reduyt
 Que soubz son ventre ell' a. L'odorente civette
 De la nature sort d'une certaine beste.
Qui faict cela qu'aucuns d'un naturel aygneux
 Ne peuvent demeurer sans avoir guerre entr'eux?
 Aucuns, non de nature, ains jaloux des femelles
 Lors qu'elles sont en ruyt se combatent pour elles.
Animal n'est sy grand en qui crainte ne soyt :
 Sy le plus grand de tous la souriz aperçoyt,
 Il tremble de grand peur : le plus fier s'epouvente
 Et fremist estonné alors que le coc chante.
Aucuns animaux sont sujectz à enrager :
 De cete sorte l'un glouton en son menger
 Souvent met en oubli la proye qu'il a prise
 Et de la rechercher jamays il ne s'avise
De cete sorte aussi l'un guarde la maison,
 Est chasseur volontaire à toute venayson
 De nature il cherist son maistre & le caresse;
 Luy facile il se renge à tout ce qu'on le dresse.
Un se voyant chassé du veneur sans merci,
 Sachant bien pourquoy c'est qu'on le prochasse ainsi,

Ses genitores tranche aux dens & prend la suyte :
Le venneur les ayans delaisse sa poursuyte.
Il n'y a animal desoubz le firmament
Qui n'ayt crainte de l'home avecques tremblement.
Sa main par laps de temps les soumet, leur commende,
Plusieurs aussi creez pour lui estre viende.
Neantmoins Dieu voulut d'une insigne bonté,
Affin que l'home fust au monde en seureté,
Chasser dans les desers les venimeuses bestes,
Comme il les congnoyssoyt cruelles & molestes :
Qui faict que le dragon, pour mieux estre à l'escart,
Ayme mieux le desert d'Affricque qu'autre part,
Qui faict le basilic se cacher dedans terre
Où dans le fond d'un puyz Dieu qui le tient enserre.
L'estre on voyt consister à la plus part d'iceux,
Ainsi que faict l'oyseau, en produysant des oeus.
Leur morsure sur tout est trés pernisieuse
Pource qu'ilz ont la dent maudicte & venimeuse.
Celuy qui faict demeure au fluve Menphien,
Ains que faire ses oeus il juge de combien
Le fluve doybt hausser & le bord qu'il doyt faire,
Choysissant lieu où l'eau ne leur puisse mal faire.
Combien qu'il soyt d'un corps horible & monstreux,
Son estre toutesfoys prouvient de petiz oeus.
Il a un cas en luy que n'a beste vivente,
C'est qu'il a la machoyre en son dessus mouvente.
Quoy qu'il soyt grand, un rat, son mortel ennemy
L'espie, s'il le voyt, lors qu'il est endormy,
Avoir la geulle ouverte, au dedans il se rue
Et soudain il le navre au cœur tant qu'il le tue.
Ainsi que la torpille engendre un tremblement,
Un reptille le peut faire semblablement :
Que si d'un long baston de le tuer t'efforce,
En le touchant tu tremble & pers vigueur & force.

L'un d'eux eſt entre tous d'eſtrange naturel,
　Car ſelon les couleurs qu'il voyt il devient tel.
　Son venim, lui payſible, eſt de force petite,
　Neanmoins dangereux auſſy toſt qu'on l'irite.
Un ſerpent irité, s'il voyt que pour remper
　Ne puyſſe la perſonne aſſez toſt atraper,
　Darde ſon corps en l'air & vers elle ſe lance,
　Tachant à ſon pouvoir de luy faire nuyſance.
Un roux reptille on voyt ayant regard ardent,
　Tout rempli de venim qui conſiſte en la dent,
　La chair duquel eſt bonne, eſtant en vin nourie,
　Pour guerir cil qui eſt taché de ladrerie.
En Malabar aucuns ſerpans ſont ſi infectz
　Que de leur ſouffle ſeul les homes ſont defaictz.
　L'Arabie en produyt dont la morſure eſt telle
　Qu'elle eſt ſans nul remede, aux perſonnes mortelle.
Il s'en trouve qu'on voyt d'arbre en arbre voller;
　D'autres ſont ſi peſans qu'ils ne peuvent aller.
　Aucuns ont quatre piez vivans aux mareſcages,
　Qui ſont à tout paſſant en merveilleux dommages.
Aucuns ſont grands de corps, autres greſles & longs,
　Autres ont le corps court, tous communement ronds.
　Aucuns on a trouvé de naguere à deux teſtes,
　Un eſt qui cornes porte ainſy qu'aucunes beſtes.
Sy les ſauvages font entr'eux quelque banquet,
　Ilz ne priſent pas tant la chair du perroquet
　Comme d'un gros lezard habillé à leur guiſe
　La chair duquel entr'eux leur eſt viende exquiſe.
Entr'eux auſſi ſon fiel ilz tiennent cherement,
　A cauſe qu'il leur ſert en maint medicament,
　Sur tout meſlé en vin & puys prins en bruvage
　La morſure il gueriſt du chien eſmeu de rage.

CHANT UNZIEME.

DE LA CREATION DE L'HOME ET DIGNITÉ D'ICELUY.

Ce Ciel d'azur luisant, ces luminayres beaux,
   Cest air par tout espars, tout ce grand amas d'eaux,
   La terre avec ses os, toute arbre, toute plante,
   Oyseaux, bestes, poyssons, & toute ame vivante,
En somme ce qui est dessoubz ce Ciel hautain,
   Quoy qu'il soyt disposé de la puissante main
   De Dieu le Createur, que l'œuvre soyt insigne
   Et à bonne rayson de son ouvrier bien digne,
Il ne servoyt de rien, quoy qu'il heust son effect,
   Sans reguarder le but pour lequel il fut faict,
   Et là le raporter, car il est tout notoyre
   Que Dieu a tout creé pour l'home & pour sa gloyre.
Contemplon donc cest home en sa creation
   Comme un chef d'œuvre exquis d'autre condition
   Que tout autre animal. Puys que Dieu delibere
   En soy pour le creer, cest œuvre est singulliere.
Mays qu'est ce que ceci, o Dieu creant les Cieux
   Et tout ce qui se voyt en ces terrestres lieux!
   Tu estoys sans Conseil, tu estoys seul, à l'heure
   Et à ton parler seul tout eut estre & demeure.

Qui font ces Confeillers? Que veux tu ordonner
  Maintenant? Où veux tu nous conduire & mener?
  Quels font ces haux fecrez que tu nous veux deduyre?
  En quel Confeil eftroyt nous veux tu introduyre?
Je voy Sageffe entrer en ce Confeil exprés,
  La Puiffance & Vertu qui la fuit de bien prés.
  O le divin Confeil, o Confeillers notables,
  Que vos conceptions fe monftrent admirables!
En ce Confeil font troys & les troys ne font q'un,
  Et fi d'un s'en faict troys diftings, combien qu'aucun
  D'eux ne foyt feparé, dont s'enfuyt que leur dire
  Et refolution ne fe peut contredire.
Le tout confideré & veu bien murement
  Par refolution faicte unanimement,
  En ce facré Confeil l'areft fut tel en fomme :
  Faifon, faifon, dift Dieu, à noftre image l'home,
Faifon le tel qu'il aye empire fouverain
  Sur tout ce qui fe voyt, que tout foyt foubz fa main,
  Soyt le poyffon de mer ou foyt l'oyfeau celefte
  Et le pouldreux reptille avecques toute befte.
Que tout cela luy foyt foubz fon pouvoir remis
  Pour d'iceux difpozer comme il lui eft permis,
  Qu'il domine fur tout ce qui a vie & eftre
  Comme conftitué d'iceux Seigneur & Maiftre.
Affin de l'introduyre & mieux le maintenir
  En ce fouverain droyt, faifon ores venir
  Tous animaux vers luy & que tous il les nomme,
  En figne qu'ilz font tous afubjectiz à l'homme.
Ainfi comme le pere a cefte autorité
  De nommer fon enfant à fa nativité,
  Ou quand par mariage une femme fe lie
  Prend du mary le nom & le fien elle oublie,
Ou bien comme un guerrier, foyt Grand, Seigneur & Roy,
  Vainceur donne au vaincu & le nom & la loy.

Tout ainſi qu'il luy plaiſt, toutes marques en ſomme
D'une ſubjection deſſus tous ceux qu'on nomme :
Tout ainſi l'home a pris par l'inpoſition
    Des noms qu'il a donnez vraye poceſſion
    De tous les animaux, leur naturel feroce,
    Paiſible & doux rengé au joug d'humaine force.
Pour tant il ne faut pas juger pour le jourd'huy
    La domination eſtre ſemblable en luy
    Ni telle quand ſon coeur marchoyt en inocence,
    Et lors que tout ployoit ſoubz ſon obeyſſance,
Car le Dieu ſouverain, à cauſe du peché
    Et mefaict d'iceluy, a beaucoup retranché
    De ces excellans dons, pour avoir l'execrable
    Malheureux abuſé de ce tiltre honorable :
Comme un Roy du vaſſal par lequel a eſté
    Quelque crime commis de leze mageſté,
    Les armes il renverſe & grades de nobleſſe,
    Le baniſt du Royaulme, abat ſa fortereſſe.
Jugeons donc de ceſt home ainſi comme il eſtoyt
    Lors qu'en ſa dignité premiere il conſiſtoyt,
    Et partant il te faut raiſonner en toy comme
    Le degré d'honneur fut excellant dedans l'homne.
Car encores qu'il ſoyt decheu de ceſt honneur,
    Le lou cruel ne va de jour ſans crainte & peur,
    Le petit bergerot de ſa voix l'epouvente,
    La bergere conduyt ſon troupeau ſeulle & chante.
Quoy qu'en l'air & fort haut puiſſe voller l'oyſeau,
    Le poyſſon ſoyt caché au plus profond de l'eau,
    La ſauvagine au boys & cavernes s'en fuye,
    L'home en eſt toutes foys maiſtre par induſtrie.
Que ſi les animaux ne peuvent eviter
    De l'home ores la main, qui ſauroyt reciter
    Que c'eſtoyt d'iceluy lors que ceſte lumiere
    Reluyſoyt en ſon front de ſon eſtre premiere?

Par quoy quand nous voyon le beuf, tant foyt il grand,
   Pris & lié au joug & mené d'un enfant,
   Q'un cheval brave & fier d'un frain dompter fe laiffe,
   Q'un lion furieux devant l'homme s'abaiffe,
Alors non fans regret & d'un gemiffant coeur
   Chacun de nous peut dire : où eft cefte grandeur
   De laquelle je voy encores quelque trace?
   O fignes fingulliers de ma premiere grace!
Ainfi faict le prodigue aprés qu'il n'a plus rien
   Pour avoir folement dicipé tout fon bien,
   Detefte fon erreur : nous auffi au femblable
   Pouvons bien deplorer noftre eftat miferable.
Or de toute la terre & lors que Dieu voulut
   Creer le corps humain, il choyfit & efleut
   Certaine pouldre roufe, affin que de nature
   Ce corps fuft excellant fur toute creature.
Non pas que la matiere euft quelque luftre exquis,
   Provenant de nature ou autre point aquis
   Par art & induftrie, en quoy s'enrichift l'oeuvre,
   Ainfi comme peut faire un potier ou maneuvre.
Rien moins que cela foyt, mays tout ainfi q'un Roy
   Donne tant à l'or fin, comme au bas, tiltre & loy,
   Et monnoye qu'il ait, l'efpece eft aprovee
   Par le tiltre & l'ymage en icelle engravee :
Ainfi eft il de Dieu qui de pouldre feut bien
   Former le corps de l'home, or qu'elle ne fut rien
   Que pouldre, mays l'image en elle heut telle grace
   Que toute creature en dons elle furpaffe,
Soyt en forme ou façon, ou qu'il foyt droyt planté
   Et d'art ingenieux divinement hanté.
   Tant en lignes que traiz, là le grand Architecte
   Batiffant cefte ouvrage ouvrier fe manifefte,
Car rien ne fe peut voir en ce chef d'oeuvre exquis
   Qui n'y foyt agencé ainfi qu'il eft requis.

Plufieurs membres y font aptes à fon fervice
Lefquelz tous d'un acord exercent leur office.
Que fi quelq'un d'entr'eux on defire offencer,
L'autre membre furvient pour le mal devencer;
La mutuelle peur q'un d'eux foufre molefte
Faict pour le guarantir emouvoir tout le refte.
Ses membres font la tefte, epaulles, bras & mains,
Les cuiffes, jambes, piez, le col, coftes & reins,
Tous lefquelz font batiz d'os fecs, fors de nature,
Pour tenir ce corps ferme en fon plant & ftructure,
Agencez & conjoins felon leur mouvemens
Par cartilages, nerfs, mufcles & liguamens,
Tous reveftuz d'un cuyr nerveux & faict fenfible
Qui faict que chacun fent ce qui luy eft nuyfible.
Troys chofes font au corps dont le refte defpend,
C'eft à favoir le foye origine du fang,
Le coeur & le cerveau, parties principales
Et le vray entretien des effences vitalles.
On en peut dire quatre à bon droyt, car du corps
Ce n'eft rien ou bien peu, les tefticulles hors :
Non qu'en particullier fans eux n'ayt habitude,
Mays bien pour conferver l'efpece & multitude.
D'autre part on les tient plus nobles que le coeur,
Quoy qu'il foyt le motif & don de la vigueur,
A caufe qu'ilz font l'home acord, promp & à deftre,
Et le coeur fimplement luy donne vie & eftre.
Retranchez de ce corps, quoy qu'il foyt mafle né,
Cela le rend confus, couhard, effeminé,
Sans barbe, fans-couleur, fans voix digne-d'un-homme,
Comme l'effect fe monftre en cil qu'eunucque on nomme.
Or d'autant que le foye eft le premier parfaict
Des membres principaux, je vien à fon effect
Qui eft de convertir par fa vertu le chille
Receu de l'eftoumac en fang pur & utille.

Humide & chaut il est de sa condition,
  Ayant par troys moyens au corps conection :
  Savoir à l'estoumac par la vene il adhere,
  Au cerveau par les nerfs, au coeur par son artere.
D'un gros sang congelé en lobes disposé,
  D'arteres & de nerfs ce foye est conposé
  Lequel de sa sustence engendre toute vene,
  Vaysseaux par qui le sang par tout le corps se mene.
L'une est la vene porte où le chillus rengé
  Demeure jusqu'au tems qu'il soyt en sang changé;
  Tout sang melancolicque est purgé par icelle
  Repoussant l'humeur gros du sang à la ratelle,
Laquelle est d'une chair faicte du plus gros sang.
  Rare & spongieuse en icelle deffant
  L'humeur non naturel par temps & par mesure,
  Le chasse par conduyz qu'elle a heuz de nature.
L'autre vene est la cave utille à recevoir
  Le sang estant parfaict, puys elle faict debvoir
  Que d'iceluy partie aux espriz elle envoye;
  L'autre s'epand au corps par la veneuse voye,
Mere d'icelle en tant que toute vene part
  De son tronc : outre plus c'est elle qui depart
  Le sang par tout le corps, comme elle voyt bon estre,
  Afin d'entretenir ce petit monde en estre.
Comme un Maistre d'hostel de quelque grand'maison
  Sayt dispencer les biens d'icelle par raison
  Et selon qu'il congnoyt que porte l'ordinayre,
  Ainsi envers ce corps le foye le sayt faire.
A ce foye est conjoint un fiel, vaisseau nerveux,
  Retraite & partiteur de l'humeur billieux
  Et vray sang. La matiere estant en luy comprise,
  Nuysante en quantité se descharge en l'ecphise.
De l'ame le manoir ordynayre est le coeur,
  Principe de la vie, organe de vigueur,

De l'efprit dict vital la caufe efficiente,
Guarde de la chaleur naturelle & fluente.
D'un fang propice efpars par chaleur comprimé
Il eft faict une chair dont le coeur eft formé,
Membre noble duquel tout artere procede,
Premier vivant de tout & dernier qui decede.
Or ceft efprit vital dont le mouvement part
Au ventriculle enclos de la feneftre part,
De ce coeur n'eft en foy q'une pure fuftence
Moyenne entre le fang & l'air en concurence.
Un autre ventriculle eft au dextre cofté
Du coeur femblablement, lequel faict a efté
Tant pour eftre aux poulmons ufage neceffayre
Que ce vital efprit dans le feneftre faire.
D'apophifes au coeur Nature en a mis deux
De fuftence nerveufe & mole, pour bien mieux
Suyvre fon mouvement, rompre & pouffer arriere,
Lorfqu'il eft dilaté, l'excés de la matiere :
Car eftant introduyte en luy trop largement
Luy pouroyt amener un promp fuffocquement,
Mays Nature a uzé de telle diligence
Qu'il n'en peut recepvoir qu'à l'aife & fuffifance.
Ainfi comme la mere a de fon enfant foign
De luy aprefter vivre autant qu'il eft befoign,
Craignant que quelque excés ne luy foyt dommageable,
Ainfi Nature faict au coeur chofe femblable,
Pour eviter qu'en luy n'y ayt vacuyté,
Pour recepvoir chaleur propre à fa qualité
Et mieux s'entretenir en fuftence propice,
Comme l'aymant, la flame & fouffletz faict office :
Car tout ainfi qu'on voyt les fouffletz du forgeur
Dilater, humer l'air, ainfi en faict le coeur
Qui en fe dilattant, & alors qu'il refpire,
Tant le fang que l'efprit dedans foy il at·

Ainſi comme à la flame atirer l'uylle on voyt
   Au moyen de la meche, ainſy le coeur reçoyt
   Et tire la chaleur & l'air qui l'environne;
   Ainſi que l'aymant tire un fer, il le ſe donne.
Or Nature a donné à ce coeur pour hoſtel
   Le pericarde eſpés duquel l'uſage eſt tel
   D'entretenir ce coeur d'humidité ſereuſe
   Par celle qui luy eſt propre & aventageuſe,
Lequel comme il ſoyt faict habitacle du coeur
   Eſt du mediaſtin royde eſtondu, de peur
   Qu'il ne tumbe ſur luy, par conſequent qu'il tiene
   Ferme, ſans decliner pour mouvement qui viene.
Eſtant (pour ne pouvoir conſiſter ſans prendre air)
   Embraſſé de poulmons de ſpongieuſe chair,
   Ou d'un ſang billieux eſpendu comme eſcume,
   Preparans l'air au coeur qu'en reſpirant il hume;
Car l'air par ſa froydeur ou autre qualité
   Le pouroyt offencer, mays par leur rarité
   L'air eſt ſans violance admis dedans luy, pource
   Que la quantité peut l'offencer par la cource.
Du torax muſculleux provient leur mouvement,
   D'un ſang ſubtil du coeur prenent nouriſſement.
   Ce ſont les inſtrumens de la voix qui reſonne
   Par l'air que la trachee artere en eux entonne.
Ce torax eſt partie oſſu, auſſy charnu
   Et cartilagineux, auquel eſt contenu
   Le coeur, les deux poulmons & la trachee artere,
   Laquelle par deux fors rameaux en eux s'incere
Neceſſayre à la voix & reſpiration;
   D'aporter aux poulmons l'air eſt ſon action,
   Pareillement au coeur : elle eſtant comprimee
   Raporte en haut tout ayr converti en fumee.
L'oeʒophague, voye & du boyre & [du] manger,
   En ce large torax auſſi ſe vient renger,

Propre pour atirer les viendes, au reſte
Rejecter ce qui donne à l'eſtomac moleſte.
Une grande menbrane apellee plevra
S'ajoint à iceluy : l'utillité qu'elle a
C'eſt que tous ces vitaux membres enſemble lie
Baillant une tunique à chacune partie.
D'un diaphragme oblicque en ſituation
Eſt faicte des vitaux la ſeparation
D'avec les naturels : outre il eſt neceſſayre
Au corps plus librement reſpiration faire,
Muſcle rond & oblong, nerveux & menbraneux,
En ſon incertion charnu & tendineux;
De deux tuniques faict : l'une vient de la plevre,
L'autre du peritoyne eſtant inferieure.
L'epigaſtre qui eſt meſmemant ſeparé
Du diaphrame va juſques à l'os baré.
Vers la plus haute part d'iceluy on voyt eſtre
Le foye au droit coſté, l'eſtomac à ſeneſtre,
Receptacle du vivre & de tout aliment
Neceſſayre à ce corps, le cuyt ſemblablement
Aprés qu'il eſt du foye eſlabouré en chille,
Tant à luy comme au corps entretien trés utille.
Deſoubz cet eſtomac ſix inteſtins voyt on :
L'un nommé ecphiſis, ileum, jejunum,
Cecum, colon, rectum, dict tel pour ſa droyture,
Tous ayant lomentum greſſeux pour couverture.
Par le milieu d'iceux paſſe un particullier
Membre, dict meſſantere, utille pour lier
Et contenir chacun inteſtin en ſa place,
Affin que l'un à l'autre empeſchement ne face.
Quant à leurs actions propres, c'eſt recepvoir
En eux les excremans, & faire tout debvoir
En tems d'en expeller & rejecter ariere
Du corps ces excremens d'indigeſte matiere.

Pour la plus grande part de l'humeur billieux
 Et fereux repurger, du foye font les deux
 Reins, faiɛtz d'une chair denfe & de leur origine
 Sur les lombes pofez dechaffent hors l'urine.
De ces reins font produyz & fortent deux vaiffeaux
 Ureteres nommez ou conducteurs des eaux,
 Pour autant que l'urine eft par eux atiree
 Jufques à la veffie & en elle enferree.
Pour porter la femence aux tefticulles font
 Six vayffeaux eftabliz, duquel nombre deux ont
 Office de l'offrir, les autres la preparent,
 Et pource qu'ilz font deux en deux pars fe feparent.
Dedans cet epigaftre on voyt femblablement
 Plufieurs mufcles rengez qui donnent mouvement,
 Plufieurs tendons & nerfs, fibres, arteres, venes,
 Pour maintenir ce corps aptes & trés ydoynes.
Tous ces corps & vaiffeaux, ditz ventre inferieur,
 Sont dans un peritoyne enclos comme en lieu feur,
 Faiɛt l'excremant fortir, en comprime ce ventre,
 Empefche d'autre part qu'aucun vent en eux entre.

CHANT DOUZIEME.

DU CHEF, DU CERVEAU ET DE LEURS ACTIONS.

S'il y a quelque point d'excelant & de beau
  Dedans ce petit monde, il confifte au cerveau,
  Principal inftrument de l'ame rayfonable,
  Seule caufe que l'home eft faict home capable.
Or ce difcret efprit, de l'home conducteur,
  Procede du vital par le moyen du coeur,
  Des arteres porté qu'on nomme carotides
  Au retz entrant au teft joygnant les clinoides.
D'une divifion d'arteres en filetz
  Enfemble entrelaffez il fe batift un retz
  Admirable & fubtil, vaiffeaux faictz de nature
  Où l'efprit s'elabore en fuftence trés pure :
Car il eft bien requis que fa nature foyt
  Faicte en perfection, à caufe qu'il s'y voyt
  Une action plus noble & de plus d'efficace
  Que celle du vital, quoy que vivre il le face.
Ce fiege de rayfon, membre pituyteux,
  Mol & froyt de fon eftre eft divifé en deux,
  Non pourtant feparé & s'il eft en partie,
  C'eft la dijonction qu'en faict la mere pie,

Car comme il foyt dreffé d'un ordre affez divers
Mefme en fon fuperfice, eftant femblable à vers
Enfemble entortillez, cefte mere fincere
En fes profonditez & par fibres l'enferre.
Ce cerveau excellant fur tout membre eft enclos
Dedans un crane rond compofé de fept os
Puyffant pour refifter contre toutes injures,
L'un dedans l'autre entez par diverfes futures.
Aucuns cranes les ont jointes eftroytement,
D'autres qui le font moins faictes non feullement
Pour donner à toute heure aux fumees paffage,
Mays q'un des os froyffé, l'autre n'aye dommage.
Ce crane doncques eft comme un rempar trés fort
Ordonné aux efpriz animaux pour un fort
Reduyz & campez là comme en lieu d'affeurence,
De pour que l'accidant ne leur face nuyfance.
Nature a faict ainfi que l'avare amaffeur
Lequel, pour conferver & cacher en lieu feur
Son trefor precieux, il cherche lieu duyfible,
Sur tout fecret & fort, & le moins aceffible.
Et d'autant que ce crane, os d'epeffeur & fort,
Pouroyt par fa durté luy faire quelque effort,
La dure mere vient à caufe qu'il eft tendre,
Pour bien le guarentir l'embraffer & comprendre;
Puys paffant par la nucque elle devalle au dos,
Enveloppant l'efpine affin qu'aucun des os
Du metaphrene & lombe au mouvoir ne luy nuyfe.
Tout nerf, toute menbrane eft d'elle auffi comprife.
Dedans ce cerveau font quatre concavitez
Ou ventriculles joincts par fentiers dilatez,
Par lefquelz les efpriz informez vont & vienent
Conmuniquer enfemble és chofes qui furvienent,
Defquelz les deux plus grands font au devant logez;
Affin que par eux foyent les excremans purgez

De l'imaginatif esprit, pour n'estre encore
En tel estat qu'il faut, & là il s'elabore
Pource que par l'artere & vene un excrement
S'engendre en luy qui peut luy nuyre grandement,
Synon que la sutture ou nez le mondifie,
Autrement il pouroyt choir en apoplexie.
Mays la particulliere utillité d'eux tend
De contenir ce sens, lors que l'ame pretend
Examiner par luy la chose presantee
Aux sens exterieurs & par eux raportee :
Puys en la conferant ensemble, minse elle est
En ordre pour avoir jugement & arest
De la raison, balence unique de droyture,
Au ventriculle, lieu tiers où tout se mesure,
Duquel la forme n'est telle que des premiers,
Ains est comme une voulte assize sur pilliers,
Afin que l'animal esprit en ceste espace
Son mouvement plus libre & à l'ayse se face.
Dedans ce ventriculle est le conarion
Faict tant pour renforcer la separation
D'aucuns vaisseaux conduytz là par la mere pie,
Que donner au cerveau la nouriture & vie.
Le vermiforme aussi est dedans luy compris,
Lequel en tems & lieu laisse aller les espriz
Au ventriculle quart par compas & mesure,
Craignant que la memoyre heust d'eux trop prompt bleffure.
Pour porter les espriz, leur decret & arest,
Du ventriculle tiers au quart, un conduyt est
Qui les donne au tresor de memoyre & les livre
Pour les enregistrer comme dedans un livre.
Au dedans d'iceluy un conduyt on peut voir
Apellé choana, faict comme un entonnoir,
Par lequel le cerveau rejecte par la bouche
Les grossiers excremans lorsque le nez se bousche.

Sur l'endroyt où deffend la nucque eft fitué
Le dernier ventriculle ou quart atribué
Au cerebelle en tout, car la nucque fufdicte
Semble mieux d'iceluy que du cerveau produyte :
De tous le plus petit, mais plus folide & dur,
Faict plus petit d'autant que lors l'efprit eft pur
Qu'il reçoyt, & partant en quantité bien moindre,
Plus dur pour feurement le contenir & joindre.
Duquel l'ufage eft tel de metre en feureté
Ce que l'efprit aura conclud & arefté,
Afin que la perfonne en tems & lieu retire
De ces conclufions les poincts qu'elle defire.
Ce cerveau mol & tendre engendre les nerfs fors
Qui tienent royde & fort & font mouvoir ce corps,
Luy donnent fentiment, lefquelz en confiftence
Ne diferent enclos au cerveau de fuftence :
Mays du crane fortiz, puys eftans reveftuz
Des meres pie & dure acroyffent en vertuz
Par une dureté : les venes cappillayres
Et arteres leur font nourices ordinayres.
Or de luy comme auteur immediatement
Sont produytes de nerfs fept paires notemment :
Outre ce nombre efgual, au moyen de l'efpine,
Trente autres d'iceluy prenent leur origine.
Des fept couples premiers nature les a faictz
Avec utilité & pour divers effectz,
Dont quatre d'iceux font au reguard de l'ufage
Particullierement donnez pour le vifage.
Le premier donne voye à l'efprit qui faict voir,
Le fecond diftribue aux mufcles le mouvoir
Des yeux, & par le tiers la narine apreftee
A fentir toute chofe à elle prefantee.
Outre il fort un rameau de luy, dict guftatif,
De la langue mobille un vray preparatif

A goufter toute chofe, & le quart couple mande
Au palays mefme effect qu'à la langue friande.
D'origine le quint eft double au crane dur
Dont la plus grande part donne paffage feur
Au fens auditif faict de l'air qui reverbere,
Et l'autre portion aux temporaux adhere.
Quant au fixieme couple, hors du crane forti,
Aprés avoir au col & larinx departi
Quelques petiz rameaux, dans le torax il entre,
Faict les nerfs reverfis, chet au plus bas du ventre.
Le feptiefme fe perd inferé & enclos
Aux mufcles de la langue & de l'ioïde os,
Et mefmes en aucuns du larinx il fe lace
Pour faire que d'iceux le mouvement fe face.
Le lieu où ce cerveau confifte fut de Dieu,
Comme chef de tout membre, affis au plus haut lieu,
Chef dict, & le donjon où gift la fentinelle
Qui faict de tout le corps guarde continuelle.
Dedans ce chef les fens ont leur fiege arefté,
Comme membre aprochant plus qu'autre au Ciel vouté,
D'autant que par iceux plus qu'en chofe qui refte
Bien mieux nous contemplons tout ce qui eft celefte.
Or affin que ces fens puiffent excecuter
Leurs effectz fur l'object qui fe vient prefanter,
Une face eft en luy differente en figure
Et feparee auffi de toute creature.
Ce vifage contient depuis les deux fourcilz
Jufqu'au bout du menton, auquel on voyt affis
Les yeux clairs & luyfans, une bouche riante,
Un nez bien agencé, une façon conftante.
Iceluy compofé de membres tous divers,
Mays à l'ufage uniz, c'eft afavoir de nerfs,
De mufcles, d'os, de cuyr, de menbranes, de venes,
D'arteres, cartilage en fa fabrique idoynes.

Pencher en terre on voyt la face aux animaux :
   Mays celle de ce chef s'elevant aux Cieux hauts
   S'eſtonne en contemplant du monde les merveilles
   Et de ſon Createur les œuvres non pareilles.
Or toute beſte jecte en terre ſon reguard,
   L'ame d'icelle auſſi n'a que la terre en part,
   Mays l'home iſſu du Ciel ſon oeyl vers luy ſe tourne,
   Pour autant que ſa vie en ce haut Ciel retourne.
En cete face giſt certaine gravité
   Et douceur, dont ſouvent elle eſt d'humanité
   Et de juſtice auſſi priſe pour vraye image,
   Plus de l'interieure affection meſage :
Choſe facille à voir, d'autant que ſi le cœur
   Eſt joyeux ou preſſé de triſteſſe & langueur,
   Ou ſayſi d'une crainte, ou qu'en luy il s'aſſeure,
   La face eſt de cela le portraict & tainture.
Car orres que du trayſtre ou de l'home pervers
   Ou du diſſimulé les deſſains ſoyent couvers,
   Nul d'eux faire ne peut que ſon mechant courage
   Ne ſoyt aucunement congneu par le viſage.
Souvent on a veu juge, à voir un criminel,
   Lire dans ſon viſage & le juger pour tel,
   Tant il eſt difficille à faire que la face
   De tout crime commis quelque preuve n'en face.
Auſſi par ceſte face excellante en beauté
   L'home de fol amour eſt ſouvent tourmenté,
   De libre rendu ſerf, de joyeux triſte & bleſme,
   Qui ne vit pas & vit ennemy de ſoy meſme.
C'eſt un cas merveilleux qu'entre tant de milliers
   De viſages qu'on voit, par traictz particulliers
   Different l'un de l'autre, & conferez enſemble,
   Un ſeul entre un milier à l'autre ne reſemble.
Des ſens le plus certain utile & precieux
   Poſé en ce viſage eſt aparant aux yeux,

Pour autant qu'en eux eſt la vertu ſingulliere
De conduyre ce corps à droyt par leur lumiere.
En ces lucides yeux de la veuë inſtrumens
Sept muſcles en chacun ſont pour leur mouvemens,
Et outre envelopez chacun de cinq tuniques.
Quant à l'effect d'iceux il vient des nerfs optiques.
Sont faictz de troys humeurs, l'un d'entr'eux dict aqueux,
Le ſecond criſtalin, le tiers albugineux,
L'aqueux non tant donné pour remplir le lieu vuide
Que pour le criſtalin tenir touſjours humide.
Ce criſtalin de ſoy eſt dur aucunement,
Sa figure en rondeur non pas parfaictement
Sert comme de mirouër au viſuel uſage,
Entre au vitreux moytié, s'y nourriſt daventage.
Par les yeux l'home peut mainte affaire ordonner,
Par les yeux on luy voyt la choſe dicerner,
Par les yeux il admire, il reguarde & contemple
Le total eſpendu au dedans du Ciel emple.
Par le reguard des yeux l'imagination
Forme en ſoy une idee à ſon intention,
Par le reguard des yeux fichez deſus l'iſtoyre
Le paſſé eſt preſant & l'oublié notoyre.
Rien n'eſt dedans ce chef que l'oeil tant gracieux,
Rien n'eſt plus toſt eſpris d'amour que ſont les yeux,
Rien n'eſt ſi vigillant en toute la perſonne,
Rien n'eſt ſy convoyteux & qui plus d'envy donne;
Auſſi voyt on que l'oeil & le faict ou deffaict,
Ce qui ne luy plaiſt pas il le juge inparfaict.
Somme c'eſt le niveau, le conpas & la regle
Par leſquelz eſt conduyt ce corps eſtant au ſiecle.
Que ſi l'eſprit ou corps endurent paſſion,
Les yeux ſont promps teſmoins de leur afliction,
Car fachez de leur mal, leurs groſſes larmes roullent
Et ſur la face bleſme en ruiſſelant s'ecoullent.

L'home privé des yeux a bien peu de plaifir :
Le beau d'entre le laid il ne peut pas choifir,
Il eft forclos des ars & de la jouiffance
De ce qui peut donner aux yeux rejouiffance :
Bref c'eft un corps fans corps, confiné & reduyt
A telle extremité que fans eftre conduyt
Il n'oʒe pas feulet habandonner fa place,
Pource que l'accidant fans ceffe le menace.
Dedans ce chef auffy le fens auditif eft,
Le naturel duquel c'eft d'eftre tousjours preft
A recepvoir le fon diftingt de la parolle
Et tout autre refon qui parmi l'air s'en volle :
Second entre les fens qu'on dict exterieurs,
Meffager ordynaire aux fens interieurs
De tout ce qui fe dict & qui fe peut comprendre,
On le voyt preparé à [le] leur faire entendre.
Or comme cela foyt faict par le fon de l'air,
Pour le recepvoir font deux aureilles de chair
Deffus les temporaux de ce chef agencees,
Et pour leurs actions eftrangement percees :
Car elles ont un trou tornoyant en façon
Qu'on voyt une coquille où gift le limaçon,
Ainfy faict pour que d'air par fa force & froydure
L'inftrument auditif violence n'endure.
L'air, moyen de l'ouyë, entre dans ce conduyt,
Faict la membrane enfler qui frapee du bruyt,
Au dedans du econd enclos vient alors prendre
L'object qui eft la voix, la faict aux fens entendre.
Ce fens eft cil qui faict capable la rayfon
D'afoir un jugement deffus toute oraifon.
Tout orateur fans luy, quoy qu'il heuft la parole
Et le bien dire en main, feroyt vain & frivolle.
Par luy les enfans font apris des precepteurs,
Par luy tout à la fois quatre mil auditeurs

Le dire du docteur peuvent ouyr à l'ayſe
Et ſa concluſion juger bonne ou mauvayſe.
Sans luy toute muſique, art divin plus qu'humain,
Seroyt pareillemant faict inutille & vain.
Le chant & l'inſtrument, l'acord & l'armonie
N'ont en eux autre but qu'à contenter l'ouyè.
Mays quel plaiſir peut prendre un chaſſeur par les boys
Plus grand que de ſa meutte entendre les haboys?
Son plaiſir n'eſt point tel à prendre quelque beſte
Comme la jape & l'ouyt des chiens qui ſont en queſte.
Somme, Nature aprend à tous les animaux
Giſtez aux fors buiſſons, foretz & rochers haulx,
Oyans ſonner la trompe & du veneur la ſuyte,
D'un pié leger & promp eux ſauver à la fuyte.
Le ſon de la trompette, avis ſeur au guerrier,
Du cheval entendu le rend beaucoup plus fier,
Marche d'un pié ſuperbe, eſmeu il ſe tempeſte,
Eſcumant de fureur à combatre il s'apreſte.
Et d'autant que ce corps reçoyt force & vigueur
Par le manger & boyre, un gouſt, une ſaveur
Au palays de la bouche il a qui le convie
D'apeter la viende, entretien de ſa vie.
Ce gouſt eſt fort requis, car ores que la fain
Preſſe quelqu'un, ſans luy il a comme en deſdaign
La viende qu'il prend & combien qu'il la mache,
De l'avaler rien moyns pour le gouſt qui ſe fache.
Au contrayre ce corps reçoyt contentement
Quand avec un bon gouſt il prend ſon aliment
Et d'iceluy repeu avecques modeſtie,
Telle nouriture eſt en ſanté convertie.
Ce gouſt quelque foys eſt aux uns pernicieux
Pour avoir le palays par trop delicieux.
L'apreſt trop delicat, les exquiſes viendes
Rendent ſouventefoys les perſonnes gourmendes;

Où est celuy qui puisse en verité juger
  Si la viende est doulce ou amere au menger,
  Si elle peche en sel ou bien asaysonnee,
  Sans ce goust auquel est cete vertu donnee.
Le cartilageux nés de la face ornement,
  Non seulement il est d'odorat instrument,
  Ains pour respirer l'air, outre moyen & voye
  Par lequel le cerveau se purge & se nettoye.
Sur la face eslevé ainsi qu'un mont ou dos,
  Et sy est composé de cuyr, de muscles, d'os,
  De venes, de membrane & ployant cartilage,
  D'arteres & de nerfs propres à son usage :
Le superfice & bout creé cartilaygeux
  Pour le rendre mobille & supleer bien mieux
  A toute extreme injure, & mesme plus capable
  A conduyre aux espriz l'air à eux convenable.
Outre plus pour porter tout odeur aux espriz
  Soudain qu'en respirant il a receu & pris,
  Creux de nature il est & double en orifice,
  Afin que l'un bousché, l'autre suplaye au vice.
Quoy que ce nés ne soyt tel comme sont les yeux,
  Neantmoins la beauté consiste beaucoup mieux
  En luy que non en l'oeil, car c'est chose certaine
  Qu'une face sans nés est diforme & villayne.
Or combien que la voix entre les sens ne soyt,
  Si faut il confesser que d'icelle on reçoyt
  Un bien inestimable & plus que necessayre,
  Car que peut sans parler l'home en ce monde faire?
Le cœur sans cete voix, ne sauroyt metre avent
  Ce qu'il auroyt compris en luy au par avent
  Et non plus enseigner la grace evengelicque
  Ou chanter du grand Dieu quelque salme ou canticque.
Toute societé, tout commerce n'auroyt
  Entre les homes lieu, outre nul ne pouroyt

 Confoller l'afligé en fa grande detreffe :
 Cela manque du tout où la parolle ceffe.
Cete voix autre cas n'eft q'une qualité
 Permanente qui part d'un bris d'air agité
 Qui rencontre deux corps d'une matiere dure,
 L'un defquelz vient fraper, l'autre le coup endure.
D'icelle organes font les poulmons bilieux
 Moyenant la trachee artere joincte à eux,
 La langue l'articulle & mefme la confirme :
 L'un a parolle à main, l'autre begue & infirme.

CHANT TREZIEME.

DES OS, MENBRES ET MUSCLES ET DE LEURS UTILLITEZ.

Ce corps qui autrement sembleroyt desgarni
   D'ayde encontre l'effort, nature l'a muny
   De mains, instrumans promps à repousser l'injure
   Et pour administrer au corps toute pasture,
Faictes semblablement pour taster & toucher
   Et recepvoir, qui sont de muscles, d'os, de chair,
   D'arteres, venes, nerfs, de liguamens, de gresse
   Faictes & d'une peau par accidant espesse.
Dedans cete main sont treze muscles enclos,
   Six rameaux de l'artere, outre vint & sept os,
   Savoir est quinze aux doyz & quatre au metacarpe,
   Huyt dedans le pongnet, autrement dict le carpe.
Partie de ces corps sont d'usage commun,
   L'autre n'a simplement en icelle effect q'un
   Comme le liguament, l'os, muscle & cartilage,
   Le naturel desquelz tient lieu en cest ouvrage.
Le taster & toucher, propre usage des mains,
   Des sens externes, l'un est utille aux humains,
   D'autant que tout espece à ce corps presentee
   De ces deux mains elle est receuë ou rejectee.

La main eſt convenable en temps de guerre ou paix,
   Trés neceſſayre aux ars, agille en tous ſes faicts,
   Prompte au ſecours du corps, au travail tousjours preſte;
   Du vivre le requeil & guarde manifeſte.
Sy la trachee artere & la langue n'ont l'heur
   De faire leur office en cela que le cœur
   Deſire declarer pour ne pouvoir le dire,
   La main vient ſupleer ſoyt par ſigne ou eſcrire.
Or ſoubz ce mot de main generalement pris,
   Le bras en ſon total eſt à bon droyt compris,
   Pource qu'il la conjoint, la rend promte ou mobille :
   Luy offencé, elle eſt en ſes effectz debille.
En ce bras ſont troys os, un grand, deux plus petiz,
   Six nerfs dont aucuns ſont en rameaux departiz,
   De muſcles vint & deux pour ſon mouvement faire,
   D'arteres une ſeulle apelee axillayre.
Deux venes il reçoyt notables & d'effect
   Des quelles la moyenne entierement ſe faict :
   L'une eſt dicte du chef, autrement cephalique,
   Et l'autre propre au foye eſt dicte baſilicque.
Pour rendre le plus grand os de ce bras mouvent,
   Soyt en haut, ſoyt en bas, ſoyt derriere ou devent,
   Nature luy donna huyt muſcles neceſſayres,
   Savoir eſt deux communs & ſix proprietayres.
Du bras l'autre partie a de coude le nom,
   Pour un os qui y eſt l'autre os eſt dict rayon,
   Leſquelz ſont atachez par liguamens trés fermes,
   Tant aux bras comme au carpe, aux quels lieux ſont leurs terme.
Pour eſtendre & ployer le coude en general,
   Quatre muſcles il a, l'un dict le brachial,
   Et l'autre le biceps, tous deux à ſon ply tendent,
   Les muſcles longs & courts au contrayre l'eſtendent.
Le coulde inferieur autrement dict pongnet
   Pour l'action externe il a des muſcles ſept,

Et pour l'interieure aussi nombre semblable
Qui tous forment en luy le mouvoir convenable.
D'os sept externes, deux font la main renverser,
Deux autres pour l'estendre, abesser & haucer
Obliquement, & deux sont pour les doyz estendre,
L'oblicquateur les faict sur le derriere rendre.
Ceux de l'interieur dont l'un est dict paulmier
Et deux orbiflexeurs font tous le poign plyer,
Deux autres pronateurs en tout ilz se dedient
A coucher cete main, le reste les doyz plient.
A pene sauroyt on declarer au certain
Qui rend le bras tant fort, tant agille la main
A tout œuvre bastir : que sy l'esprit invente,
De le rendre en estat la main est diligente.
C'est chose merveileuse à voir comme le dos
Soyt si robuste & fort composé de tant d'os,
Et luy seul le soutien ferme de l'edifice.
Du corps pour le reguard du haut & superfice,
D'iceluy le total est depuys l'os coccis
En montant jusqu'au lieu où le chef est assis,
Faict de trente & quatre os jointés par six pressizes
Connexions qui sont faictes par apophyses.
Tous ces os l'un sur l'autre en bon ordre agencez
Ont esté par nature en plusieurs lieux percez.
Par le plus grand des trouz la meduleuse espine
Sortant du test, decend tout au long de l'echine,
Et par les plus petiz ordonnez pour les ners
La cervicale vene a passage au travers :
L'artere intercostale aussy, ce que nature
Faict pour à ceste espine envoyer nouriture ;
Et combien que ce dos ne soyt point divisé,
Ce nonobstant il est en cinq pars disposé,
C'est à savoir le col, le metaphrene, l'ombe,
L'os sacron, l'os coccis qui vers le rectum tombe,

Tous nerfs fors que ce col & le metaphrene ont
 De la sixiesme paire issantes qu'elles sont,
 Celles du l'ombe non, ains ont leur origine
 Du cerveau, moyennant cete medulle espine.
Les costes de ce corps faictes en demy rond
 Os fors au metaphrene atachés elles ont,
 Douze en chacun costé dont quatorze sont jointes
 Au sternon, & le reste est sans asiette aux pointes.
Or leur utillité est de contreguarder
 Les principes de vie, aussi acommoder
 Ensemble & recepvoir les muscles qui respirent,
 Comme au but principal auquel droyt elles tirent.
Les larges palerons sur les costes couchez,
 Auquelz les tourillons des bras sont atachez,
 Ont six muscles chacun pour leur mouvement faire
 Et toute autre action à eux proprietaire,
Desquelz quatre leur sont propres, les autres deux
 Communs quant à l'usage aux deux bras comme à eux :
 L'un qu'on dit dentelé joint le coracoide,
 Un autre à luy contraire est nommé romboide.
Ce dentelé le tire & le meine en avent,
 L'oposite en ariere, le tiers dict relevant (sic)
 Avecques le trapeze ou capichon de moyne,
 Soyt en haut, soyt en bas, un chacun d'eux le meine.
Au reguard des communs un pectoral nommé
 Faict que ce palleron en avent est mené.
 Pareillement le bras : le second dict trés large
 Luy est du tout contraire [executant sa] charge.
Ce muscle se divise en deux, aussi par deux
 Tendons se joint, l'un fort & l'autre menbraneux,
 Sur quoy il faut noter quand quelque mal le grefve,
 Bien dificilement le bras en haut s'eleve.
Ce superficiel corps ennexcé au dos
 Est porté d'iceluy qui sur les emplons os

Conjoints par l'os facron ferme droyt s'y comporte,
Comme s'il fuft planté fur une bafe forte :
Lefquelz emplons, porteurs du dos & corps maffif,
Deffus deux janbes font plantez, du progreffif
Mouvement inftrumens qui font ainfi que termes
Puiffans, font du total foutien & piliers fermes,
Brizez en deux endroytz pour mieux faire debvoir
Et à l'ayfe au reguard d'aler ou de mouvoir.
Ores que par ce nom la cuyffe ne foyt prife,
En general elle eft foubz la janbe conprife.
La janbe eft faicte entiere avec trente & un os :
L'un eft le femoris de la cuyffe fort gros,
De grandeur plus que nul, enboyfté par fa tefte
Dedans l'os ifchion; un autre dict palette,
Os rond fur le genoil affis, dont l'action
Eft de tenir la janbe en deuë extantion,
Enpefchant que le ply d'elle à l'anterieure
Part ne fe face ainfi qu'à la pofterieure.
Soubs ceft os femoris, un autre ayant le nom
De janbe eft agencé avec un dict l'efpron
Tant haut que bas, rengez d'une hauteur efgalle,
Joints au genoil par haut, en bas par l'aftragalle.
Ceft aftragalle eft os premier des vingt & fix
Contenuz dans le pié, ennexcé & affis
Tant fur l'os du talon que fur le fcaphoide
Et pour les contenir ont l'os dict ciboide.
Le refte de ces os dans le piez contenuz
N'ont particuliers noms, combien qu'ilz foyent congneuz.
Mefmes les doyz du pié lefquelz font quinze en fomme
Du membre auquel ilz font d'iceluy on les nomme.
Et comme l'entretien du menbre foyt au fang,
Pour celuy de la janbe une vene y deffent,
Apellee cruralle & de cete grand' vene
Sont produytz deux rameaux dont l'un eft dict faphene.

De ce rameau plusieurs autres sont espenduz
  Dont aucuns vont en bas, autres au cuir perduz.
  De l'autre vene sort la vene popleticque,
  La musculle & suralle avec la siaticque.
Pour mesme effect aussi une artere voyt on
  Decendre en cete janbe ayant le mesme nom
  De cruralle, & d'icelle aussi cinq rameaux sortent
  Qui selon le subject çà & là se transportent.
Des nerfs de l'os sacron & lombes sont produyz
  Quatre nerfs fort puissans en quatre pars reduyz
  Selon que l'action de chacun est propice,
  Dont le premier se pert és muscles de la cuysse.
Deux rameaux du second sont faictz, dont l'un descend
  Par dessus le genoil, là mesmes finissant;
  L'autre va droyt au pié lequel comme il s'abesse,
  Certains petiz rameaux dedans le cuyr il laisse;
Le tiers aux aines baille aucuns rameaux, ce faict
  Joint les muscles boucheurs, met fin à son effect
  Aux cuisses, & le quart tant aux sesses qu'aux hanches,
  Qu'au genoil, janbe, pié s'estant en plusieurs branches.
Pour cete janbe aussi faire aller & mouvoir,
  Tourner, virer, ployer & l'estandre, on peut voir
  Des muscles nombre grand establiz en icelle
  Selon le lieu requis & force naturelle.
D'autre part pour la cuisse estandre est establi
  Troys muscles, outre iceux deux autres pour son pli,
  Troys qui la font mouvoyr au dedans, sy qu'à l'aise
  L'une janbe sur l'autre au moyen d'eux se croyse.
Quatre autres dictz gemeaux pour leur egualité,
  D'une mesme origine, action, qualité,
  Et deux obturateurs, tous lesquelz font office
  De ramener dehors en deployant la cuysse.
La janbe en special a des muscles presis :
  Onze en elle inserez, duquel nombre sont six

Anterieurs qui font le crural, droyt, les vaftes,
Le long, le menbraneux, pour la mouvoir tous aptes.
Ce long la faict croyfer creé à ceft effect,
Ayde au mufcle à troys chefs en tout cela qu'il faict.
Le menbraneux la chaffe au dehors davantage,
Les gemeaux & luy font aux cuiffes mefme ufage.
Quatre d'iceux reftans, à favoir le crural,
Les vaftes & le droyt, eux tous en general
Font deffus la palette un tendon gros & large
Qui faififfant la janbe, ont de l'eftendre charge.
Cinq autres mufcles font nommez pofterieurs
Dont troys fe vont pofer és lieux inferieurs,
Qui en elle rengez tous enfemble s'inferent,
La tirent au dedans & vers l'autre la ferrent.
Le quart nommé biceps de l'os pubis il part,
Vient la janbe ferrer deffus l'externe part,
Le cinquiefme & dernier apellé poplitee
Faict qu'elle eft au dedans à torner incitee.
Pour chacun pié font neuf mufcles femblablement
Convenables à faire en luy le mouvement :
Troys pour l'anterieur, deux donnez pour l'induyre
A ployer, mays disjoins chacun à foy le tire.
Le tiers par cinq tendons faict les doyz d'iceluy
Eftendre & un fixiefme ayde à lui donner pli.
Quant aux pofterieurs, un s'apelle plantayre,
Deux gemeaux, un janbier, un flexent, un folayre.
Le gemeau fur le bout de ce pié marcher faict,
Le folayre l'eftant, auffi à mefme effect
Opere le janbier, mays de façon oblique,
Le flexent à ployer les doyz du pié s'aplicque.
Outre plus en ce pié feze mufcles tu voys,
Huyt d'eux font eftabliz aux mouvemens des doyz
Defquelz l'un dict tenard mene le poulce joindre,
Aux doys un opofite en ramene le moindre.

Le muscle pedieux au dehors faict haucer
  Les doyz, un autre en bas les ploye & faict besser.
  Les quatre lemproyons, muscles aussi licites,
  Sont à ce pedieux en uzage opposites.
Les huyt interosselz qui tant en action
  Que de leur origine aussi d'insertion
  Different, aux susdicts quatre d'iceux amenent
  Ce pié dedans, le reste au dehors le ramenent.
La membrane qu'on dict paniculle charneux
  Comprend ce corps entier hors la bouche & les yeux,
  Utille à conserver, renforcer & conduyre
  Tous vaisseaux qui se vont au vray cuyr introduyre.
Comme ce panicule envelope ce corps,
  Le vray & faux cuyr font le semblable au dehors :
  Les menbres par le vray sont en union bonne
  Contenuz & le faux polissement luy donne.
Combien est l'Immortel admirable & hautain,
  Combien sont grands les faicts de sa puissante main,
  Combien voyt-on en luy de sagesse profonde
  Au bastimant du corps noble, du petit monde!

CHANT QUATORZIEME.

DE L'AME, VIE DU CORPS HUMAIN,
VRAYE IMAGE DE DIEU.

Comme de l'Eternel ce corps soyt au parfaict
  Disposé, nonobstant il est sans nul effect,
  Sans aucune action, sans que rien il reclame,
  Sy ce n'estoyt qu'il fust vivifié d'une ame.
En cest'ame donc gist la force & le pouvoir
  Qui peut faire ce corps respirer & mouvoyr,
  De laquelle il me faut comme une estre gentille
  Chanter ses actions & comme elle est utille.
Dresson doncques un chant excellant en ce lieu,
  De l'ame heureuse ymage & chef d'oeuvre de Dieu.
  Chanton en plaisant ton cest'ame qui anime
  Ce corps qui autrement demeureroyt infirme.
Or doncques il me fault chanter à mon pouvoir
  Les effects merveilleux que l'ame peut avoir.
  Dispose toy, ma plume, ores que soys petite,
  Pour ce divin subjet traicter comme il merite.
Muse divine, vien, vien me donner secours,
  Puis que faire me faut de l'ame emple discours,
  Vien Muse, je te pry, qui de bien dire as grace,
  Afin qu'heureusement & à mon gré le face.

Mays ozeroys je bien faire cela fans toy,
　　Ame, unique vigueur de ce qui vit en moy?
　　Seroys je tant hardy d'entrer en la cariere
　　Et que par un mefpris je te laiffaffe ariere?
Rien moins, mays tant s'en faut que j'entreprene rien
　　Sans toy, ame celefte, où gift mon plus grand bien!
　　Aproche-toy de moy, ame tant excellante,
　　Puis que l'ocafion à mes yeux fe prefante.
Que fi tu aymes mieux toy mefme le chanter,
　　C'eft beaucoup le meilleur, car qui peut mieux dicter
　　Ton naturel divin que toy mefme qu'il touche,
　　Ny qui feuft l'exprimer mieux que ta propre bouche?
Que rien ne te retarde, ame, car je fuys feur
　　Qu'il ne t'en peut venir rien autre qu'un bon heur.
　　Vien, heureufe ame, ici & nous chante un cantique
　　De toy, comme tu es celefte & magnifique.
Je n'euz pas plus toft dict ce propos qu'à l'inftant
　　J'entans l'ame venir ce faint ode chantant :
　　Ame, je fuys d'un nom qui fans fang fignifie,
　　Je fuys cefte ame auffi que le corps vivifie.
Ame, ornement du corps, de plufieurs dicte vent
　　Par mes emotions, lefquelles bien fouvent
　　Trotent de çà de là d'une legere cource,
　　Soyt au Midy ardant ou foyt vers la froyde Ourffe.
Je fuys dicte mentalle ou lune, à parler mieux,
　　Car encor que la lune en rondiffant les Cieux
　　Soyt d'un cours variable & qui change à toute heure,
　　Neantmoins fa fuftence en fon entier demeure :
Ainfi eft-il de moy qui change en un clain d'oeil
　　Tout cela que je puys pouffer foubz ce foleil,
　　Ores je fuys en terre, ores au Ciel fuprefme,
　　Toutesfoys je demeure en ma fuftence mefme.
O rare dignité, o divine vertu!
　　Si tu n'eftoys celefte, ame, helas! pourroys-tu

Difcourir telz propos? Sans toy qui viens efpendre
La vie en moy, mes fens ne te fauroyent entendre.
O toy, vive fontaine, où mes fens vont chercher
De quoy leur foyf terreftre ilz puiffent eftancher,
Mon aureille par toy entant, mon oeyl m'efclaire,
Mes fens peuvent toucher ce qu'ilz ne pouroyent faire!
Tu me faits violence, ame, & fy me contrains
De reciter de toy quelques infignes points.
Ornement de ton heur, tu es efprit & telle
De la creation que tu es immortelle.
Tu es, ame, invifible à tous corporelz yeux,
Tu es, ame, vrayment fubject iffu des Cieux.
La raifon eft en toy, tu as intelligence,
Tu ne peux eftre donc que de divine effence.
Mays que fauroysje dire affez bien, ni penfer
Qui fuft digne de toy pour ton los avencer?
Le pouvoir me default que plus toft je ne ceffe,
D'autant que le fubject furmonte ma foybleffe.
Atheifte infenfé, pere de tout erreur,
Qui as la pieté en defdaign & horreur,
Prefte l'aureille ici & vien entendre comme
Tu as une ame en toy d'autant que tu es homme,
Laquelle ame eft divine & l'oeyl ne la peut voir.
Sur icelle la mort n'a force ne pouvoir.
C'eft celle-là qui rend tout homme rayfonable,
Outre cela elle eft de bien & mal capable.
Vien, monftre epouvantable, entendre les propos
De cefte voix celefte en filence & repos,
Efcoute ceft efprit avecques diligence
Et à fes faints difcours prefte bonne audience :
Bien que je foys ferré comme en une prifon,
Sy fuisje, efprit humain, capable de rayfon,
Efprit creé d'en haut, doué d'intelligence,
Efprit qui aparoyft par effect & puiffence.

Que cela ne foyt vray, tu voys l'homme infencé,
 Quoy que l'esprit en foyt de mal fort offencé.
 La rayfon y eft bien, mays l'effect & praticque
Sont de luy eflongnez, pour eftre phrenetique.
Tv voys auffi l'enfant, quoy qu'il foyt d'age bas,
 Que fon corps molet foyt bien petit de cas,
 La rayfon neantmoins eft en fon ame enclofe,
Ores que les effectz n'en monftrent nulle chofe.
Laifferon nous pourtant, fy l'home dort d'ennuy,
 A dire que les fens corporelz foyent en luy,
 Jugeron nous auffi qu'il n'ayt en luy la vie
Et que par le dormir elle luy foyt ravie?
Le Createur de tout, notemment des efpris,
 Alors que pour fa gloire à creer il s'eft pris,
 De troys fortes d'efpriz luy puiffant il feut faire,
Ainfi qu'en fon confeil il trouve neceffaire.
De ces troys je fuys l'un & ne fuys point de ceux
 Qui n'habitent és corps comme l'ange des Cieux
 Ou le diable maudict, ny de ceux qui poffedent
Un corps conjoint à eux qui enfemble decedent,
Mays d'autre qualité, car j'abite & tiens lieu
 Dans le corps des humains, temple du trés haut Dieu
 Duquel je fuys ymage & feule creature
En qui Dieu ayt pofé fon ymage & figure.
Et combien que ce Dieu, trés liberal donneur
 De tous ces dons exquis, me face ceft honneur
 De prendre mefme nom que moy, quand il s'abeiffe,
Que tel qu'il eft chacun par ce nom le congnoyffe;
Lorfqu'il fe dict efprit, n'eftime toutesfoys
 Que nourir je me veille au vice d'autresfoys,
 Quand d'image de Dieu Dieu mefme voulut eftre.
Bien moins, car j'ay apris depuys à me congnoyftre,
De l'effence de Dieu je ne m'eftime faict:
 Cela, quoy que je foys efprit, n'a nul effect.

S'ainſi eſtoyt, peché & la miſere extreſme
N'auroyent pouvoir ſur moy, car je ſeroys Dieu meſme.
Sy des quatre elemans j'eſtoys creé, allors
 Une neceſſité m'aporteroyt un corps,
 Ou que je fuſſe iſſu de la ſemence humaine,
 La mort auroyt ſur moy puiſſence ſouveraine.
Encore moins d'un corps, orres qu'il puiſſe bien
 Engendrer d'autres corps, en moy il ne peut rien :
 Je ne ſuys engendré, ains de ſimple nature
 Et non comme le corps ſubject à nouriture.
Si tel comme je ſuys je ne puys reciter,
 Et tel que ne ſuys pas je le puys bien dicter :
 Ne t'en ebays point, plus toſt congnoys en ce
 Que ce qui n'eſt en moy cauſe mon excellence.
Bref je ne ſache rien qui ſeut [rendre] compris
 Comment & de quoy ſont compoſez les eſpris :
 C'eſt choſe dificille & qu'on ne peut congnoyſtre,
 L'Eternel ſeul le ſayt, comme auteur de mon eſtre.
Or ſy plus emplement tu deſire ſavoir
 Mes vertueux effectz, il t'eſt beſoign de voir
 Un tableau de grand pris où mon ymage eſt painte,
 Mis au temple de Dieu comme choſe trés ſainte :
Iceluy t'aprendra en le contemplant bien
 Tout ce qui eſt en moy d'excellant & de bien.
 Pren y guarde de prés, voy le bien & obſerve
 Chacune ligne & trayt, rien n'eſt là qui ne ſerve.
Voulant voir quel il eſt (l'interrompu diſcours
 De l'ame) incontinant j'euz au tableau recours,
 Soubz eſpoir par le voir mieux diſcourir le reſte,
 D'autant que le ſubject n'eſtoyt là manifeſte.
Entré que fus au temple, incontinant je voy
 Ce tableau tant exquis, oeuvre digne de foy,
 De tous poincts compaſſé d'un ſuperbe artifice,
 Voyre tel qu'on y voyt de l'ame un vray indice.

Rien il ne refte en l'ame, en fy peu que ce foyt,
   Qu'on ne voye protraict, fy bien qu'on aperçoyt
   Que l'œuvre n'eft humain, car tout ce qui eft rare,
   De beau & d'excellant en l'ame il le declare.
Premicrement on voyt en icelvy protraict
   Ce que l'ame a voulu difcourir faict d'un traict
   Sy artificiel, que la chofe dictee
   Eft en perfection au vif reprefantee.
Auffy comme ceft' ame eft par neceffité
   Sans corps, car qui a corps a fa profondité,
   Sa longueur, fa largeur, que de luy donner forme
   Cela ne luy peut eftre aucunement conforme,
En aprés on y voyt qu'elle s'exerce à voir
   Le paffé, le prefant, & l'avenir prevoir,
   Sur tout le Dieu du Ciel & fa gloyre eternelle
   Faicte pour ce reguard d'iceluy immortelle,
Qu'elle traicte du Ciel autour de nous efpars,
   Dicerne par raifon & enfeigne les ars,
   Difpoze toute chofe, engrave & determine,
   Pource qu'elle eft fuftence entierement divine.

CHANT QUINZIEME.

CONTINUATION DES ACTIONS PARTICULLIERES
DE L'AME ET DERNIER CHANT.

Comme le changement amene du plaisir,
   Aussi pour ne frauder mon vouloir du desir
   Qu'il auroyt de l'esprit savoir la nature emple,
Je me trensporte voir l'autre costé du temple.
Sur la senestre part tirant vers le milieu,
   Là je voy l'esprit faict à l'image de Dieu,
   Et partant immortel, que le corps ne peut estre
Vierge de son ymage en tant qu'il est terrestre,
Qu'on ne le sauroyt voir, moins contempler des yeux
   Que s'il estoyt mortel ou subject à tous deux.
   Quelle similitude & quelle convenence
Auroyt il entre luy & la divine essence?
Ce tableau monstre aussi de quelle forme il est,
   En tant que toute forme ainsi qu'il dict paroyst,
   Soyt par lineamens ou couleurs daventage
En la superficie & façon de corsage.
Là l'esprit n'a de corps ni de couleurs non plus,
   D'avoir lineamens moins encore au surplus,
   D'avoir superficie on n'en voyt traict ny ligne,
Temongnage qu'il est de nature divine.

Prés de ce lieu, on voyt que par necessité
L'ame ne sauroyt estre en nulle quantité
Et que la quantité se monstre par contrainte
En chose continue ou qu'elle soyt disjointe :
Tout ainsi comme un peuple, ou des grains entassez
Qui sont autant de corps en monceaux amassez,
Ou comme on voyt un mont hautain, ou quelque place,
Subjectz divers reduyz au dedans d'une espace.
Or l'ame n'est point telle en sa condition
D'avoir en premier lieu corps ny proportion ;
Ou de tenir espace ; il se voyt du contraire,
Autrement il fauldroyt qu'elle fust ocullaire.
Davantage on pouroyt la diviser par points,
D'estre toute en lieu mesme & ensemble, rien moins
Que sy cela estoyt en corps mortel reduyte
Seroyt ce qui n'est point, & par son oposite
On peut voyr comme un corps touscher ne sauroyt pas
Un corps en son total. Mays quoy, c'est autre cas
Des mouvemens de l'ame : elle, quoy qu'elle face,
Peut estre toute ensemble en mesme lieu & place.
Il s'y voyt outre plus l'ame avoir lieu certain,
Car estant dans le corps, n'abite au Ciel hautain :
Sy au contrayre elle est dans les Cieux contenue,
Elle ne peut pas estre icy bas retenuë.
Cependant là dessus faut mediter ce point,
Que sa sustence en tout ne se limite point
Par quantité humaine, estant tant admirable
Que Dieu seul de son estre est juge veritable.
On y voyt, quoy que l'ame en son corps soyt partout
D'urgente qualité, aussy comme beaucoup
De gens doctes se sont travaillez pour congnoystre
Où le siege d'icelle en ce corps pouroyt estre.
Enfin d'acord l'ont mis avec necessité
Dedans l'intelligence & en la volonté,

·*Laquelle intelligence a dans le chef son siege,*
Au cœur la volonté comme de luy consierge.
Là ceste intelligence a ses particulliers
  Bien expers Presidans & privez Conseillers,
  Aymez & cheriz d'elle, à cause qu'elle pense
  S'entretenir par eux en toute sapience.
Ce conseil est basty des sens interieurs
  Confirmez grandemant par les exterieurs,
  Pour servir un chacun, selon leur propre usage,
  De certains raporteurs en faisant tout mesage,
Qu'eux donnans un fidelle & vray raport d'un faict,
  Ce conseil, grand amy de rayson, soudain faict
  Que ceste intelligence incontinent commende
  A volonté de faire ainsi que le cœur mende,
Et afin qu'un chascun comprene cecy mieux,
  Il monstre Dieu par tout & notemment aux Cieux,
  Il le dict resider pour autant que sa face
  Et vertu reluyt plus au Ciel qu'en terre basse.
Là l'ame dans le corps ses facultez espend,
  Sur tout dedans le chef duquel le corps despend,
  Lequel estant assis en degré d'econome,
  Entretient les espritz vitaux au corps de l'home.
Tout ainsi que le Ciel par sa face conduyt
  Chacun estre joyeux ou à tristesse induyt,
  Ainsy est il du chef, car il est manifeste
  Que par la face on peut juger de tout le reste.
Neantmoins on voyt là que l'ame ocupe tout
  Le corps en son entier jusques au moindre bout,
  Et avecques cela jamays ne s'en absente,
  Disposant d'iceluy comme Dame & Regente.
Toutesfoy comme un Roy a quelques plaisans lieux
  Où ordinayrement il s'ayme beaucoup mieux,
  L'ame aussi dans le chef & au cœur se rencontre
  Plus qu'au reste habiter, comme l'effet le monstre.

En pourſuivant, je voy à l'ame recepvoir
   Maintes rares vertus du grand Dieu, à ſavoir
   Une egualle juſtice avec une prudence,
   La magnanimité avecques temperence.
La juſtice eſt le lieu où le droyt ſe maintient,
   Rendant à un chacun ce qui luy apartient.
   Prudence ſayt juger de tout ce qui conſiſte;
   La magnanimité à tous ennuyz reſiſte.
Temperance s'y voyt avecques le pouvoir
   De ferme dominer, de moderer, de voir
   Sur les deſordonnez apetiz qui ſans ceſſe
   Avec les voluptez l'ame troublent d'opreſſe.
Là l'homme ne peut pas acomplir ces vertuz,
   Sy premier le cerveau & chef ne ſont veſtuz
   De troys choſes par force organes principalles,
   De ſes quatre vertus qu'on nomme cardinalies :
La premiere conſiſte en contemplation
   Qui incite l'eſprit, luy donne affection
   De bien conſiderer tout, ſans y faire faute,
   Et ſingullierement la choſe grave & haute.
L'autre eſt un jugement pour ſavoir dicerner
   Entre le bien & mal, bien ratiociner,
   En ſoy ſoyt d'aconplir ou ſoyt de ne le faire,
   Ainſi que la rayſon peze de prés l'affaire.
La tierce eſt la memoyre heureuſe qui leur faict
   Ses contemplations metre en ſon cabinet
   Leurs reſolutions, choſe qui rend facille
   Pour mediter ſouvent la choſe dificille.
Mays l'homme bien ſouvent, quoy qu'il ayt le pouvoir
   En luy de s'en ayder, il ne les peut avoir,
   A rayſon qu'il eſt faict de chair qui n'eſt que terre
   Qui rend leurs facultez detennués en ſerre.
C'eſt ainſi que celuy qui court legerement,
   Sa promptitude on peut par enpriſonnement

Retarder, non l'oster en aucune maniere,
Au semblable de l'ame en ce corps prisonniere;
Ou comme un feu n'a pas telle force & vertu,
 Enclos dedans un pot, qu'il pouroyt avoir heu
 Estant libre & à l'air qu'il peut rendre une flame.
 Ainsi peut on juger quant aux effectz de l'ame,
Car son feu enfermé en ce terrestre corps
 Captif qu'il est ne peut demonstrer ses effors.
 Ce pendant quoy qu'il soyt, on y peut recongnoystre,
 De ce corps afranchi, quel il pouroyt bien estre.
Le tout revient que l'home est par conparayson
 Un monde, savoir est à l'air par la raison,
 A l'eau par ses discours, au Ciel d'intelligence,
 Par ses externes sens à la terrestre essence.
L'ame outre ces vertuz deduytes cy dessus,
 En montre cinq qu'elle a de nature receus:
 L'un' est le sentiment, l'autre ce qui commende
 Aux organes du corps d'acomplir sa demende,
La tierce est le pouvoir & domination
 Qu'on a de commender à toute affection,
 Sy bien qu'on puisse myeux contenpler en droyture
 Le passé, le presant & la chose future;
L'autre est dicte vitalle à cause que le cœur
 Par le moyen de l'ame envoye une chaleur
 En tout endroyt du corps naturelle & humaine,
 Duquel le corps reçoyt mouvement & halene;
La vertu derniere est un affecté plaisir
 Qui enporte avec soy un pecullier desir
 De connoytre la chose ou soyt bonne ou mauvayse,
 Ainsi que le subjet s'y plaist & prend son ayse.
De plus en ce tableau on voyt depaint fort bien
 Ce que l'ame en son corps faict pour son entretien,
 Comme elle atire à soy de tout ce que nature
 Produyt ce qu'elle sent propre à sa nouriture,

Pris qu'elle a le retient, & par l'eſtomac cuyt,
 En tout endroyt du corps, du foye il eſt conduyt,
 Qui eſtant trenſmué d'une ſecrete force
 En ſang, le corps ſe tient vigoureux & s'efforce.
Outre plus on le voyt pour le ſoulagement
 De ce corps rejecter au loign tout excrement
 Qui peut l'endommager, d'où vient ce commun dire :
 L'ame eſtant ſaine, on voyt le corps diſpos & rire.
Quiquonques taſcheroyt de vouloir achever
 Ce qui là eſt compris & le tout obſerver,
 Il ſembleroyt celuy qui veut en une page
 De papier bien deſcrire un monde grand & large.
Je puys bien aſſeurer quand j'auroys entrepris
 De rechercher le tout en ce tableau conpris
 Pour en faire un raport certain & bien fidelle,
 Mes ans ſeroyent trop cours pour entrepriſe telle.
L'art & traict pratiqué ſy bien me raviſſoyt,
 Le ſuget d'autre part mes ſens eblouyſſoyt :
 En voyant quelque effect exquis l'autre s'avence,
 L'effect par autre effect eſt mis en oublience,
Car à la verité le nombre merveilleux
 Des vertuz de l'eſprit là contenuz, mes yeux
 Legers ne pouroyent pas en faire raport emple.
 A mes ſens le tableau conprenoyt tout le temple,
Et de faict j'avoy mis, en voulant m'avencer,
 Les ſignes vrayz d'une ame en oubli ſans panſer,
 Qui toutesfoys ſont bien dignes qu'on les propoſe.
 Comme qui faict un corps vif l'ame en luy encloſe.
Vouloir ou ne vouloir à l'eſprit apartient,
 D'ignorer ou ſavoir du ſens commun il vient,
 D'aprendre ou d'oublier, c'eſt choſe bien notoyre
 Qu'il ne peut convenir qu'à la ſeule memoyre,
De ſavoir bien juger ou ne diſcerner point
 Le ſens de la rayſon commende ſur ce point,

De respirer ou non c'est la vertu vitalle,
De sentir ou mouvoyr provient de la mentalle.
Par toutes ses façons de parler on peut voir
  Les marques d'un esprit & non pas le pouvoir
  D'en façonner plusieurs, mays bien que cela trame
  Par le vouloir de Dieu plusieurs effectz en l'ame.
Nous congnoysson aussi que l'ame abite en nous
  Par ses affections, comme paix & couroux;
  D'aymer ou de hayr, de crainte ou d'asseurence,
  Ou soyt par desespoir ou bien d'une esperance,
D'estre joyeux de coeur ou bien triste de soy,
  D'un' incredullité ou bien d'avoir la foy,
  D'un effronté visage ou craindre le diffame;
  Ou autres telz sujectz font recongnoystre une ame.
Vers la fin on y voyt fort bien paint où ira
  L'esprit sortant du corps, ne que c'est qu'il fera,
  Ou il faut qu'il reçoyve une joye indicible,
  Ou bien une douleur voyre inconprehensible.
Pour autant qu'on y voyt que Dieu s'est reservé
  Pour faire jugement de l'ame au reprouvé
  En des douleurs sans fin, en penes qui l'opressent,
  En des afflictions qui jamays ne le laissent.
Tout ainsi que tu vois la salemendre au feu
  Sans bruler, ainsi sont les reprouvez de Dieu,
  D'autant que leur malheur & pene tant estrange,
  Sans espoir de salut, n'acourcist ni ne change.
Mays l'ame du fidelle exemte d'un mechef
  Sy miserable, va chercher Jesus son chef
  Droyt au sein d'Abrahan, repos heureux d'icelle,
  Pour recepvoir un jour la couronne immortelle.
Puys qu'ainsi est qu'en l'ame habite la rayson,
  Corps terrestre & mortel qui la tiens en prison,
  Quel' est l'ocasion qui t'empesche de suyvre
  Ceste ame en sa raison qui sans fin te faict vivre?

Car tu ne peux nier qu'elle n'ayt le vouloir
 De t'induyre à raiſon, de la faire valoir;
 En toy par ſes effectz ce pendant on voyt comme
 Raiſon n'a ennemy en ce monde que l'homme.
Or comme cela ſoyt, c'eſt ſans doubte qu'il faut
 Que l'home ayt dedaigné l'heureux ſejour d'en haut:
 Celuy eſt malheureux qui ſe prive ſoy meſme
 De poſſeder un jour cete gloyre ſupreſme!

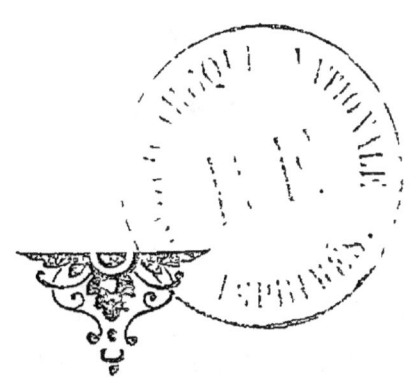

TABLE DES MATIERES

CONTENUES DANS CE VOLUME.

	Pages.
Preface.	3

LE PRINTEMPS DU SIEUR D'AUBIGNÉ.

Premier livre.

Hecatombe à Diane. 15

Deuxieme livre.

Stances. 67
Confolation à Mlle de Saint-Germain pour la mort de
Mme de Saint-Angel. 112
A Mme de B..., quadrains 115

Troifieme livre.

Odes. 119

POESIES DIVERSES.

I.	A M. de Ronfard.	207
II.	[A Diane].	208
III.	[A Diane].	212

		Pages.
IV.	[Heroïde].	215
V.	[Élegie].	219
VI.	[Poeme de l'Inconstance].	225
VII.	[Constance. — Inconstance].	235
VIII.	[La Sorciere].	240

Chanson. 243
Huitain pour une course de bague, &c. 244
[Vers brifés]. 245
Sonnets. 246
Complainte à sa Dame. 258
Stances. 259
Ode pleine de presomption 260
Quatrain pour avoir du bois. 269
Aux Critiques. 270

POESIES RELIGIEUSES ET VERS MESURÉS.

L'autheur au lecteur 271
Priere avant le repas 275
Priere après le repas 276
Pseaume huictante huict. 276
Larmes pour Suzanne de Lezai. 278
Paraphrafe fur le Pseaume cent & feize. 280
Pseaume cinquante & quatre. 281
Pseaume troisième. 282
Pseaume cent vingt & un. 283
Pseaume cent dixiesme 283
Pseaume cent vingt & huict. 284
Priere pour le matin. 285
Pseaume septante trois. 286
Pseaume cinquante-un. 288
Pseaume cent trente-trois. 289
Cantique de Sainct Augustin. 290
Cantique de Simeon. 292
Pseaume seiziesme. 292
Trois pieces fans titre. 294
L'Hiver du Sieur d'Aubigné 297
Priere du matin. 298

	Pages.
Priere du foir	299
Meditation & priere	300
Priere & confeffion	301
Priere de l'autheur, prifonnier de guerre & condamné à mort	304
Reveil	305
Sur l'Adieu de M. la Ravaudiere	306
De la paix	307
La Princeffe de Portugal avec fix filles, &c	307
Hymne fur la merveilleufe delivrance de Genève	309

Tombeaux.

Preparatif a la mort	312
Pour mettre à la porte du tombeau, &c	313
Pour une belle fille morte au berceau	313
Tombeau de M. de la Caze	313
Eloge de Simon Goulart, Senlifien	314
Epitaphe de M. d'Aubigné octogenaire	314

Vers funebres de Th.-A. d'Aubigné fur la mort d'Eftienne Jodelle, Parifien, Prince des Poetes Tragiques.

Ode	317
Sonnets	322

LA CRÉATION.

Chants.

I.	De l'eternité & puiffance de Dieu	327
II.	De la Creation de la lumiere & de l'air	336
III.	De l'eftendue du Ciel, feparation des eaux	343
IV.	De la Terre & des pierres	349
V.	Des arbres, plantes, herbes & ce qui en depend	356
VI.	Des Plantes & herbes, & de leurs qualitez	362
VII.	Des Luminayres & de leurs actions	368
VIII.	Des Poyffons & de leur naturel	375
IX.	Des Oifeaux, de leur beauté & chant	384
X.	Des Beftes à quatre pieds & des reptiles	392

		Pages
XI.	De la Creation de l'home & dignité d'iceluy. .	402
XII.	Du Chef, du cerveau & de leurs actions. . . .	412
XIII.	Des os, menbres & muscles, & de leurs utillitez.	423
XIV.	De l'Ame, vie du corps humain, vraye image de Dieu	431
XV.	Continuation des actions particullieres de l'ame & dernier chant	437

www.ingramcontent.com/pod-product-compliance
Lightning Source LLC
Chambersburg PA
CBHW051816230426
43671CB00008B/733